Global Risk Dynamics

グローバルリスク・ダイナミクス

川村仁子 編著

晃洋書房

は じ め に

　本書が主題とするグローバルリスク（Global Risk）とは，地球規模の事象にともなう多少とも予測可能で偶発的な，人や環境，事物の安全および存在そのものを脅かすまたは危うくするものを指す（Rapport au Premier Ministre intitulé "Le Principe de Précaution", présenté le 15 Octobre 1999, p. 10）．加えてリスク論の観点から，リスクを所与のものではなく人間の決定の因果関係から導かれるものとして捉え，それ以外からもたらされる危険とは区別する（Luhmann, 1991: 邦訳, 2014）．

　これまで，グローバルリスクとしては主に環境問題やエネルギー問題が論じられてきた．しかし，もはやそれらのみがグローバルリスクではない．世界経済フォーラム（World Economic Forum）が 2006 年から毎年発行している『グローバルリスク報告書』の 2024 年版でも，異常気象に加え，AI 技術がもたらす悪影響，社会の二極化，生活費の危機，サイバー攻撃などが世界規模で重大な危機をもたらす可能性が高いリスクとしてあげられている（世界経済フォーラム, 2024）．いまや世界は，地球環境の変化や社会格差，パレスチナおよびウクライナなどでの武力紛争，COVID-19 などの感染症の世界的パンデミック，宇宙技術や AI 技術などの急速な発展と実用化といったことに起因する多様なリスクに晒され，これまで人類が歴史のなかで築き上げてきた人間観や，国家，デモクラシー，人権の尊重のような諸制度や諸価値に揺らぎが生じている．

　例えば，グローバリゼーションの進展により，先進諸国，グローバルサウスを問わず，国内の従来的な社会統合のあり方が大きく動揺し，国家の構成要素であり主権の所在である「国民」概念が大きく揺らいでいる．このような状況に対して，既存の政治勢力が自己刷新を試みる一方で，新たな政治勢力やテロを含む暴力的な抵抗運動が国内外に拡大しつつあると同時に，それらに抗う市民によるネットワークも広がっている．また，AI，宇宙技術，ナノテクノロジー，バイオテクノロジーといった科学技術の発展は，人類が抱える問題を解決する手段となり新たな社会的・経済的利益をもたらす可能性がある一方で，人間社会が築き上げてきた価値観や人間の安全そのものを直接的に脅かす存在にもなりうる．

　本書の目的は，このようなグローバルリスクの現れ方を，哲学，倫理学，政治学，法学，社会学，地理学，地域研究といった多角的な視座から捉え，グ

ローバルリスクが領域や分野をこえて絡み合い相互に影響を及ぼし合う複雑な
ダイナミクスを描き出すことにある．さらに，そのリスクに私たちはどのよう
に対応し，あるいは対応すべきかについて，それぞれの視座から検討する．な
かでも，本書が特に焦点をあてるのが，科学技術の進歩や社会への浸透によっ
て生じるリスクと政治的・経済的・社会的リスクの相互連関である．近年，科
学技術の倫理的・法制度的・社会的課題（ELSI）への注目が高まっているが，
科学技術のリスクのなかには予見はできたとしても，その新規性ゆえにリスク
を科学的に立証できていないものもあり，そのようなリスクのどこまでを社会
が受容し，また，どこまでを管理の対象とするかということは，結局政治的・
経済的・社会的な決定において判断せざるをえないことになる．すなわち，こ
のことは科学技術のさらなる発展のみに解決を見出すことができる課題ではな
く，同時に人文・社会科学の課題でもあるのである．そして，その過程におい
て，あるリスクをリスクとして考慮するのか否かという，「現在」私たちに
よって行われる決定自体が，「未来」のリスクとなりうるのである（Luhmann,
1991: 邦訳，2014: 13-20）．ところが，科学技術の進歩がその一助となっている社
会や人間の価値観の変化によって，そのような政治的・経済的・社会的決定を
形成する主体として考えられてきた国家や，決定の方法としてのデモクラシー，
そして，決定の指針とされてきた人権概念といった，これまで確固たる信念を
持って認知されてきた対象に揺らぎが生じ，それら自体もまたリスクの中にあ
る．すなわち，グローバルリスクそのものが相互連環的なものとして現れてい
るのである．本書は全体を通じてそれらを描き出すことで，人文・社会科学の
学際的な研究としてだけでなく，人間と社会の現在および未来のための自然科
学と人文・社会科学を架橋する議論の一端となることを目指す．

　本書は 2 部構成となっており，第 1 部では主に，ナショナル，リージョナル，
グローバルな社会のなかで築き上げられてきた政治的・経済的・社会的な価値
に対するリスクについて扱う．第 1 章「流動期の現代世界」ではグローバリ
ゼーションにともない民主主義や国民国家が直面している課題について，第 2
章「グローバルリスクを越えて」ではグローバルリスクを克服するオルタナ
ティブの模索と実践について，第 3 章「『人権の尊重』におけるグローバルリ
スクの軽減」ではアフリカを事例にこれまでの画一的な人権と文化相対的な人
権の相剋のなかで生じているリスクとその軽減について，第 4 章「庶民派ジョ
コ政権下のインドネシアにおける民主主義の後退とオリガーキー政治」ではイ

ンドネシアを事例に民主主義の後退とオリガーキー政治のリスクについて，第5章「『地球・宇宙圏秩序』に関する『地理学による政策の研究』」では地理学的視座からのリスクへの対処としての「移動」と地球・宇宙圏秩序構想について論じる．第2部では主に，人類の希望と脅威という両義性を有する科学技術の発展に関連し現れているグローバルリスクについて扱う．第1章「グローバルリスク時代の否定論とポストトゥルース」では，医療分野を事例に専門知に誰もがアクセスできるようになるなかでどのように無知が生産されポストトゥルースと結びついているのかについて，第2章の「AIの存在論的なリスク」では現代のAIや情報技術が開いている地平が人間の知性のあり方に与える影響について，第3章の「グローバルリスクとしての偽情報」では偽情報とそれが呈する深刻な脅威について，第4章「AIのリスクとグローバル・ガバナンスの展望」ではEUのAI法を事例にAIのリスクに対する国際協力について，第5章「宇宙資源開発をめぐるリスクと法」では宇宙資源開発におけるリスクへの対応に関する国際的なルールや制度の在り方について，第6章「宇宙開発リスクとしてのスペース・デブリ問題」では宇宙開発に伴うリスクとしてデブリ問題に対してどのような国際協力が行われているのか，またどのような解決策がありうるのかについて論じる．

　本書は2021年度から2023年度に立命館大学人文科学研究所の助成プログラムとして実施していた学際的な「グローバルリスク研究会」，および，その後継である2024年度からの「先端科学技術のガバナンスのための理念と制度の研究会」の研究成果発表でもある．また，本書を出版するにあたっては2024年度立命館大学学術図書出版推進プログラムの助成を受けた．この場を借りて感謝申し上げる．また，忍耐強く原稿をお待ちいただいた晃洋書房と，編集者の西村喜夫氏には心よりお礼を申し上げる．

2024年11月16日

川　村　仁　子

参考文献

Luhmann, Niklas. (1991) *Soziologie des Riskos*, Walter de Gruyter. (小松丈晃訳『リスクの社会学』新泉社，2014).

世界経済フォーラム（2024）『グローバルリスク報告書　2024年版』（https://jp.weforum.org/publications/series/global-risks-report/）2024年10月28日取得.

目　　次

はじめに ·· i

川村仁子

第1部　ナショナル，リージョナル，グローバルなリスクの現れ

第1章　流動期の現代世界 ·· 3

中谷義和

1. 「国民－国家」の関係論的位相　(3)
2. グローバル化と「国民－国家」　(6)
3. 「自由民主政」の系譜　(8)
4. 「国民－国家」と「民主政」　(12)
5. 「民主的市民社会」の有意性　(17)

お わ り に　(19)

第2章　グローバルリスクを越えて ·· 21
　　　　──システム転換を目指す民衆の創造的な運動──

松下　冽

は じ め に　(21)

1. グローバルリスクをどう認識するか　(22)
　　──現在と多様な展望──
2. グローバルリスクをどのように変えるか　(25)
　　──オルタナティブの模索──
3. 社会変革への体系的代替案　(36)
4. 移行のための戦略　(41)
5. 底辺から動き出した民衆主導の「社会」運動　(44)
　　──連携の視点とシステム構築──

お わ り に　(47)

第3章 「人権の尊重」におけるグローバルリスクの軽減 ……………… 56
　　　　──アフリカ統一機構による規範の形成──

五十嵐美華

は じ め に　(56)
　1．「人権の尊重」におけるグローバルリスク　(57)
　2．地域国際機構による規範形成　(62)
お わ り に　(66)

第4章 庶民派ジョコ政権下のインドネシアにおける
　　　 民主主義の後退とオリガーキー政治 ………………………………… 71

井澤友美

は じ め に　(71)
　1．多民族国家インドネシアにおけるオリガークの台頭　(72)
　2．ジョコ政権下における地方開発　(75)
　3．インドネシアにおける民主主義の後退　(80)
お わ り に　(88)

第5章 「地球・宇宙圏秩序」に関する「地理学による政策の研究」… 93
　　　　──「そのためのエセー理論研究」として──

米田富太郎

は じ め に　(93)
　1．問 題 提 起　(96)
　2．「目　　　標」　(97)
　3．「方　　　法」　(98)
お わ り に　(101)

第2部　科学技術に関連したリスクの現れ

第1章　グローバルリスク時代の否定論とポストトゥルース ········· 109
　　　　　──戦略としての無知──

美馬達哉

1．啓蒙の終わり　(109)
2．知の階層構造の崩壊とその水平化　(111)
3．アグノトロジー（無知学）の視点　(115)
4．COVID-19 否定論と無知　(118)
5．戦略的な無知としてのポストトゥルース　(120)
6．専門知の生態学　(123)

第2章　AI の存在論的なリスク ································· 129
　　　　　──統治・一般意志・コスモロジー──

松井信之

はじめに　(129)
1．統治の技術的自律化と脱人間化のリスク　(130)
2．ウェブ 2.0 から「デジタルネイチャー」へ　(134)
　　──「一般意志」をめぐって──
3．技術にとっての訂正可能な「一般意志」とコスモロジー　(138)
おわりに　(144)

第3章　グローバルリスクとしての偽情報 ················ 148
　　　　　──EU 及び日本における課題とアプローチ──

ガジェヴァ・ナデジュダ

はじめに　(148)
1．偽情報の概念　(149)
2．グローバルリスクとしての偽情報　(152)
3．偽情報への対処　(157)
　　──EU と日本での実践──

おわりに　(*163*)
──今後の課題と政策提言──

第4章　AIのリスクとグローバル・ガバナンスの展望 ················ *169*
北　和樹

は じ め に　(*169*)
1．AI規制のための国際協力　(*172*)
2．AIリスクに対するグローバル・ガバナンス　(*176*)
おわりに　(*183*)

第5章　宇宙資源開発をめぐるリスクと法 ·················· *188*
山口達也

は じ め に　(*188*)
1．宇宙資源開発とリスク　(*189*)
2．国際宇宙法上の制度的不備　(*194*)
3．リスクをめぐるルール形成の動向　(*201*)
おわりに　(*207*)

第6章　宇宙開発リスクとしてのスペース・デブリ問題 ·················· *210*
田丸　幹

は じ め に　(*210*)
1．スペース・デブリ問題とはなにか　(*211*)
2．スペース・デブリ問題に関するグローバル・ガバナンス　(*215*)
3．スペース・デブリ問題の展望　(*218*)
おわりに　(*222*)

結びに代えて ·················· *227*
川村仁子・龍澤邦彦

人 名 索 引　(*233*)
事 項 索 引　(*234*)

第1部

ナショナル，リージョナル，グローバルなリスクの現れ

第1章
流動期の現代世界

中谷義和

1.「国民−国家」の関係論的位相

　現代世界は「グローバル化」の局面にある．この力学的運動は運輸の時間的縮小と通信の瞬時化を媒介としているだけに，経済活動の国際的流動性の深化を，また，相対的に静態的であった社会経済関係の地球的規模の拡大を呼ぶことになった．だが，この「傾向」に対する政治経済的・文化的「対抗傾向」も作動することになった．現代世界は対立的契機が複合するという流動的局面にある．この力学的運動の中で，ロシアは旧ソ連圏の覇権の復権を，中国は国際的ヘゲモニーの掌握を，北朝鮮は日米韓の軍事包囲網の"脅威"を喚起することで「兵営国家」型権威主義体制の方向を強くしている．そして，「周辺」地域であった新興・途上国間の「グローバルサウス」が始動している．また，アメリカを中心とする先進資本主義諸国は新しい同盟戦略を構築することで世界秩序の再編を期しているが，他方では，「グローバル化」の中で排外主義の理念と運動が先進資本主義国において潮流化し，社会的分断情況が強まっている．さらには，こうした国際秩序の不安定状況に地球温暖化と疫病のパンデミックという人類的"危機"が重畳化している．

　歴史は，常に変動の過程にあるにせよ，相対的静態期と変動期の反復の過程を辿っている．変動期は流動的局面であり，これに呼応するように政治の対応は多様化せざるを得ないだけでなく，「国際関係」論や政治学の言説も交差と交錯情況を深めることにもなる．そして，「グローバル化」は時空間の"圧縮"過程であるだけに，「国際関係」の変動も急激なものとならざるを得ない．社会経済関係の越境化の深化は社会経済的・政治的再空間化を呼ぶだけに，対立的力学も潜勢する．こうした流動的局面にはリスクや新展開の可能性も伏在している．

グローバル化とガバナンス

　近代ヨーロッパの「国際（国民間）関係」は「ウェストファリア条約」の締結（1648年）に遡源するとされる．この体制において，地理的空間は政治的に区画されることで「領域」化し，"リバイアサン"型の「主権国家」の端緒をみることになった．この体制は近代の「市民革命」によって「主権」の帰属位置の転換を，また，現代の「グローバル化」の中で属性の変化をみた．だが，「国家」は「民族」という人的契機と「民俗」という文化的契機を基層とする「領域」規模の社会経済関係の節合体として実在している．この不可視の関係論的「実在」が一定の自律（自立）性を帯びうるためには全体を包括する強制の契機を不可欠とする．この権力が「国家権力」であり，歴史的にも現況においても，組織形態を多様にしつつも「政府（government）」として実在している．

　「国家（State, Staat, État）」とは，「社会経済空間」と「政治空間」との巨細なシステムの複合的総体である．こうした経済的・社会的関係が空間規模で「領域」化し，「実在」するのは，諸関係を「国家」に統合する政治の「権力機能」に負い，この機能は「政府」に機構化されている．「国家」が個別の歴史的形態に類型化されるのは，「政治権力」を媒介とする「領域」規模の社会経済関係の「実在」形態の認識に負うことである．政府はこうした関係論的「実在」の"舞台"を設定している．

　「国家」を構成している諸関係は，個別的にも複合的にも，諸矛盾を内在しているだけに，諸関係の統一性を領導するためには権力の機能と機構を必要とする．この機制を媒介とすることで諸関係は「領域」規模で凝集され，「国家」に抽象されることになる．これは，「実在」の"表象"と"具象"との連想形態にも似て，不可視の関係論的「国家」が「政府」によって具象されるので，「国家」の"機関"が「国家」として現出することを意味する．「国家」という抽象が「共同幻想性」（主観的表象）を帯びるのは，こうした関係論的実在が神話や民族と民俗の言説を媒介に抽象され，統治の正当化イデオロギーによって観想化されることで実相化することによる．

　「国家存在（statehood）」は諸関係の節合様式や媒介理念を異に個別性と特殊性を帯びる．これは個別「国家」の"経路依存性"に負うことであって，類型論的には，「民俗」や「習俗」を基体とするアジア的「国家性（stateness）」と人為的構成に立脚した西欧の「国家性」を範例として類別化されている．また，「アメリカ合衆国」が「人工国家」とされるのは「移民国家」であるがゆえに，

この「国家」は“理念”を媒介とした人為性の性格を強く留めていることによる．そして，空間的に「領域」された権力の機構は，「国際（国民間）」関係においては「国家」の表現として「国民」を代表することにもなる．というのも，「領域」において集住する住民は「国民」という集合名詞に包括されることで「国家」は人格化し，関係論的抽象と人格的実在は一体化するからであって，その複合的総体が「国民－国家」として現れ，“舟”に擬制視されることにもなる．だが，「国民（nation）」とは「幻想的共同体」であるにせよ，その構成は同質的要素から組成されているわけではなく，宗教と文化や階級と階層などの文化的・社会経済的対立要素を内包している．こうした対立状況は，国際的には，エスノ・ナショナリズムが「文明の衝突」を呼び，あるいは，「文化戦争」として顕在化することにも認めうる．

　だが，「領域」規模の社会経済関係は「国家」の権力機構のみによって整序されているわけではなく，性格を異にする多様な社会経済的・文化的要素が複合的に作動することで「国民－国家」の統一性が保持されている．これは，歴史的「経路依存性」を帯びた「政府」の権力と社会経済的権力とが固有のイデオロギーを媒介とすることで「国民－国家」の様態（「国家性」）が規定されることを意味する．社会経済関係は経済的強制力のみならず，統治の機制と正統化機能によって，さらには，社会規範というイデオロギー的言説を“接着剤”とすることで「国民－国家」は「領域」規模で総体化している．こうした統治機能の様態概念が「ガバナンス（governance）」であって，市場・国家・市民社会という伝統的・形式的３分節型「国家」論と並んで，「国民－国家」の統治の様態の複合的構成と動態の説明概念とされている．この概念は，さらには，「国際関係」にも援用され，「世界国家（政府）」なき「国際秩序」論の説明項とされてもいる．

　個別「国民－国家」の「国家性」は歴史的「経路依存性」に，とりわけ，基軸的（再）生産関係の編成と再編成に占める経済外的強制の政治的・イデオロギー的契機を異に多形化している．これは，資本主義経済が（再）生産関係に立脚しているといっても，英米の「自由主義型市場経済」と北欧の「国家調整型市場経済」とでは，とりわけ，権威主義的「国家管理型市場経済」とでは類型を異にしていることにも明示的である．

2．グローバル化と「国民－国家」

　現代の「グローバル化（globalization）」とは力学的「過程」概念であって，技術革新によって空間的距離が時間的に短縮し，社会経済的・政治的諸関係が脱国境化することで相互関係が深化していることを意味する．戦後の「グローバル化」は資本主義世界の「新自由主義」化を背景としている．というのも，政策介入主義と福祉政策とを一体化したケインズ主義型マクロ経済政策が1970年代に至って破綻の兆候を強くする中で，脱規制（deregulation）」・「自由化（liberalization）」・「民営化（privatization）」という「自由主義的市場原理」主義が潮流化し，これと結びついて国内経済の脱国境化と金融資本の国際的流動化が進むことになったからである．この経済政策は，市場諸力の“自由”化や公営企業の民営化を媒介とする「新自由主義（neo-liberalism）」の政策企図に発している．だが，その過程は単線軌道に服しているわけではないし，個別「国家」を異に多様な「対抗傾向」を喚起することにもなった．これは移民が排外主義を呼び，関税障壁の再施策の主張という反「新自由主義」の主張にも認めうることである．また，「国連」を始めとする「政府間国際組織（IGO）」と並んで，目的と意図を異にしつつも国際的協調と協力を志向する機構として多くの「非政府間国際組織（NGO）も族生することで，「グローバル・ガバナンス」の構成は多元化と複合化の方向を強くした（国際秩序の「多頭」化）．

　確かに，輸送と通信手段の革命的進化によって資本と商品の流通が脱国民化と脱リージョン化の方向を強くし，国民的規模で資源と収益の「競争優位（competitive advantage）」を国際的に期そうとする「競争国家（competition state）」化の状況が強まったといえる（Cerny, 1997）．だが，「グローバルサウス」の動向に認めうるように，先進資本主義国による社会経済の国際的再接合の企図に対する反発も強まっている．また，東欧と中東においては戦争が勃発し，NATOとロシアとの対抗や東アジアにおける体制間対立が深まる中で，「クアッド（QUAD）」や「オーカス（AUKUS）」に認めうるように，EU諸国も含めた大陸横断規模の，あるいは超大陸規模の軍事同盟の再構築が進められている．そして，アメリカは国内の社会的・政治的対立と分断を強めているし，その外交方針は流動的である．すると，現代の「国際政治」は「傾向」と「対抗傾向」とが交錯する不安定な状況に服していることになる．

現代の「グローバル化」の波動は近代の重商主義期の「原蓄」期に遡りうるにせよ，世界的規模で趨勢化したのは第二次大戦後に多くの国際機関（構）が創設されたことによるのみならず，1970年代以降にOECD諸国の対外直接投資が急増したことに，とりわけ，アメリカ資本が「多国籍企業（TNC）」化したことによる．「グローバル化」は多次元的過程であるだけに，その位置付けをめぐっては，「超グローバル論（hyperglobalism）」，「懐疑論（skeptical view）」，「変容論（transformationalist view）」など，多様な意見が交錯しているが，その差異は，「グローバル化」のダイナミズムにおける「国民－国家」の"位相（トポロジー）"の位置付けの違いに発している．これは，「グローバル化」が「国家」論の再検討を求めていることを意味する．

現代の「グローバル化」は社会経済関係の越境化の規模と程度という点で，その波動は世界的に及んでいる．それだけに，「超グローバル論」者は自由主義的資本主義経済の「グローバル化」の不可避性の視点から，「国民－国家」は蚕食過程にあるとし，「懐疑派」は「国民－国家」の依存関係の深化にすぎないとする．また，「変容」論者は「グローバル化」を国際秩序の再編過程であるとし，この過程に「国家」の変容を求めるとともに，コスモポリタニズムの現代的有意性を理念化しようとしている．

確かに，「グローバル化」と「リージョン化」の中で社会経済関係は変化しているし，「競争優位」の経済システムが求められることで最先端商品の生産技術の開発が国家的規模で進められ，「競争国家」化してもいる．こうした企図は「国家」に発しているし，多国籍企業といえども"無国籍企業"とはなりえない．また，IGOへの参加や貿易と通商協定の主体は「国家」であり，多国間集団保障と二国間同盟とを問わず，軍事同盟の締結は「国家」の専権事項でもある．これは，「グローバル化」の中で社会経済関係が垂直的にも水平的にも変容する中で「国家」の機能は多面化し，複雑化しているのであって，その機能が"空洞化"しているわけではないし，「存在」自体が衰退の過程に服しているわけでもないことを示している．そして，国民的統治の正統性は「国民」の合意に依拠している．これは，「政治的人民（デモス，demos）」は一定の社会経済的空間における支配－被支配関係においてこそ有意性を帯びうることを意味する（代表民主政の原基的理念と形態）．こうした現況に鑑みても，「変容」の過程にあるにせよ，「グローバル化」の中でも「国民－国家」は，なお，相対的自律（立）性を保持し，「グローバル・ガバナンス」の現実的"実体"と

して確かな地歩を占めているといえる.

3.「自由民主政」の系譜

　「グローバル化」の現代は「リスク世界」とも呼ばれている. これは所得の
国際的偏差に発する経済的動揺やウクライナやパレスチナにおける戦争のみな
らず, 広く地球的安全に対する軍事的・生態学的脅威に直面していることに認
めうる.

　歴史とは必然性の過程であるにせよ, 所与の現在は人為の所産であるだけに
偶発性も免れえない. この視点からすると,「リスク (risk)」とは, 現実の,
あるいは, 予測される社会的病理や自然の脅威の認識ないし知覚に発し, これ
と対峙し, 克服しようとする意思や姿勢のことであるだけに, 新しい危険も伏
在していることになる. というのも, 脅威の克服の方途の秤量は別の危険を呼
びかねないからである. こうした営為は人類史において繰り返されたことで
あって, 近代の資本主義はリスクとの対応の中にあったといえる. この視点か
らすると,「グローバル化」時代における"リスク"の特徴は脱「国民−国家」
規模の性格を帯びているだけに, その"リスク"も脱国民化せざるを得ないこ
とになる. これは AI や戦争技術の民用化によって資本主義は新しい活路を模
索するという状況が起こっていることに, また, 新しいエネルギーの開発に
よって地球温暖化が起こり, 熱中症が多発しているだけでなく, 海面上昇の危
険に見舞われているという新しい"リスク"にも直面していることにもうかが
いうる.

リベラリズムの祖型

　近代のリベラリズムは封建社会からの「解放 (liberation)」の理念と運動に発
し, 資本主義社会の構成原理となった. というのも, リベラリズムは「資本主
義 (capitalism)」の社会的 (再) 生産の基軸原理であって, 土地・労働力・貨
幣・知識を擬制商品とする生産と交換の転回軸にほかならないからである. だ
が, 経済的関係は商品関係の論理のみでは全体包括的体制原理となりえず, 他
の政治的・イデオロギー的補完原理と一対化される必要にある. その基本理念
が「自由主義」であって,「市場」を媒介とする形式的「契約自由」の原理を
基底原理とすることで, また, リベラリズムを政治の機制のイデオロギー的

「外被」とすることで「資本主義国家」の凝集性が維持されている．それだけに，リベラリズムを憲政原理とすることで「権威主義政体」の対抗理念ともなりえたが，「自由」の内実化をめぐる理念と運動を内在することにもなった．さらには，資本の運動は脱国境規模の外延化を志向するだけに，「自由主義的国際主義（liberal internationalism）」の理念とも結びつきえた．

　リベラリズムの理念を遡源すると，「社会」と「個人」との対立的像の中で，「所有的個人主義」を基本原理とする「獲得社会」に「秩序」の自己展開像を導いたことに辿りつく．この「社会」像においては，「市場」媒介型私的利益（関心）の競合に社会の安定化と展開像が措定され，さらには，この私的関心の組織的主体が「集団」に求められ，「利益集団」の競合的・多元主義的政治社会像を導くことで「利益集団リベラリズム」のパラダイムが成立している．この「獲得社会」像においては主観的「価値」が規範性を帯び，その実現はゲームのルールにおいて日常化されるとのパラダイムに立脚し，「民主政」は，この社会システムの政治的“外被”とされることになった．換言すれば，自由主義を社会経済の精神的・実践的駆動力とし，これを憲政の基本原理とすることで「自由主義的資本主義国家」は鋳型化されたことになる．この体制の典型例がアメリカであり，自らの体制を「範例」視し，軍事介入をもって固有の基軸的社会経済原理を国際秩序にも埋め込もうとしてきた．それだけに，新興国や途上国の反発が繰り返されることにもなった．

　リベラリズムと資本主義とは不可分の関係にあるだけに，資本主義の変容はリベラリズムの修正を求めることになる．これは，アメリカの理念史からすると，「革新主義的リベラリズム」や「ニューディール・リベラリズム」という「社会的リベラリズム（social liberalism）」の理念に認めうることである．こうしたリベラリズムの変容は，「資本主義社会」の関係論的構成の危機内在的傾向に対する対応の必要に発することであって，「個人」の社会的存在の認識と社会統合の必要においてリベラリズムの理念を修正することで社会経済の「統合効果（integration effect）」を発揮するというイデオロギー機能を果たしえたことを意味する．「新自由主義」という市場原理主義的リベラリズムの登場も，こうした社会経済関係の矛盾の深化との対応の必要において浮上したことである．

　アメリカの「政策レジーム」が“反リベラリズム”というより，修正リベラリズムを基調とせざるを得ないのは，資本主義にとってリベラリズムは不可欠

の補完的イデオロギーにほかならないからである．これは「バージニア学派」の「公共選択論（public choice theory）」にも認めうることであって，「合理的功利」の視点から政府の財政肥大（「過負荷の政府」）の歯止めとして「自由市場」の原理をもって「正統性の危機」の克服が志向されている．また，この局面において，政策の形成と執行に占める利益媒介システムという点で「コーポラティズム」の概念が注目されることにもなった．

多元主義的競合の統合機能

「資本主義国家」は社会経済関係の歴史的形態を異に，「統治」の様態を多様にせざるを得ない．「コーポラティズム（corporatism）」とは「カバナンス（統治様式）」の，一つの形態概念であって，西欧中世の「身分制国家（Ständestaat）」の統治形態に発し，20世紀の「組織資本主義」の時代に至って社会経済関係の職能型集団化と団体協調型国家へと移行する中で，選挙媒介型議会政治とならんで職能団体媒介型統治様式が形状化したことと結びついている．これは，アメリカ史に鑑みると，資本主義社会の企業（会社）化という20世紀への転換期の社会経済関係の構造的変貌期を背景としている．また，その形態は北欧に特徴的な制度化された協調体制というより，政府と「利益集団」との機能的協調体制であるとされる．

社会構成は「生活過程」や（再）生産過程の変化との対応において自らの形状を変容する．「コーポラティズム」の概念の政治学的有意性が注目されることになったのは，個別の職能型シンジケートの合意導出システムが注目されたことによる．これは，戦間期に社会不安が高まる中でイタリアでは反議会主義的「権威主義国家」のカバナンスが形成されたことにも負っている（「ファシズム型権威主義的コーポラティズム」）．他方で，リベラリズムを鋳型とする英米の「資本主義国家」においては社会集団の政治機能が強まったとはいえ，リベラリズムの体制概念において支配的職能集団の競合関係を維持することが求められた（「リベラル・コーポラティズム」）．この体制においても社会経済の管理と統合の企図において実業界や組織労働者といった「社会パートナー」と政府との協調型カバナンスが浮上することになった．この体制は"上から"の「権威主義的コーポラティズム」との対比において「リベラル・コーポラティズム」と呼ばれているが，これはリベラリズムの多元主義的"統合効果"に負うことである．とりわけ，アメリカのカバナンスが多元的とされるのは，この「国家」

の創建が「移民」に発するだけに，社会は多様な民族的・宗教的アマルガムであるだけでなく，社会経済の「資本主義」的構成が多元的で競争的であることにもよる．

多元主義の自由主義的パラダイムは社会経済諸勢力の競合の力学に"均衡"化のメカニズムを措定している．これは，資本主義の展開のなかで多様な諸勢力が族生しつつも，相互の競合の中で社会秩序が不断に形成されるとするパラダイムに立脚していることを意味する．だが，これは諸勢力の均衡化のモデルであるにせよ，社会集団とは歴史的所産であるし，固有の社会経済構成においては指導的・従属的諸勢力が存在することを踏まえると，傘状型階統的社会経済システムの中で，統治のカバナンスは主要「利益集団」(勢力)型構造に傾かざるを得ないことになる．

コーポラティズム型カバナンスが改めて注目されることになったのは，第一次石油ショック（1973年）で浮上した「ケインズ主義」政策の機能不全化との対応において「所得政策」や「新連邦主義」が採られたことにうかがいうるように（「レーガン革命」），資本主義的生産様式を前提として労働組合の包摂の企図が表面化しだし，「コーポラティズム」体制が注目されだしたことによる．すると，コーポラティズムは新自由主義の市場原理主義の企図と呼応しうる性格を帯びていたことにもなる．

支配（政府）－被支配（社会）において，主／客の主体の視点を逆にすると，両者の関係は反転する．多元主義的「利益集団自由主義」は"影響力"（入力）の概念をもって「政府」の社会的対応性のパラダイムを導いているが，社会の包摂と統合の主体は，なお，政府の固有の機能に属している．この視点からすると，コーポラティズム型カバナンスは「自由主義的資本主義国家」の一般的統合様式にほかならないことになる．コーポラティズムの体制をめぐっては多様な位置付けが交差しているが，社会集団の合意導出様式であるという点では認識の共有が認められる．

多元主義のパラダイムは職能集団のみならず，宗教や民族と文化集団の政治的契機の競争的影響力と争点の変動性のパラダイムに立脚しているだけに，「リベラル・コーポラティズム」の利益媒介型カバナンス像とも符合しうることになる．また，社会集団の政治機能という点でコーポラティズムは議会媒介型統治様式の補完システムとされ，支配的集団による選挙民の動員機能を果たしているともされる．すると，多元主義政治においても政府と主要利益との協

力は体制化しているわけであって，「リベラル・コーポラティズム」は協調型
ガバナンスの表現形態であることになる．この視点からすると，「リベラル・
コーポラティズム」とは「利益集団自由主義」の作動様式の概念であって，主
要利益集団を軸とする協調型統治様式を説明するための概念であることになる．
それだけに，コーポラティズム型ガバナンスは政府の調整機能を強化すること
で「競争国家」化を先導しようとする企図とも呼応しうることになる．

4．「国民－国家」と「民主政」

「自由民主政」の政体はリベラリズムと民主主義との複合体制に立脚してい
るという点では「矛盾〈内〉統一」の原理に服している．これは，「経済的自
由主義」が「政治的自由主義」によって制約されるだけでなく，「経済的自由
主義」によって「政治的自由主義」が掣肘されるという対立的要素の複合的構
成に立脚していることを意味する．「共和主義（republicanism）」は「人権」原
理をもって両者の内在的矛盾を「国民（人民）主権」によって止揚する憲政原
理ではあるが，経済的自由主義は「不平等」の現実に結果するだけに，「衡平
（equity）」の原理をもって再分配の公平を期そうとする，あるいは，福祉の向
上を求める運動と対抗運動を呼び，これが歴史の牽引力ともなる．とりわけ，
「代議（議会）制民主政」は「国民（人民）主権」原理に立脚しているだけに，
代表者と「主体（constituent）」との照応性ないし相関性の乖離の意識が強まる
と，民衆の「不満と不安」はポピュリズムを喚起することになる．また，「陰
謀」の心理がアメリカの社会心理に潜勢しているのは，この「国家」が移民と
西漸を，さらには，不断に海外進出を繰り返す中で「見知らぬ他者」との邂逅
を繰り返さざるを得なかったことに，あるいは，農本主義的「反知性主義」の
伝統に負うことであって，「例外主義（exceptionalism）」という主観的認識が破
られると感じられたり，社会経済的階梯の上昇の"夢"が幻想化すると，索敵
の心理と結びつくことになる．

個人の「自律性（autonomy）」という問題は「個人」と「社会」との本源的調
和という問題に遡源されうるにせよ，「資本主義的自由主義」は「所有的個人
主義」を社会構成の基底価値とし，社会の鋳型化の原理としているだけに，資
本主義的「自由主義」は「社会的自由主義」の理念と対峙せざるを得ない．そ
れだけに，「所有的個人主義」と「自律的社会」との調和を期しうる接合原理

を不断に模索せざるを得ず，社会経済関係の変化との対応において「ネオ」という接頭語や限定的修辞語を付すことで，リベラリズムの保守が期されてきたといえる．

　資本主義経済の（再）生産関係は価値増殖を基底価値とするので，資本の「功利（実利）」の最大化が目的合理性の構成原理となる．他方で，この社会は各人の幸福の追求の総和に社会"善"を想定してきたが（「功利主義（utilitarianism）」），「多数者」の幸福の擬制に立脚しているだけに，少なくとも形式的には，少数者の幸福が軽視されがちとなるだけでなく，「功利（利得）」の収集と配分は市場機能を媒介とすることで「富」の格差を呼ぶことにもなる．また，リベラリズムは対立的契機の「矛盾〈内〉統一」の原理に立脚している．これは，資本主義的社会経済関係は「自由主義」を不可欠としつつも，各人の「自律性」や「自己展開」の"自由"が位階的所有関係によって阻害されるという現実にもあることを意味する．「社会民主政（social democracy）」の理念は，こうした矛盾の意識において浮上する．

社会民主主義

　「国家」は社会経済的・政治的諸関係の節合体であるが，固有の結合体の形状を帯びるためには，「民族」という人格的集合体の基底に潜勢する「民俗」という文化的契機と並んで，「関係」化のイデオロギーと正統的統合の政治理念と，その制度化を不可避とする．資本主義は社会経済関係を「自由主義」の原理において組成するとともに，「民主政」をその政治的外被とすることで「領域」規模の「国民−国家」を形成している．だが，この関係論的総体には，個別「関係」と「関係間」関係の矛盾を内在しているだけに，「民主政」の原理において，これを改編しようとする理念と運動を不可避とする．現代の「社会民主政（social democracy）」の理念と運動は「社会資本」の充実の必要の認識に発し，「平等主義的修正主義」の理念として浮上している．

　「社会民主主義」の理念は，第1インター（1864年）に発し，その後，社会主義を含めて多様な潮流に分岐しつつも，「福祉国家（welfare state）」の概念に継承されている．この理念は市場原理主義の中で拡がった所得格差の拡大や社会の個人化と分断に抗して，「福祉主義的改革主義」として提示され，政策化された．それだけに，潮流を異にするにせよ，現代の民主主義の理念には，「資本主義的自由主義」と「社会民主主義的自由主義」との対抗理念を潜勢するこ

とになった．また，現代の「グローバル化」のなかで資本主義の新自由主義的
経済格差が国際的に拡大し，国際金融危機を呼ぶことになっただけに，NGO
などの国際的機関の積極的活動が注目され，また，「グローバル・ガバナンス」
の新見地が求められることにもなった．

参加民主政論

　「資本主義国家」は選挙を媒介とする「議会制（代議制）民主政」を統治の機
制とするので「国益」は個人的「利益（関心）」の集塊として現れる．また，政
治過程ないし政策決定過程は「丸太転がし」を媒介とする"妥協"の所産とな
る場合が多い．これは，代議制が信託関係の原理（代表者の「本人」化の擬制）に
立脚しているにせよ，為政者は「公開性」や「説明責任」を欠きがちとなるだ
けでなく，選挙民は社会経済関係の複雑化とグローバル化の中で「自律性」の
認識を希薄化し，直接的経済関係や日常的習慣を第一義的関心とする傾向（受
動性）を強くすることにもなる．この脈絡からすると，「参加民主政（participatory
democracy)」や「市民的公共圏」を基盤とする「熟議民主政（deliberative democ-
racy)」の有意性が浮上することになる．というのも，「参加民主政」の原理は
選挙民の効率的統治という受動的政治像ではなく，「関心」の自己中心的関係
から脱却し，社会経済生活における直接的「参加」を媒介に「公共圏」の再生
を期すことで「自律性」と「自己展開」の"自由"を展望しようとする構想に
発しているからである．また，「国家」の権力機関が政策形成の「舞台」であ
ることを踏まえると，「参加民主政」は「国家」を「グローバル民主政」の提
唱主体に転化しうることにもなる．

「グローバル民主政」論

　「グローバル化」は社会経済と政治の越境化と相互関係の深化過程のことで
あるだけに，「国民－国家」規模の民主政をめぐって多様な「グローバル民主
政」論の登場を見ることになった．「国際主義」の理念と運動は古くからある
にせよ，今日の国際的民主政論は「グローバル化」という現実と結びついてい
るだけに，その理念と構想は切迫性を帯びつつも複雑化せざるを得ない．とり
わけ，「グローバル化」のなかで「国民－国家」間の連携と反発が強まってい
るだけに，その理論的視座は「グローバル化」の時代における「国民－国家」
の位相や国際秩序に占める「国民－国家」の有意性をめぐる，あるいは，

「グローバル・ガバナンス」と「民主政」との相関性をめぐる対抗理念とも結びつかざるを得ない.

「リベラル国際主義（liberal internationalism）」は「自由主義的資本主義国家」観の国際版であり，資本主義的自由主義の脱領域化に世界秩序を構想するという理念的特徴を帯びている．だが，資本主義は自由主義と結びついて権威主義ないし全体主義の対抗政体となりえるにせよ，自らの利潤の世界的拡大を運動法則とすることで介入と干渉の外交政策が繰り返されてきたことを想起すると，自由主義をもって「平和のテーゼ」と同義と見なすわけにはいかないことになる．また，民主政の理念と実践が「国民－国家」という空間的限定性と結びつくことで有意性帯びうることを踏まえると，「グローバル民主政」像と「資本主義的自由主義」とを結び付けるだけでは，自由主義的覇権国家の「グローバル・ガバナンス」の正統化論を呼びかねないことにもなる.

人々は個別の「領域」性と世界的存在との二次元の中で生活しているだけに，この二分論の克服の意識は古くから政治理念史に底流している．「コスモポリタニズム（cosmopolitanism）」の理念は古代ギリシアのストア学派の“コスモス（世界国家）”の理念に発し，近代においてはカント（Immanuel Kant, 1742-1804）の「永遠平和」の理念を軸とする「国際連邦（合）」の理念としても浮上している．「グローバル民主政」論は，社会経済関係が脱領域化し，国境に区画された「国家」の閉鎖性が蚕食の過程にあるとするとともに，課題と争点の共有状況の中で“重複型運命共同体”の意識が深まっているとする認識に発し，「民主的自律性（democratic autonomy）」の理念と結び付けようとする構想に立脚している．これは，「自律性」とは社会経済的条件の自己決定を含意しているだけに，社会経済関係の越境化の中で社会経済も「グローバル化」しているし，環境の保全や疫病への対応も脱「国民－国家」化している状況においては「自律性」の条件も脱国境化せざるを得ないとする考えに立っている．「コスモポリタン民主政」論は構想を多様にしつつも，その多くは民主的「自律性」という規範的視点から「コスモポリタン的市民（cosmopolitan citizen）」による「多層連接型グローバル・ガバナンス」像を提示している.

だが，「民主主義」の理念は「国民－国家」という空間的・人格的実在を前提としているし，ナショナリズムが社会的凝集性の強力な契機となっていることを，また，民主政が代表－被代表のアイデンティティの近接性や「自治」の観念を前提としていることを踏まえると，そして，資本主義の世界的憲政や国

際金融資本の強力な対抗という現実を，さらには，かつてカントが世界的抑圧のシステムの"悪夢"を危惧したことを想起すると（Roper, 2001），コスモポリタン型「グローバル民主政」の理念は「公共空間」の政治的構築という点で有意性を留めつつも，その実現の可能性と方途については，ポピュリズムの自国中心主義の主張に鑑みても，また，民主政が「国民－国家」を基盤としていることを踏まえると，なお，重要な困難と難問を留めているといえる．

国際政治と民主政

「ガバナンス」という言葉は，語源的にはラテン語の政治的「操舵（gubernō, steering）」に発しているにせよ，1970年に至って政治学のみならず，企業の統治様式にも援用され，広く流布することになった．これは，「危機管理の危機」との対応や社会経済の新自由主義的再編の企図と実践様式の認識に発し，「ガヴァメント（government）」という統治の組織と機構の概念と並んで統治の様態の説明項とされることで，政治学的には，政策の形成と執行における関係諸主体の調整様式が重視されることになった．この概念は，「国連」機関の機能や条約を軸とする「国際関係」にも一定の「秩序」（「グローバル・ガバナンス」）が認められるだけに，その説明項ともされることになった．また，国際金融資本の指導的役割やリージョン規模の「国民」間機構を，さらには，多様な多国間軍事同盟の形成といった現実に鑑みると，ヘゲモニー国家と「依存国家」とのガバナンス像が浮上することにもなる．この様態からすると，「国民－国家」を凌駕するネットワーク空間として「帝国（Empire）」が形成されていて，「国民－国家」が衰退するなかで「人民（people）」は政治的地歩を失っているようにも見える（ネグリとハート）．だが，こうした「国家」の外見的衰退の相貌はヘゲモニー国家の調整機能の高度化の結果であるにせよ，「国際（国民間）関係」の概念が有意性を留めていることにも明らかなように，領域型「国民－国家」は「国際関係」の基盤を失ったわけではないし，政治秩序の基礎は，なお，空間的限定性を帯びた「国民－国家」にあるし，その統治の正統性は「民主政」の制度と理念に立脚している．

「民主政」の規範性は「自律性」の理念を起点とする「自己展開」の"自由"に求められる．この原理は国際的規範ともされているだけに，「規模」の点では脱「国民－国家」的性格を帯びているとはいえ，実践的には，空間的限定性を帯びることで有意性を留めている．というのも，民主政の主体は，なお，

「国民－国家」の "人民" に求められるからである.

　国際政治は「民主政の欠乏」状況にあるとされる. 脱空間的規模の民主政を構想することは必要なことであるし, 有意的でもある. だが, 構想の選択が空中楼閣や "夢想" にすぎないものとならないためには, 試論であるにせよ, それなりに確かな現実的地歩が求められる. この視点から, 民主政の国際的展開を展望しようとすると, 「国民－国家」を起点とする放射線型展開が求められることになる. というのも, 「生活世界 (lifeworld)」は「国民－国家」を基盤としているし, 国民的アイデンティティの心性においては "ナショナリズム" が強力に作動しているからである. だが, ナショナリズムは民族と民俗という個別性の意識に発して排外主義的ポピュリズムを喚起するにせよ, その意識は政治原理のアイデンティティに, また, 他の「国民－国家」との比定に発する同族意識であるだけに, 批判のみならず, 民主政や反戦の共感を喚起し, その精神と共振しうることにもなる.

　「民主政」は所与の「国民－国家」の社会経済関係の統治のシステムであり, 統合術でもある. それだけに, "上から" の位階的支配の性格が強いにせよ, "自律性" の原理にも立脚しているだけに, 「権威主義」のみならず, 抑圧的社会経済体制に対する抵抗と実践の, さらには, 民主的統治の "範囲（スコープ）" という点では所与の法政の改革要求と結びつきうる. とりわけ, "戦争" は「自律性」と「自己展開」の "自由" を阻害する最大の障害であるのみならず, 生存の否定にほかならない.

5. 「民主的市民社会」の有意性

　「市民社会」とは有形的システムというより, 目的を異にする社会諸勢力による関係論的ネットワークであって, 統治の合意を導出するためのガバナンス空間でもある. すると, 「市民社会」の機能は空間的に固定されているわけではなく, ヘゲモニーと「対抗ヘゲモニー」の作動空間であって, 支配的社会経済の堡塁となるだけでなく, 対抗勢力の前進拠点ともなりうることを意味する.

　「資本主義国家」は経済的・経済外的強制の一体的社会経済構造を基礎とする「身分制国家」とは類型を異にし, 擬制商品を含む商品所有者間の形式的に「自由」な「経済社会」として現れる. この社会は商品所有者の水平的結合社

会と見なされるので，「政治社会」から，あるいは，軍事・治安機構から分離し，相対的自律性を帯びた目的団体型結合社会であるとされる．

　ドイツは別としても，英米仏における近代社会は「市民革命」を経ているだけに，その概念は自発的な「アソシエーション」の含意を帯び，「政治社会」の自立的空間と見なされることにもなった．だが，「市民社会」という言葉は資本主義社会の成立期に遡源されうるにせよ，時空間を異に多義化し，カバナンスの舞台であるだけでなく，「国家権力」との対抗の"場"と見なされたり，あるいは，対立的利益と社会的倫理との調和を期すことで社会「善」を領導するための社会空間であるとされることにもなった．

　民主的「市民社会」の有意性が問われだしたのは，1970 年代に至って「戦後黄金期」の「ケインズ主義的福祉型国民－国家」が破綻の様相を深くしだすとともに，「グローバル化」の方向が強まったことによる．というのも，「国民－国家」の社会経済関係の越境化は「市民社会」の「脱国民化 (denationalization)」と「人権」概念のクロス・ボーダー化を喚起し，また，「多文化主義」や「多民族主義」の「価値」観が重視されだしたことにもよる．他方で，「グローバル化」の中で「国民－国家」の凝集性の強化の言説が喧伝されるなかで，愛国主義やポピュリズムなどの権威主義も広まった．また，2024 年のアメリカ大統領選挙に表面化したように，リベラリズムの分極化や国際主義と孤立主義との対抗も浮上しているし，自国中心主義的生活圏を重視する対抗傾向も強まっている．

　「資本主義」の社会経済体制は獲得型私的所有と資本の「自己増殖」の"自由"を経済的編制原理とし，人種主義やジェンダーなどの社会的差別を構造的に埋め込んでいる．こうした格差と差別は新自由主義的「競争国家」化の中で，国際的には，地域的経済偏差化と結びつくことにもなった．これは，資本主義の運動は国内的のみならず国際的にも，ヘゲモニーの毛細管化と"植民地"化の傾向を帯びていることによる．すると，個別「国家」の「市民社会」はヘゲモニーをめぐる力学的関係の活動圏となるだけでなく，「国家」間の対立とも複合することを意味する．「グローバルサウス」の動向は，こうした対抗状況を反映している．

　「資本主義経済」は資本の論理と運動を「市場社会」埋め込むことで作動しえる．この社会が擬制商品の連鎖の体系に立脚していることを踏まえると，「自律性」と「自己展開」の契機には"人格"の自然性を回復するための"舞

台"が求められることになる．この視点からすると，「市民社会」は所与の社会経済関係の再編を期し，「社会的共通資本」を豊富化しうる政治的「舞台」の位置にあることにもなる（宇沢，2000）．「市民社会」とは，アイデンティティを異にする多様な個人や集団の集合であるにせよ，諸個人の「自由な目的団体」という概念からすると，所与の関係論的「所産」を受容する「場」というより，「理念」を引照点とする「アソシエーション（目的団体）」の主体的活動の"舞台"でもあることを意味する．換言すれば，「市民社会」は平和と平等といった政治的民主政の原理と理念を「連帯（solidarity）」という人格的結合関係に結び付けうる契機を内包していることになる．

おわりに

　民主的コントロールの「範囲」と「対象」は課題や争点と結びついている．リベラリズムは「多元主義（pluralism）」と結びつくことで位階型「ヒエラルヒー（hierarchy）」の対抗概念として生成し，多種混在型体制の概念である「ヘテラルキー（heterarchy）」型社会として図像化されている．だが，資本主義社会が多形的であるにせよ，再生産関係は主要資本を軸に傘状化しているし，社会的分断化の中で経済格差には著しいものがある．すると，「ポリアーキー」型社会経済システムにおける社会経済関係の民主的再編が求められることになる．また，「グローバル化」の時代にあって，社会経済関係は国際的連関性を強くしているにせよ，国際秩序は，第一義的には，なお，「国民－国家」を基盤としていることを踏まえると，とりわけ，人格的「自律性」の点では営利主義的サプライサイド型新自由主義に対抗し，社会経済的関係の民主的再編を期そうとすると「国民－国家」を起点とする民主主義の国際的放射状化が求められることになる．また，地球温暖化や疫病のパンデミックについては国際的規模の対応が求められることにもなる．この視点からすると，地域的規模の紛争と介入については，なお，「国家（国民）主権」原理が有意性を留めているし，国際平和論は国際的誘意性を帯びているといえる．そして，「抑止戦略」論は軍備強化の"合理性"に立脚しているだけに（軍拡型自衛論の陥穽），破壊的消費経済体制の強化とのみならず，交戦の脅威を不断に喚起することで，軍事強国化の企図と結びつくことになる．この事態に鑑みると，「国際平和」論はその対抗理念の位置にあることになる．

流動期の現代は「資本主義国家」間の競争関係を強くしているだけでなく，個別の地域紛争が空間的に拡がりかねないという「リスク世界」でもある．「国家」に包摂された諸関係は「グローバル化」の中で越境化を強くするなかで，「競争国家」化の戦略によって新技術の開発と経済主義文化の浸透が期されている．また，「人民」という表徴が訴求力を帯び，同質性という擬制によって反エリート主義の情宣が誘意性を発揮しているだけでなく，ソーシャル・メディアを媒介に直接代表型政治動員が活性化してもいる（Stoker, 2019）．これは，「グローバル化」の中で求心化と遠心化の対抗傾向が作動することで，さらには，IT化の中で談話型社会が希薄化することで「民主主義」の理念の社会的有意性が弱まっていることを意味する．それだけに，「国民－国家」の民主政には国際関係の民主化との複合的視座が求められることになる．

歴史は経験的連鎖の必然性の累積であるにしろ，その過程は試行錯誤の対応過程でもあるだけに偶発性を免れ得ないことにもなる．現局面の「グローバル化」は，国内的にも国際的にも分断化の傾向を呼ぶことになったが，時空間の共有という国際規模の「対抗意識」を強くすることにもなった．流動期の現代においては「傾向と対抗傾向」とが交錯するだけに，「国家」の関係論的視点から「政府」に国際的平和の構築を求めるべきことになるし，個別「国家」の民主政には国際状況を踏まえた理念と実践が求められていることにもなる．

注

1）「ガバナンス」という言葉が多義的で「空疎」な言葉にすぎないのではないかとする疑問については次を参照のこと．Offe, C.（2009）"Governance: An 'empty signifier?'," *Constellations*, Vol. 16, No. 4, pp. 550-568.

参考文献

Cerny, P.（1997）"Paradoxes of the Competition State: the dynamics of political globalization," *Government and Opposition*, Vol. 32, No. 2, pp. 251-274; id., "Globalization and the erosion of democracy," *European Journal of Political Research*, No. 36, Vol. 1, pp. 1-26.

Roper, B.（2001）"Reformism on a global scale? A critical examination of David Held's advocacy of cosmopolitan social democracy," *Capital and Class*, Vol. 35, pp. 253-73.

Stoker, G.（2019）"Can the governance paradigm survive the rise of populism?," *Policy & Politics*, Vol. 47, No. 1, pp. 3-18.

宇沢弘文（2000）『社会的共通資本』岩波書店〔岩波新書〕．

第2章
グローバルリスクを越えて
――システム転換を目指す民衆の創造的な運動――

松 下 冽

は じ め に

　我々人類は，いまグローバルなリスクに直面している．このリスクの実態を
いかに認識するか，この点では人々の捉え方はさまざまであろう．アントニ
オ・グテーレス国連事務総長は，2023 年が記録的な気温を記録した「地球沸
騰の時代」と呼んだ (Conley, 2023)．

　21 世紀に入り，人類は深刻な政治的，経済的，社会的な惨事に直面してき
た．2001 年 9 月 11 日の同時多発テロ，2008 年のリーマンショック，2011 年
3 月 11 日の東日本大震災と原発事故，そしてコロナ禍に見舞われた．また，
2024 年現在，世界はロシアのウクライナ侵攻，イスラエルによるパレスチナ
民衆に対する無差別攻撃を目撃している．人類は，気候変動と地球環境の悪化
にも起因する，生態系的危機から戦争，貧困・食糧危機，不平等，疾病，急増
する難民，多様な越境型犯罪などに直面しているのである．

　こうした結果，人々にとっての生活空間の揺らぎと破壊を生み出してきた．
世界各国で人々の不安や不満を吸収する形で政治・社会の保守化や権威主義化
が拡大している．世界各地でポピュリズム的潮流が急浮上し，人々の分断化が
加速化している．さらに，今日，各地での紛争が示すように国家と地域の安全
保障が脆弱化し，世界秩序を脅かす焦眉な問題群と緊急の解決を要する人類的
課題が日常的に浮上している．

　グローバルリスクから我々は逃れられない．それゆえ，これまでの資本主義
システムが人類と共存できるのか，巨大な格差と貧困の現実や生態系の限りな
い略奪など人類の生存に関わる危機を克服し，既存のシステムに代わるオルタ
ナティブを構想することができるのか，こうした諸課題への取り組みが不可欠

になっている[1].

　こうして，今日，我々は「移行期（トランジション）」の入り口にいると想定できよう．今日のリスクは，いうまでもなくナショナルなレベルでは解決できない．それは，国民国家を前提としてきたウエストファリア型の国際−国家体系の限界性を顕在化し，「20世紀」の時代の特徴を超える再構築に向け人類の知恵と集合的意志の形成に向けた検討を必要としている．それゆえ，本章では，グローバルリスクを克服するオルタナティブの模索と実践に注目している．これは，とりわけ生態系の危機に直面している広範な底辺の人々による社会変革を結集するシステミック・オルタナティブとなるであろう．

　同時に，このオルタナティブは国家による分断と取り込みに抗して，下からの自立を構築する意思，そのための民主的な組織を一国レベルではなく，国境に閉じ込められずに，国境を越えたネットワークを作り上げることが決定的になる．しかし，彼らを結集する努力にはさまざまな障害がある[2]．

　加えて，「移行期（トランジション）」にいる我々が「どのような社会を展望するのか」，この課題をめぐっての前提として「われ.われは今どこにいるのか」を政治・経済・社会を含めた包括的な分析が重要なことはいうまでもない．こうした考察は，筆者はこれまで若干の議論を示してきたので，本稿では省略する（筆者文献リストを参照）．

　ここでは，ウィリアム・I. ロビンソン（カルフォルニア大学サンタバーバラ校）による次の指摘を紹介しておく[3]．

　我々は今，「世界資本主義の質的に新しい段階への移行」，「画期的な変化の転換点」を迎えている．「私たちは今，世界資本主義のもう一つの大きな変革，質的に新しい多国籍，またはグローバルな段階への移行の喉元にいる．……しかし，グローバル資本主義は今，生態学的，社会的，経済的，政治的な前例のない危機に直面」している（Robinson, 2017）．

1．グローバルリスクをどう認識するか
──現在と多様な展望──

1）グローバル資本主義のシステム危機と「ポリクライシス」
世界経済フォーラムとポリクライシス
　21世紀も4半世紀を迎えた現在では，グローバル資本主義の支配層自身が

このシステムの危機を認識している．彼らは，それを「ポリクライシス」という概念で認識し始めている．ザック・ウォルシュ（Walsh, 2023）は，現在を「末期的な問題」と捉え，「システミック・リスク」になる可能性を示唆する．

　繰り返すまでもなく，近年，新型コロナウイルス感染症（COVID-19），気候変動，ロシアのウクライナ侵攻，サプライチェーンの混乱，エネルギーと食料の不足，債務の急増，インフレ率の上昇，移民の増加，市民の不安定化，反民主的なポピュリズムの台頭，そしてガザ「戦争」とその中東地域を超えた拡がりなど，「ポリクライシス」の背景で浮上してきた．「ポリクライシス」という用語の使用は増加し，今日の状況を説明する上での注目度が高まっていることを反映している．

　こうした「ポリクライシス」概念の普及は，「世界経済フォーラム 2023」で一層高まった．ダボス会議の *Global Risks Report 2023* でも提起された「ポリクライシス」概念は，世界の支配階層とエリートによってグローバル資本主義が一連の相互に関連する危機に直面していることを強く認識していることを示すことになった．だが，そこでは，今日の「危機」の本質に触れることなく，資本主義の多面的で相互に絡み合った危機の諸相を説明している．すなわち，「重複する緊急事態」と「ポリクライシス」のあいまいな専門用語は，状況の複雑さを説明するために持ち出され，意図の有無にかかわらず，犯人，つまり資本主義関係の全体を隠すのに役立っている（IŞIKARA, 2022）．

「ポリクライシス」概念を分析する視座[4]

　問題になっているのは，資本主義の抽象的な概念をすべて議論し分析することではない．逆に，「具体的な外観は，それらの内部的なつながりを注意深く研究することによってのみ理解する」ことができる．すなわち，「お互いだけでなく，その部分の合計よりも紛れもなく大きい資本主義的関係の全体」の分析である（IŞIKARA, 2022）．周知のように，1971 年に設立された世界経済フォーラムは，国境を越えた資本家階級の内輪と，国や国際機関におけるその政治的代表者を結集している．ダボスは，多国籍資本の領主とその代理人が集まり，彼らがどのように支配するかを毎年打ち出す場所である．

　しかし今，国境を越えた資本家階級とその政治的同盟国は恒久的な危機管理状態にある．世界経済フォーラムが「ポリクライシス」と呼んだもの，すなわち，世界は「インフレ，生活費危機，貿易戦争，新興市場からの資本流出，広

範な社会不安，地政学的対立，核戦争の亡霊」に直面している，と報告書は警告した．これらのリスクは，「持続不可能なレベルの債務，低成長の新時代，低い世界的な投資と脱グローバリゼーション，数十年にわたる進歩後の人間開発の衰退，デュアルユース（民間及び軍事）技術の急速で制約のない開発，気候変動の影響の圧力の高まりなど，グローバルなリスクの状況における比較的新しい進展によって増幅」される．これらは「収束して，来るべきユニークで不確実で激動の 10 年を形作っています」と結論づけた（Robinson, 2023b）．

２）グローバルリスクを越える視座

資本の論理に対抗する抜本的な改革策

今日，変革が必要とされている．求められている変革は，過去の危機の時期に実施されたものよりも根本的なものである．移行は漸進的な改革では実現できない．世界的なポリクライシスの文脈では，現在機能不全に陥っているシステム内のレジリエンスと適応を改善するための努力を超えて，システム変革の側面にもっと注意を払う必要がある．

グローバル資本主義は，「システムとして，効率，私的利益，成長の最大化を目標に社会を組織し，その過程で社会的・環境的外部性の蓄積を招き，それがシステミック・リスク」となっている．この移行を達成するためには，「経済の目的そのものが，成長に焦点を当てることから，社会的及び地球の境界内で良い生活の閾値を超える生活の質を維持することと定義される持続可能なウェルビーイングに焦点を当てる」必要がある．この変化は，人と地球が共に繁栄する新しいエコ・ソーシャル・コントラクト（環境調和の共生）を求める声と一致している（*Pacto Ecosocial del Sur*, 16 June 2020 参照）．

ウォルシュは，システム変更モデルに関する以上の諸提案を検討したうえで，彼が構想するパラダイムの核心を以下のように述べている．

このようなビジョンから浮かび上がるパラダイムは，民主的基盤に基づいて運営される多くのシステムで構成される世界システムです．あるいは，サパティスタが言うように，「多くの世界が収まる世界」（*'Un Mundo Donde Quepan Muchos Mundos'*）です．開発に多元的なアプローチをとることは，自律的で参加型の社会的イノベーションを促進し，西側主導の開発アジェンダの長年の植民地主義の遺産を覆します．現在の開発パラダイムに代わ

る豊富なタペストリーは，実際，常に存在しています．このような代替案は，地域のニーズや文化をよりよく考慮するために差別化され，多様性とモジュール性を高めることで，特に危機的状況下でのレジリエンスを向上させます．ショックに対処する最善の方法は，多様な対応を組み合わせることです（Walsh, 2023: 頁-頁）（傍点は筆者）．

課題に立ち向かうために

ウイリアム・I. ロビンソンはあるインタビューで次のように答えている．（世界経済フォーラムの「ポリクライシス」に関する）報告書の重要性は，「グローバルな支配階級，国境を越えた支配階級のこの政治化された部門」が，システムの複数の課題に直面していることを認識していることである．彼ら自身も，この危機にどう対処するかが明確ではない．彼らは，それが停滞と低成長の危機であることを認識している．彼らは，マルクス主義の言葉を使わずに，それを蓄積の危機とは呼ばない．しかし，彼らはそれが経済危機であり，政治危機であることを認識している．また，それが深刻な生態学的危機であることを認識している．彼らは「持続可能性という資本主義の流行語」を使っているが，危機が確実に悪化している．これがこのレポートの重要性である（Robinson with Zhandarka Kurti, 2024）．

2．グローバルリスクをどのように変えるか
――オルタナティブの模索――

1）生態学的危機と国境を越える民主的社会運動
人新世（Anthropocene）と地球環境ガバナンスへの市民社会の参加

人新世（Anthropocene）に関する学術的議論の展開とともに，地球環境政策の民主化への関心が新たな緊急性を獲得している．すなわち，地球の生命維持システムに対する前例のない広範な人間への影響を特徴とする「新しい地質学的時代」や人新世に関わるの民主主義理論における重要が主張されている．それは，前の時代（完新世）の後期に発展した民主的制度が生態学的劣化の兆候に効果的に対応する能力を欠いており，民主主義は地球の危機に対して正当かつ効果的な対応を提供できる方法で再考される必要があることを意味する（Pickering et al., 2020）．そして，生態学的及び環境的民主主義に関する研究は，

環境ガバナンスにおける参加，環境正義，透明性，説明責任，正当性に関する作業を含むであろう．

境界問題——環境権と生態学的限界——

　生態学的民主主義は「境界なき民主主義」である．エコロジカル・デモクラシーは，「管轄権の境界を超えて，そして伝統的に人間と非人間の間に引かれてきた概念的な境界を超えて見る必要がある」ということを意味する．

　人新世の到来は，実際，将来の民主主義を守るために境界線を設定することの重要性を強めている．プラネタリー・バウンダリー枠組は，何が容認できない生態学的リスクを構成するのか，また，このリスクを管理するために関連する惑星目標をどのように開発すべきかについて，包括的な議論の余地があることを条件に，民主的な正統性と両立する方法で解釈し，運用することができると主張する．プラネタリー・バウンダリー（惑星境界）の枠組みは，「人類にとって安全な活動空間」を定義するという意図において，人間中心主義の焦点を保持している（強調は筆者）．しかし，エコセントリックなアプローチは，「統合され，絡み合った人間と人間以外のシステムのための安全な操作空間のアイデアを拡張することができる」（Pickering et al., 2020）．

生態学的危機——自然をどの様に位置付けるのか？——

　ここで改めて，21世紀における人類のプロジェクトのなかに「自然」をいかに位置付けけるか，このことが重要になる．誤った「開発」が生態学を過小評価してきた歴史の根本的な再考が求められる．まず，インドの環境保護主義者，アシシュ・コタリの指摘を再確認しておく．この点，彼は次のように論じる．

　　私たちは毎日，現在の開発モデルが生物圏の回復力を損ない，明白な経済的不平等を生み出しているという新しい証拠を目にしています．貧困，剥奪，搾取のレベルは依然として容認できず，天然資源，食料，水へのアクセスをめぐる紛争はより頻繁になっています．その根源は，経済・社会，そして人間と自然との関係における構造的な問題にあります．これらすべては，21世紀における人類のプロジェクトの根本的な再考を求めています（Kothari, 2014）．

「地球規模の生態学的亀裂」

コタリの指摘を踏まえて，オレゴン大学のアメリカ社会学教授，ジョン・ベラミー・フォスター（John Bellamy Foster）による生態学危機の歴史的・理論的認識を見てみる．彼は，地球規模の生態学危機を，マルクスの代謝亀裂分析とプラネタリー・バウンダリーの枠組みとを統合し，それを「地球システムの亀裂」として説明した（Foster et al., 2010）．この見方では，今日の地球規模の緊急事態は「地球規模の生態学的亀裂」と呼ぶことができ，終わりのない資本蓄積のプロセスから生じる地球規模での人間と自然との関係の混乱と不安定化を要約している（Foster, 2015）．

この事態は，単なる技術的な解決策では問題を解決できない．それゆえ，社会的新陳代謝の再生産のシステムを変える「社会全体の革命的再構成」は，差し迫った「対立する階級の共同破滅」に対する唯一の代替案を提供するのである，こうフォスターは論じる．

彼らにとって，この悲惨な状況は，「生態学的革命と社会革命のための２段階の戦略」の発展をもたらす．すなわち，世界的なエコロジカル革命におけるエコデモクラシーの段階（第１ステージ）．エコロジカル革命の第二段階は，体系的変革という長期的目標で，それは，「エコ社会主義段階の問題」が提起される．

生態学的劣化と経済的苦境を組み合わせるこうした見通しから，そう遠くない将来に，若者を中心に社会の底辺で，「環境プロレタリアート」が出現することを予測する．さらに，「自然と社会的生殖の問題に特に関心を寄せて」いる女性が，「よりエコロジカルなグローバル社会のための闘いの最前線に立つ」ことも予測している（Foster, 2015）．

新しい概念と国境を越える社会運動

国境を越えて動員される環境保護主義者，先住民，農耕民，食の正義の運動は，地球の未来を形作る議論や政策への認識と参加を求めている．企業，エリート，国家，保守的な運動，及びいくつかの国際ガバナンス機関によって設定されたアジェンダに異議を唱える最近の社会運動をビョーク・ジェームズ（Bjork-James）たちはは論じている（Bjork-James et al., 2022）．彼らは，環境正義，気候負債，先住民主導の自然保護，食料主権，アグロエコロジー，採取主義，Vivir Bien（「よく生きる」）など，これらの運動から生まれた，または普及した

「新しい概念」に特に注意を払っている.

　気候正義，生態学的負債，先住民主導の自然保護，食料主権などの革新的な概念を推進するこれらの活動家は，植民地主義の搾取的な遺産に挑戦し，新しい代替案を想像している．市場支配への批判として生まれた彼らの複数のビジョンは，化石燃料，環境破壊，そして絶え間ない経済拡大を超えた「生活様式を想像する産業化，現代社会に蔓延する失敗」に対する解毒剤を提供している.

　しかし，重要なことは，これらの動きは孤立した存在として研究することも，個別のサイロで活動することもできない．これらのダイナミックな関係と概念の強さは，草の根の社会運動が国際機関に与えた影響に明らかである．21世紀の複数の生態学的及び人間的危機が，気候，生物多様性，森林伐採，そして普遍的な食料供給をグローバル・ガバナンスの中核に押し上げるならば，運動が生み出したアイデアは，最善かつ最も持続可能な解決策となる（Bjork-James et al., 2022）.

2）国民国家への挑戦──国家にどう向き合うか──

「二元論」を超えて

　フランスの哲学者・人類学者，ブルーノ・ラトゥールは『地球に降り立つ』（ラトゥール，2019）で，デカルト以来の「近代」が「砂上の楼閣」であるとして，「近代」的二分法を問い直している．そこでは新たな「自然」の捉え方を提示するとともに，私たちの向かう新しい政治的アクターとしての「テレストリアル」を示している．彼の議論は若干難解であるが，単純化すると，また本章の主張との関連で要約すると，「テレストリアル」は「共同体に身近な視点を持ち，そこから土地への帰属や愛着を政治化」するように求めている．まさに「地球に戻れ」ということである[6].

　本章での課題はラトゥールの議論に直接関わるものではないが，現在のグローバルリスクを乗り越える方向性とそのための変革主体の認識に関連してラトゥールの議論と交差でできよう.

急進的な民主主義

　民主主義は，今日でもほとんどの場合，投票権と政治的多元主義の尊重と同化されている．この定義の限界を認識して，左翼のさまざまな流れの活動家は，

選挙やその他の代議制民主主義のメカニズムに限定することなく，民主主義の内容を広げようとしてきた．80年代にポルトアレグレ（ブラジル）で経験された参加型民主主義は，他の諸国でもその経験が追求された[7]．

　西洋の近代性と資本主義の根底には，「国家主権の神話」と，「財産制度の神話」という二つの創設神話がある．しかし，民主主義の深化には，とりあえず，国家に対するコミュニティの自立・自治が決定的となる．今日，自由民主主義の理念とその既存の制度の限界を確信し，それを乗り越える民主主義と自由を追求する試みがグローバルサウスで展開されている（Aguiton, 2017）．

　この脈絡で特に注目されるのは，ポルトガル（コインブラ大学）のボアベントゥーラ・デ・ソウザ・サントス（Boaventura de Sousa Santos）であろう．彼は，グローバルサウスを中心に自由民主主義の超える体系的かつ挑戦的な理論的・実体的分析，さらには代替案を構想している[8]（Santos (eds.), 2005）．それは，ポルトアレグレの参加型予算や世界社会フォーラム（WSF）への理論的・実践的な参画にも表れている（例えば，Santos, 2006）．

「国家を迂回する変革主義的アプローチ」

　ロンドン大学シティ校の国際政治学者，トーマス・デイヴィス（Davies, 2024）は，本章でも後に言及するが，グローバル・タペストリー・オブ・オルタナティブ（the Global Tapestry of Alternatives: GTA）を論じている．デイヴィスは，21世紀初頭のオルタナティブ・グローバリゼーション運動が世界政治の変化に対する社会運動の貢献を評価し，それが支配的な理解に代わる新しいビジョンを促進していることに深い関心を寄せている．とりわけ，2019年に設立されたGTAに対する強い関心と評価である（松下，2024b）．

　デイヴィスは従来の政治変革の検討を踏まえて次のように論ずる．「グローバルな政治変革の中核的な場所としての国家に当面の焦点を当てていることを考えると，改革主義者と革命主義者の両方のアプローチは，政治的変化に対する国家のような確立された制度の重要性に関する支配的な言説に異議を唱えるのではなく，再生産している」（Davies, 2024: 7-8）．革命的動員でさえ，長期的には，国家中心の制度を乗り越えるのではなく，定着させようとするかもしれない，と主張する．

　彼の核心的な関心事は，「確立された制度の迂回を通じてグローバルな変化を促進」するアプローチである．国家機関は「民主的」とされるものであって

も「寡頭制で抑圧的」であり，それゆえ「「民主的」国民国家を超えて生きる」ためのアプローチの促進と採用を通じて迂回されるべきであるという前提に基づいている．

　国家や国際社会の諸制度を迂回して変革のアジェンダに目を向けるには，伝統的な「改革主義者」と「革命主義者」の二元論を拒絶する必要がある．デイヴィスの論文では，「変革主義者」というレッテルは，既存の制度の改革，掌握，打倒を求めるのではなく，既存の制度を迂回する世界秩序の変革へのアプローチを包含するために使用される．

3）多様なオルタナティブな実践と構想の模索
「下からのグローバル化」

　国民国家への挑戦には様ざまな実践的・戦略的アプローチがある．本章の課題からすると，国家に対する変革主体の「自立性」であろう．それは，意識的にも，実践的にも要請される．そこで，国際法学者のリチャード・フォークにまず注目したい．彼は「下からのグローバル化」の重要性と意義を提起した．それは，国際会議での劇的な対立を超えて視野を広げる必要性に目を向けることの重要性に我々提起している．

　「下からのグローバル化」は，さまざまな経験から生まれてきた．環境保護主義者は，グローバル企業と世界銀行が世界中の地域環境の破壊を後援していると見なした．第三世界の貧しい人々の運動と世界中の彼らの支持者は，新自由主義，国際金融資本，構造調整を世界の貧困の主要な原因と見なした．第一世界と第三世界の両方の小規模農家の擁護者は，アグリビジネスの利益のために家族経営の農業を破壊する手段として，新しい貿易協定を特定した．労働運動は，国際的な資本移動が労働者の相互利益ではなく，競争的な賃金削減につながっていることに気付いた．女性運動は，世界的な搾取工場で搾取されている労働者を主に女性とみなし，構造調整を女性が特に必要とする公共プログラムへの攻撃とみなした．消費者運動は，新自由主義と新しい貿易協定を，食品と製品の安全性に関する高い国家基準に対する攻撃と見なした．大学生たちは，自分たちの学校のロゴが入った製品が，生活賃金にも満たない賃金で週に60時間以上働くことを余儀なくされている子供や女性によって作られていることに憤慨した．

　こうした多様な動きは，フォークが「上からのグローバル化」と呼ぶもの，

すなわち，WTO，IMF，世界銀行などの国際機関をはるかに超える画期的な変化への反応である．この画期的な反応は，本論との関連に限定しても，世紀末を跨いでさまざまな地域で，多様な領域で浮上し，展開されてきた．そこで，「下からのグローバル化」の典型例を挙げ，その特徴を見てみる（松下，2019c: 152-156; 松下，2022b: 第5章参照）

民衆の創造的な運動——サパティスタ運動——

　サパティスタ運動は民衆の創造的な運動の経験としての典型的な事例の一つである．サパティスタの反乱は先住民運動の象徴的な事例であるのみならず，新自由主義とグローバル化に抵抗する「民衆の叫び」の象徴でもあった．彼らは国家権力獲得を目指さず，先住民の尊厳と自尊心の感覚を取り戻すことを通じて市民社会全体の民主的変革を追求した．彼らは前衛主義を主張せず，政党の役割を担うことを拒否した．メキシコ国家によって支配される権力の領土的論理の内部で，受動的革命に似た何かを完遂することを求めた（ハーヴェイ，2012: 312，傍点筆者）のである．

　また，サパティスタの活動が国際的に注目されるのは，「近代化」から取り残されたメキシコの最も辺境の地において，先住民が新自由主義に抵抗ししただけでなく，植民地支配と資本主義の歴史に代わる民衆中心の創造的な社会ビジョンを実践的に追い求めてきた戦いにある．その共通する特徴は，抵抗と創造の同時追求，女性を中心とする家族を運動の中核に据えていること，女性や若者の役割を拡大，低地の黒人や先住民族の独自な組織化，創造的な防衛または自己防衛の形態の創造など（Dangl, 2017; Zibechi, 2017）.[10]

抵抗する女性の自立——ロジャヴァ革命——

　国民国家の境界にも挑戦する民衆の社会運動は，さまざまな経験を蓄積してきた．例えば，クルド人はトルコ，イラン，イラク，シリアに分かれている．30年間，彼らは，生態学的持続可能性と女性解放の原則に基づいて，そして国境を隔てることなく，自治と直接民主制を達成するために闘ってきた．そこで以下，クルド人による現在進行形のロジャヴァ革命を紹介する．

　政治的抑圧のみならず，伝統的な家父長制的男性優位社会において女性の自立を目指すグローバルサウスでは，ロジャヴァ革命の経験を通じて「オルタナティブ」と，民主主義のボトムアップモデルが注目されている．コタリはイン

タビューを交えて，この革命の歴史的背景を踏まえ，民主主義のボトムアップモデル形成の歴史と女性の自立と活躍の特徴を描きだしている[11]．

ここでは，以下，ジャネット・ビール（Janet Biehl）の報告をもとに，ロジャヴァ革命における女性の役割と社会的・政治的位置に焦点を絞り紹介する（Biehl, 2015）．

クルド人は主にトルコ，シリア，イラク，イラン，アルメニアにまたがって住む人々で，人口は2500万人から3000万人ほどといわれている．しかし，2020年の現在もなお，それぞれの国で脅威とみなされ自分たちの国を持たない世界最大の民族である．

第一次世界大戦の勝者が中東を分割支配した1920年代以降，何十年もの間，彼ら／彼女たちはクルド人のアイデンティティを維持し，発展させてきた．そして，1970年代以来，政治的にも軍事的にもPKK（クルド労働者党）が中心となり自由を求める運動を継続し，基本的人権闘争の最前線に立ってきた．PKKが先導したこの運動は，その指導的な理論家で戦略家のアブドゥッラー・オジャランの思想的影響を受け，その隊列内の女性を解放し，政治的リーダーシップとゲリラ軍の両方で，女性がよく代表されてきた．

① 社会における女性の解放

中東の女性は一般的に長い間，家父長制と一夫多妻制や家庭内暴力に苦しんできた．多くの女性は，結婚を強制され，もし女性が強姦されたら，多くの場合，加害者ではなく彼女自身が非難され，家族の「名誉」を傷つけたとされ，「名誉殺人」で彼女を殺害するか，「名誉自殺」を強制された．

しかし，シリア北部トルコ国境の大部分にクルド人が大量に定住する地域（クルド人がロジャヴァまたは西クルディスタンと呼ぶ地域）では，女性は家庭内の私的な地獄から出て，完全な公的生活に移行している．ロジャヴァの人々は男女平等な社会を創造し，ISISや彼らを取り巻く紛争，残虐行為，残酷さの海の中で，平和と人権，社会参加，さらには自衛のために武装して戦っている．

② 女性の自立と社会防衛

クルド女性防衛部隊（PYJ）は，2012年に左翼民兵クルド人民防衛隊（YPG）の女性旅団として設立された．ロジャヴァは合法的な自衛政策をとっており，2012年7月の解放直後からジハード主義者による攻撃を受けているため，戦

争態勢にある．YPG は 2006 年頃に設立され，その総司令部には 3 人の女性がいる．現在，YPJ は 7000 人から 1 万人の兵士で構成されており，クルド人部隊の約 35％ を占めており，ロジャヴァの全都市に大隊が配備されている．

2014 年 11 月，シジレの自治政府は，「公的及び私的生活のあらゆる領域における男女の平等」を求める女性の権利に関する法令を発令した．それは，法律の観点から女性が男性と同等の地位を持っていることを確認している．

その結果，ロジャヴァの女性が政治，外交，社会問題，防衛，そして新しい民主的な家族構造の構築において主導的な役割を果たすという「二重の革命」が起こった．民主的な自治政府は，政治，経済，文化，法律における女性の地位向上を支援する分野でプロジェクトを開始しました．それは，非資本主義経済を構築しながら，彼女たちが経済的自立を達成するのを助けるために，女性協同組合のような女性機関を設立しました．

クルド人女性だけでなく，アラブ人やキリスト教徒の女性も助けを求めてセンターに訪れてくる．家父長制の問題は民族や宗教を超越する．他のプロジェクトでは，女性が男性の親戚に頼らずに自立できるように，女性のスキルを訓練することを目指している．

4）システミック・オルタナティブ

前節で論じた世界的な「ポリクライシス」は，恐怖，絶望，反動の時代精神を広めている．しかし，それはまた，人々，平和，地球を中心とする文明を構築するための社会的エネルギーを刺激し，地球市民運動の前触れとなっている．喫緊の課題は，この重要な社会的アクターを，いかにして世界の舞台の中心に登場させることができるか，この課題であろう[12]．

オルタナティブのさまざまな試みを構想している社会的運動は世界中で展開されている．コモンズ，脱成長，脱グローバリゼーション，エコ社会主義，連帯経済，エコフェミニズム，食糧主権，Vivir Bien など幅広い領域で独自の目標を掲げて展開している．筆者もこれまで西洋近代「知」を批判的に検討し，グローバル・システムの転換を探り，ポスト資本主義を構想する論考の中で，コモンズ，脱成長，ビビル・ビエン（Vivir Bien）またはブエン・ビビル（Buen Vivir），土地なし労働者の運動と社会連帯経済，ヴィア・カンペシーナと食料主権，ラディカルな生態学民主主義などさまざまな社会運動について論じてきた（松下，2022b: 第 7 章；第 8 章参照）．

34 第1部 ナショナル，リージョナル，グローバルなリスクの現れ

　ザック・ウォルシュが「ポリクライシス」と関連して，現在を「末期的な問題」と捉え，「システミック・リスク」になる可能性を警告していることは前に述べた．他方で，「システミック・リスク」を乗り越える，さまざまな「システミック・オルタナティブ」の構想が探求され始めている．

　「システミック・オルタナティブ」の構想は，Focus on the Global South-Asia, Attac-France, Fundación Solón-Bolivia がコーディネートする出版物，*Systemic Alternatives* が主導するイニシアチブの成果である．本章では，この出版物に結集する「知性」が目指すイニシアチブと構想を「システミック・オルタナティブ」という用語で肯定的に使用する．

　このグループには，本章でも取り上げている多数の「知性」が結集している[13)]．

　「システミック・オルタナティブ」は，資本主義システムを克服するために草の根運動や思想家によって開発されている代替案を強化するための対話を構築することを目的としたイニシアチブである．この目標は，Vivir Bien（「よく生きる」），コモンズ，脱成長，脱グローバリゼーション，エコ社会主義，連帯経済，エコ・フェミニズム，食糧主権などの主要な選択肢に関する情報をまとめ，その強み，弱点，限界，矛盾に関する建設的な議論を生み出すことにある．環境，経済，不平等，文化的多様性，ジェンダー，差別など，さまざまな側面に焦点を当てて，包括的な選択肢を検討し提起している（https://systemicalternatives. org/about/）．

　このイニシアチブは，その前提として次のように述べている．

　　私たちはシステミックな危機を生きており，それはシステミックな代替案によってのみ解決できるということです．人類は，環境，経済，社会，文明の危機など，複雑な危機に直面しています．これらの危機はすべて全体の一部です．これらの危機の一つを解決するには，他の危機に対処する必要があります．それぞれが常に他の人から強いフィードバックを受けています．危機の一面だけに焦点を当てた戦略は，現在のシステミックな危機を解決することはできず，現在の状況を悪化させることさえあります．

　次に，「システミック・オルタナティブ」は，以下のような現状認識を踏まえて，資本主義自体の限界のみならず，地球の限界を強調する．このシステミックな危機は，「地球と人類を犠牲にした資本主義システムによる絶え間な

い利益の追求を際立たせる一連の要因によって引き起こされた」．このシステムは，「種の絶滅，生物多様性の著しい損失，人類の劣化，そして地球の限界を容赦なく押し広げる」．これは，地球上の生命のあらゆる側面に広がり，資本主義システムの枠組みの中で元に戻る可能性のない独自のダイナミクスを持つ，はるかに深刻な危機である[14]．

ところが，資本主義は自然災害，金融投機，軍国主義，人身売買，森林や水のいわゆる「環境サービス」など，あらゆるものが新しいビジネスの「機会」になっている．しかし，このシステミックな危機をもたらしたのは資本主義だけではない．これらの要因に加えて，「何世紀にもわたって生き残り，公的空間と私的空間の両方で特権的なエリートを支持するさまざまな形態の権力集中を育んできた家父長制の構造と文化がある」．資本主義は家父長制をつくりだしたのではなく，「女性や他の人間集団が市場の外側の空間で展開するケアや生殖の仕事を不可視にし，切り下げることによって，家父長制を特別な方法で強調してきた」．

この文脈では，体系的な代替案は「エコ社会主義，食料主権，連帯経済，Ubuntu，その他のビジョンは，このプロセスにさまざまな視点から貢献している．ビビル・ビエンとブエン・ビビル，脱成長構築について話すとき，資本主義の代替案だけでなく，家父長制，生産力主義，抽出主義，人間中心主義に立ち向かい，克服することができる戦略」にも言及している．脱グローバリゼーションは，「現在のグローバリゼーションの過程を分析し，人と自然を中心とする世界統合のためのオルタナティブの開発」に焦点を当てている．

これらの提案は，体系的な代替案の構築に貢献できる唯一の提案ではない．つまり，「エコ・フェミニズム，脱グローバリゼーション，母なる地球の権利，そしてコモンズのいずれも，単独では体系的な危機に適切に立ち向かうこと」できない．それゆえ，「体系的な代替案を構築するために補完的なプロセスに関与する必要」がある．

　　ビジョンの補完性は，単一の代替案を構築することではなく，複数の体系的な代替案を開発することを求めています．地球上で相互作用する現実の多様性は，いくつかの体系的な代替案を必要としています．そのため，複数形で話しています（https://systemicalternatives.org/2017/03/15/introduction/）．

この出版物 *Systemic Alternatives* が主導するイニシアチブの主な目的は，これらの異なるビジョン間の建設的で創造的な対話を促進することにある．

3．社会変革への体系的代替案

1）ラディカル・エコロジカル・デモクラシーへの関心——二人の著名な経済学者の議論から——

ここでまず，インドのマスコミで繰り広げられた二人の著名な経済学者の議論を振り返ってみたい．それは，アマルティア・センとジャグディッシュ・バグワティの議論である．

二人の主張の違いを特徴づけると，第一に，センはインドを悩ませる貧困やその他の病気に取り組むための第一歩として，教育と健康対策を支持し，バグワティは急速な経済成長を望んでいる．

第二に，センは官僚機構を通じて食料，仕事，教育，健康に手を差し伸べる社会福祉制度による強力な介入を提唱している．バグワティは，これらのサービスの民間または公的提供者を選択できる現金給付などの手段を通じて人々に力を与えることを好んでいる．

センとバグワティの間には，彼らの相違にもかかわらず，見落とされている共通点がある．第一に，彼らの議論は，国家と民間部門という二つの開発主体だけを仮定しているように見える．これは，多くの点で重要な第三の主体，すなわち，共同体や集団として組織された人々，国家の「受益者」や民間サービスの「消費者」としてではなく，「基本的ニーズを自己供給し，下から統治する権限を与えられた，自らの運命の原動力と見なされる人々を見落としている」．民主主義者は，自らの運命を切り開く者としてコミュニティに特権を与え，その方向で進行中のイニシアチブを認識することが義務付けられるべきである．

二人の議論は，コタリたちの視点から，結局，次のようにまとめられる．

　　セン氏が経済的権利と社会福祉を強調するのは正しいが，彼もまた成長パラダイムの中に閉じ込められたままで，私たちの一部が危うく立っている生態学的崖の中心性を過小評価している．どちらの経済学者も，国家や市場によってではなく，コミュニティや市民の集団によって導かれる，共有

された幸福への道筋に焦点を当てていませんでした（Kothari and Shrivastava, 2013）.

2）社会変革への体系的なアプローチと枠組み
もう一つのパラダイム

インドの環境活動家アシシュ・コタリのイニシアティブの下に，支配的な経済開発モデルに代わる持続可能で公平な代替案が模索されている．「ラディカル・エコロジカル・デモクラシー」という新たな概念と実践が，この模索に貢献に関わっている．この新しい枠組みは，直接民主制，地域経済と生物地域経済，文化的多様性，人間の幸福，生態学的回復力の目標をそのビジョンの中核に据えている．それは，インドや世界の他の地域で生まれた無数の草の根イニシアチブから生まれている．このようなパラダイムを実践し広めるため努力は，既存の制度や考え方の抵抗を克服するという大きな課題に直面している．だが，それらの実践は進歩の機会を示唆している．究極的には，急進的なエコロジカル・デモクラシーを広く受け入れるには，その枠組みの根底にあるコアバリューの普及が必要である．その移行は，強力な倫理的・感情的な基盤によっても導かれる．

この新たな**枠組み**（ラディカル・エコロジカル・デモクラシー）は，国家や企業ではなく，集団やコミュニティを統治と経済の中心に据えている．生態学的持続可能性と人間の公平性という二つの支点に基づいて，政治的，経済的，社会文化的，生態学的柱に基づいて，社会変革への体系的なアプローチを提供している．以下，コタリたちが構想するこの新たな枠組みを見ることにする．

ラディカル・エコロジカル・デモクラシーⅠ――政治の柱――

新しいビジョンでは，政治的境界は生態学的及び文化的な隣接性と多様性に敏感になる．インド西部では，72 の河川沿いの村がアルヴァリ川議会を結成し，生態学的，経済的，社会的決定を下すために定期的に会合している．ベネズエラでは，共同体評議会が社会的，文化的，経済的関係を利用して地理的境界を定義した．オーストラリアでは，グレート・イースタン・レンジズ・イニシアチブ（Great Eastern Ranges Initiative）が，3600km を超える景観の野心的な連携を試みている．これらの事例には，それぞれ地域的な社会経済的，政治的，生態学的特殊性があるが，いずれも急進的なローカル化（radical localization）と，

より大規模な生物地域的な意思決定を組み合わせようとしている.

このようなアプローチは,やがて国民国家の境界や管轄権に疑問を抱かせるようになる.政治的境界によるバイオリージョン（bioregions）とコミュニティの断片化は,かなりの生態学的,社会的,経済的苦痛を引き起こしている.歴史を通じて,このような境界は絶えず疑問視され,しばしば変更されてきた.ヒマラヤ高地（現在はインドとパキスタン,インドと中国に分かれている）や世界最大のマングローブ林（インドとバングラデシュのスンダルバンに分かれている）のようなふたまたに分かれた地域（bifurcated regions）を,各国にまたがる地域社会によって民主的に統治される生態学的単位として扱うことは,共通の利益と恒久的な平和をもたらすことができる.

それゆえ,草の根レベルでの直接民主制が成長し,参加型コミュニケーションとネットワーキングの新しい形態と融合への可能性が考えられている.

ラディカル・エコロジカル・デモクラシーⅡ——経済の柱——

近年の経済危機により,多くの人が経済の意思決定における成長とグローバリゼーションの中心性に疑問を呈している.経済の柱として,生産と消費のパターンをコミュニティに組み込んだローカリゼーションの可能性が模索されている.

例えば,インドでは数十の企業や協同組合が,農民,職人,漁師,牧畜民,工業メーカーが,原材料からマーケティングまで,チェーン全体の管理を強化している.分散型のコミュニティベースの太陽光発電製品の生産は既に始まっている.中央集権的または大規模な生産とサービスが引き続き必要であっても,職場の根本的な民主化は可能である（インドの自営業者協会,スペインのモンドラゴン協力会社など).

ここでは,ローカリゼーションによる天然資源の管理を分散させる取り組みが重要な特徴となる.すなわち,このような管理は「生態系や資源に最も近い場所に住んでいる人々がそれらに最大の利害関係を持ち,それらを管理するための少なくともいくつかの重要な知識を持っているという信念」（補完性の原則）に基づいている.もちろん,地域経済は必ずしも地域民主主義を意味するわけではなく,地域のエリートが意思決定を支配したり,党派分裂に貢献したりする可能性がある.より地域に根ざした天然資源管理に移行するには,これらの落とし穴に敏感に反応し,それを回避するための積極的な対策を講じる必要が

ある.

ラディカル・エコロジカル・デモクラシーⅢ ——社会文化の柱——

インドでは,ダリット（ヒンドゥー教社会のいわゆる「追放者」）とアディバシス（先住民）は,支配的なカーストや階級が進める破壊的な「開発」プロジェクト（文化的多様性の喪失）に反対している.この運動では,とりわけ,女性の役割と若者主導のイニシアチブが重要になる.

文化的多様性の喪失は,支配的な市場ベースの成長主導型開発パラダイムを伴っている.マスメディアのグローバリゼーションと商業化は,食べ物,服装,言語,さらには思想の面で世界の文化を均質化している.ラディカル・エコロジカル・デモクラシーは,絶滅の危機に瀕している言語を含む地球の文化的多様性を維持することで,これらの傾向を逆転させようとしている.

科学技術の革新と開発への国民の関与は,知識の独占を解体する上でも重要である.遺伝子組み換え作物,地球工学,気候変動,その他の問題をめぐる議論は,企業と国家が支配する知識生成モデルの失敗を浮き彫りにしている.個人と社会の関係は,「伝統的な集団主義が近代の極端な個人主義に取って代わられたため,しばしば論争されてきました.この緊張を解決するには,個人と集団のバランスを取り,調和を見つけるための新しい方法」を模索する必要がある.

ラディカル・エコロジカル・デモクラシーⅢ ——エコロジカルな柱——

地球上の生命を可能にする基本的な環境条件を守ることができない限り,政治,経済,社会文化の分野における成果は幻想となる.そのためには,生態学的な限界を理解し,認識し,劣化した景観を回復し,生態系に残っているものを保護し,残りの自然が繁栄する権利を尊重することが必要となる.それゆえ,生態学的限界を理解して認識し,劣化した景観を回復し,生態系の残骸を保全し,残りの自然が繁栄する権利を尊重する必要がある.この課題は緊急性を要し,生態学的回復力と人間の幸福の間の相乗効果を見つける必要性は「社会変革の中心的な関心事」となっている.

3）ラディカル・エコロジカル・デモクラシーの課題，道筋，展望
課題と道筋

いうまでもなく，ラディカル・エコロジカル・デモクラシーが構想する持続可能で公平な世界への変革は容易ではない．支配的なシステムとその受益者からの抵抗は避けられない．民間企業や軍産複合体の巨大な影響力や，「グリーン成長」，企業の社会的責任，テクノフィックスという形での資本主義の再発明にいかに立ち向かうか．同時に，生態学的問題の複雑な網の目を管理するための知識と情報の不足は避けられない．また，既存の開発に慣れ親しんだ人々の無関心がある（Kallis, 2015）．

しかし，従来システムに抵抗し，代替案を生み出す人々のイニシアチブの数と範囲が増えている．人民運動と市民社会組織（進歩的労働組合を含む）は，急進的なエコロジカル・デモクラシーのための変化の主要な担い手であり続けるだろう．時間が経つにつれて，地方分権化によってコミュニティが力を発揮されるようになる．それぞれの国や国民は，より責任ある国家への独自の道筋を見出さなければならず，それは，地域から世界まで，空間的なスケールを越えたつながりを持った草の根レベルでの動員にかかっている．

ローカルとグローバルをつなぐこの可能性（「グローカル」）

コタリたちは，今日の注目すべき社会的動きして，「ローカルとグローバルの間の重要な歴史的結合」に注目している．一方に，ローカリゼーションの動きがあり，もう一方には，気候変動，国際金融システム，多国籍企業の覇権など，地球規模の問題をめぐる動員の高まりが見られる．それゆえ，「ローカルとグローバルをつなぐこの可能性（「グローカル」）をまとまりのある行動に変えることは，私たちが直面する最大の課題の一つ」である．

政治的に強力になるためには，地域レベルで，あるいは地球レベルでの「大いなる移行」に向けた急進的なエコロジカル・デモクラシーへの動きは，実践的・政策レベルの草の根活動と，より広範な動員を組み合わせる必要がある．さらに，コタリたちは，現在の国民国家が支配する国連に対抗し，「国家，地域，そしてグローバルな連合を通じて結ばれた人民議会」を構想・提案する．それは，「地域の生態学的，文化的，政治的，経済的条件の豊かな多様性を無視したり，弱体化させたりする必要はない」，こう指摘する．

4. 移行のための戦略

1) エスコバルが構想する「5つの軸または原則」
移行の5つの軸から未来に向けた「オルタナティブ」を想像する

　アルトゥーロ・エスコバルは，コロンビアのカリ出身の活動家・研究者で，採掘主義に対する領土闘争，ポスト開発主義とポスト資本主義の移行，存在論的デザインに取り組んでいる．彼はパンデミック後の未来に向けた「オルタナティブ」を想像し，「移行のための戦略について考えるための5つの軸または原則」を暫定的，概略的な表現であるが提案している（Escobar, 2022）．本章でも，グローバルリスクを乗り越え，「ポスト資本主義」を射程に入れた戦略を視野に入れているので，彼の「オルタナティブ」な提案は十分検討の価値があろう．

① 社会生活の再共同化

　グローバリゼーションは，主に市場の観点から意思決定を行う個人を中心的な行為主体と見なしており，共同体及び集団のすべてのものに対する妥協のない戦争を伴っている．しかし，歴史は「人間の経験が主に地域レベルで切り分けられ，共同体に基づいて配置されてきたことを教えてくれる」．この存在条件は関係性の重要な次元であり，生物とその世界の共生に反応し，私たちを生きているすべてのものに「共同体の絡み合い」をもたらしている．これは，「自律性に根ざしたより大きな分かち合い，コミュニケーションとコンパルテンシア（『分かち合い』）」に備えるためである．これらの強調は，「回復力のあるコミュニティ」などの既存の概念の洞察を深め，変換される可能性が追求される．

② 社会的，生産的，文化的活動の再ローカル化

　ローカルに根ざした状態を取り戻すためには，複数の諸活動を再ローカライズすることが不可欠である．食べ物は最も重要な分野の一つである．それはまた，「より大きな共同体主義的で再ローカライズの革新，つまり家父長制，人種差別主義者，資本主義の生活様式を打ち破る革新がある領域」の一つである．
　これらの再ローカル化の活動は，下から行われる場合はさらに，「国内及び

国境を越えた生産システムの変革を促進し，コモンズを再評価し，国と都市の間の関係を再織り交ぜる可能性」がある．食べること，学ぶこと，癒すこと，住むこと，構築すること，知ること，これには，私たちが住む世界の大幅な方向転換が含まれる．「世界中で多数の再ローカライズ活動があり，アクティブな人類学/設計インターフェース」を通じて活用できる（例えば，移行運動，脱成長，コモンズ，エネルギー転換などに関する議論）．

③ 自律性の強化

　1994 年のサパティスタ蜂起以来，ラテンアメリカでは自治について活発な議論が展開されてきた．自律性は，直接民主主義の過激化としてのみ考えられるのではなく，「政治を人間の間及び地球との絡み合いから生じる避けられない課題として理解し，十分性などの原則に基づいて，階層性の低い方法で権力を再構成することを指向する政治を考案及び制定する新しい方法」としても考えられる．それは，相互扶助，そして生活規範の自己決定が含まれる．これらすべては，資本主義の近代性と国家の確立された秩序に関連し，「転覆と逃亡の戦略」について考える必要がある．

　上記の点に関連して，エスコバルは経済概念の再構成を重視している．

　生計，コモンズ，生命の再生産と世話を中心とする関係性に基づいて経済を構築するという課題に本格的に着手すること．「社会生活，労働，市場の脱植民地化と脱経済化」を含む課題である．私たちは，「資本主義市場への永続的な不服従」を通じて経済を「脱グローバル化する大衆的な経済慣行」の中にこうした課題解決の手がかりを発見できる．コモンズ，社会的連帯経済，脱成長を擁護する現代の運動は，何らかの形でこの同じ方向を指し示している．

④ 社会関係の非家父長制化，非人種化及び脱植民地化

　脱家父長制化と非人種化には，「異端的な白人資本主義の存在論」によって引き起こされたダメージを修復し，「集団的に生産された商品の再適用と生命の再生産」を中心とした「女性性の政治」を実践することが必要である．

　女性たちの実践は，「再存在することは，抵抗するよりもはるかに多くのことを意味する」と教えてくれる．それは，生命を守るための自律性の創造と変革を含んでおり，それは彼らが否定された人間性を再構築し，歴史的なディアスポラのコミュニティを織り直すことを可能にする．このフェミニストで反人

種差別主義的な視点は，多くの場所での再コミュナリゼーションと再ローカラ
イゼーションのプロセスを理解し，強化するために不可欠である．

⑤ 生命の再発散

　エスコバルがいう「地球」とは，現代の生物学的・社会理論からの洞察に基
づくだけでなく，土着の宇宙観にも基づいている．存在するすべてのものの深
い相互依存性，他のすべてが存在するから存在するという疑う余地のない事実，
それを構成する関係に先立つものは何もないということを意味している．

　「母なる地球の解放」は，ユートピア的なプロジェクトではない．歴史的な
理由から，ラテンアメリカは多くのレベルでこの基本的なプロジェクトの準備
をしており，地球中心の闘争，知識，批判的思考がすべて収束する存在認識論
的及び政治的空間全体を少しずつ生み出している．この収束は，惑星の荒廃は
避けられない運命ではないという信念の中で，過去数十年の残忍な抽出主義へ
の抵抗によって引き起こされた闘争の多様性の結果としてより顕著になって
いる．

　私たちは，共同性，関係性，プルリバーサル性の観点から，どのようなツー
ル，集団的な探求，具体的な行動を想像できるのでしょうか．国家や市場に依
存する家父長制，人種差別主義者，資本主義的な生活様式を打破し，生命と地
球の防衛とケアに人間の実践を再び集中させ，それによって存在のための新た
な道を開く，どのような共同体主義的で再ローカライズ的なイノベーションを
想像できるでしょうか．エスコバルはこのように問うている．
（以上，Five axes of transition: Imagining "alternatives" for the post-pandemic future）．

2）複数の生態学的及び人間的危機を乗り越えて

　カーウィルたちは，「オルタナティブ」な構想と戦略を発展させるために次
のように総括している．

　気候正義，生態学的負債，先住民主導の自然保護，食料主権などの革新的な
概念を推進するこれらの活動家は，植民地主義の搾取的な遺産に挑戦し，市場
ベースの資本主義に対する新しい代替案を想像している．市場支配への批判と
して生まれた彼らの複数のビジョンは，化石燃料，環境破壊，そして絶え間な
い経済拡大を超えた「望ましい生活様式を想像する産業化，現代社会に蔓延す
る失敗」に対する解毒剤を提供している．

しかし，重要なことは，これらの動きは孤立した存在として研究することも，個別のサイロで活動することもできない．むしろ，彼らのアジェンダ，目標，影響力は複数のレベルに収束する．社会運動の研究者は，「国境を越えた運動であろうとなかろうと，同盟運動や競合する運動，国家や超国家機関，科学や政策の専門家，そしてその前進を促進または制約する環境的・経済的力など，より広範な政治分野の中にその主題を位置付けなければならない」．

これらのダイナミックな関係と概念の強さは，草の根の社会運動が国際機関に与えた影響に明らかである．21世紀の複数の生態学的及び人間的危機が，気候，生物多様性，森林伐採，そして普遍的な食料供給をグローバル・ガバナンスの中核に押し上げるならば，運動が生み出したアイデアは，最善かつ最も持続可能な解決策となる．

同時に，アイデアの力だけを過大評価しないことも重要である．国家間システムは，長い間，経済拡大と軍事的及び地政学的な競争を優先してきた政府によって支配されている．多国籍企業（及びその他の企業）と，それらに融資する銀行は，グリーンなアイデアにリップサービスを払い，短期的な会計処理と株主価値を高めるというコミットメントが，彼らを環境大惨事へと駆り立て，その主なコストは他者が負担している．強力な利益団体と，彼らに仕えるロビー団体は，たとえそれが広範で取り返しのつかない生態系破壊を意味するとしても，その現状を維持するために絶え間なく働いている．「危機の緊急性と，それを解決するための代替パラダイムの明確化にもかかわらず，運動が彼らの考えを広める努力は，それを実行する力のための闘争と一致しなければならない」．

以上は，カーウィルたちの暫定的な提案である（Carwil et al., 2022）．

5．底辺から動き出した民衆主導の「社会」運動
——連携の視点とシステム構築——

1）オルタナティブの運動と組織をどのように結び付けるか

1993年にブラジルで始まった食料主権運動「ラ・ヴィア・カンペシーナ」には，現在81カ国で約2億人の農家が参加している．このような自立とコミュニティ・ガバナンスの試みは，エネルギーや水など，他の基本的ニーズにも及んでいる．コスタリカ，スペイン，イタリアでは，1990年代から農村協

同組合が地元で発電し，その配電を制御している．また，インド西部の何百も
の村々が，水の分散貯留と湿地や地下水のコミュニティ管理に基づく「水の民
主主義」に向かっている．このような試みには，地域の知識システムを維持，
構築，または再構築するために人々を動員することが不可欠であろう．
　それには，コモンズを統治する安全な権利も重要である．エクアドルのアマ
ゾンでは，サパラ先住民が彼らの熱帯雨林の対する集団的権利を獲得するため
に戦ってきた．彼らは現在，石油や鉱業の利権からそれを守りながら，伝統的
なコスモビジョン（物理的にも精神的にも環境に結びついた知ること，存在すること，
行動する方法）と，コミュニティ主導のエコツーリズムなどの新しい活動を融合
させた「経済的幸福のモデル」を開発している．パンデミックの間，彼らの観
光業からの収入は減少したが，彼らの森林とコミュニティの倫理は，彼らが必
要とするほぼすべての食料，水，エネルギー，住宅，薬，楽しみ，健康，学習
を提供している．
　リスボンのソーシャルセンターが行っているように，都市を緑化したり，よ
り居心地の良い都市にしたりするには，コミュニティベースのガバナンスと，
思いやりと分かち合いの経済も必要であろう．グローバルサウス全体では，開
発プロジェクトにより，何億人もの人々が都市に移住し，スラム街に住み，危
険な状況で働いている．裕福な都市生活者は，消費を減らすことで自分たちの
役割を果たすことができ，これにより，人々を遠く離れた場所に追いやる抽出
と廃棄物の投棄を減らすことができる．
　今日，より公平で持続可能な都市に向けたさまざまな道が出現している．例
えば，コモンズを再生し，ヨーロッパの都市をカーボンニュートラルにしよう
とするトランジション・ムーブメントや，バルセロナ，ナポリ，マドリッド，
モントリオールなどのフィアレス・シティのネットワークを作り，難民や移民
に安全な環境を提供する自治体主義運動などが注目されよう．ハバナの都市農
業は，市内の生鮮食品需要の半分以上を供給しており，世界中の他の多くの都
市農業イニシアチブに影響を与えている（Kothari, 2021）．

2）GTA の発展と ADELANTE，そして WSF の再生[15]

　これまで本章では，システム転換を目指す民衆の創造的な運動について，そ
の一部を取り上げてきた．しかし，問題は，こうした運動は，新自由主義支配
の下に，大部分が分散したままであり，マクロな構造を変化させるほど広く深

い集団的な力を保持していないことである.

　世界社会フォーラム（WSF）は,「もう一つの世界は可能だ」というスローガンを掲げ, これらの行動とビジョンに関するネットワーキングのためのプラットフォームを提供してきた. だが, 世界社会フォーラムは建設的な対抗イニシアチブを増幅し強化するためのフォーラムというよりは, 支配的な新自由主義秩序に対する批判を増幅するためのフォーラムであり続けている. そこで2019年半ばに,「地域レベルから世界レベルへのコラボレーション, 連帯, ビジョン化のための急進的な変革の動きの合流点」として, グローバル・タペストリー・オブ・オルタナティブ（the Global Tapestry of Alternatives: GTA）が開始された.

　GTA は, ローカル, リージョン, 世界レベルで, 連帯ネットワークと戦略的提携を構築することを目指すイニシアチブである. それは, 水平的, 民主的, 包括的, 非中央集権的であり, 多様な現地言語やその他のコミュニケーション方法を使用して, 各スペースで定義された多様で軽い構造を通じて運営されている. このイニシアチブには, 中心的な構造や制御メカニズムはない. それは, 支配的な体制に対する既存の新しい代替案の上に構築され, 既存の共同体または集団の網によって織り込まれた, 拡大し続ける複雑なタペストリーのセットとして段階的に広がる. 条件が許せば, 地域的, 国内的, 世界的な出会いを促進したり, 参加したり, 世界社会フォーラムのような既存の組織との緊密で相乗的なつながりを促進したりする.

　GTA では, 主に「急進的または変革的な代替案」と呼ばれるものに焦点を当てており,「支配的なシステムを打ち破り, 政治的及び経済的民主主義, 地域化された自立, 社会正義と公平性, 文化的及び知識の多様性, 生態学的回復力の直接的かつ急進的な形態への道を歩もうとしているイニシアチブ」として定義している.

　彼らの所在は国家でも資本主義経済でもない. 彼らは,「充足, 自律性, 非暴力, 正義と平等, 連帯, そして生命と地球への配慮の原則」を前提に, ほとんどの形態のヒエラルキーを解体する過程で前進している. こうした取り組みは, 資本主義市場や国家と何らかのつながりがあるかもしれないが, 資本主義市場や国家への依存度が高まることを避け, 資本主義市場や国家との関係を極力減らす傾向にある.

　さらに, オルタナティブを進める幅広い運動と組織を強化発展させるために,

GTA とコタリのイニシアティブのアイデアもとに，GTA をスケールアップした ADELANTE が結成された[16]．この企画は世界社会フォーラムが 2021 年 1 月の最終週に 1 週間のバーチャル会議開催の機会が利用された．そこでは，「現在の複数の世界的な危機に立ち向かうと同時に，人間中心の代替案を構築」しようとしてきた参加者の取り組んできた経験が反映していた．その経験の可能な相乗効果は，このグループの間の明らかな共通点に基づいてた．そして，共通する探究すべき目標として，長所と短所を含め要約されている．

ADELANTE のマニフェスト，〈マニフェスト：グローバル危機と抜本的な代替案に関する宣言（Manifesto: Declaration on Global Crises and Radical Alternatives）〉は，「権威主義，帝国主義，ファシスト政権の文化的覇権」，「今日の軍産複合体と資本主義に支えられた支配的なシステム」，「生物多様性の喪失，気候変動，汚染，地球の毒素化などの生態学的危機」，「際限のない経済成長に基づく「開発」アプローチは本質的に持続不可能」などの項目を指摘し，結局，これらの危機のさまざまな側面は絡み合っている．したがって，全体論的，部門間的，統合的であり，「真の体系的な代替案を示す対応が必要」なのである，こう認識している．

ADELANTE には良く知られた活発なネットワークあるいは組織が結集しているが，ここでは「新しい世界社会フォーラムに向けて（Towards a New World Social Forum）」に注目したい（⟨https://adelante.global/doku.php?id=members:tnwsf⟩）．このイニシアチブは，2021 年に世界社会フォーラムの 20 周年にあたり，今日の世界の現実と社会運動の現実を集合的に検討しなければならないと確信している人々の小さなグループが集まった結果である[17]

彼らは，WSF の「行き詰まり」から抜け出し，フォーラムはその構造及びガバナンスの民主化が急務であると考えた．そして，今や「オープンスペース」から「アクションスペース」へという方向へと WSF の方向性を強調した．

おわりに

現在のグローバルリスクの本質と特徴はどこにあるのか，その影響がどのレベルで我々の生活に，さらには人類と地球に及ぼしているのか，このリスクを乗り越えることができるのか，その場合に，どのような主体と組織，活動が考えられるのか，こうしたさまざまな疑問を考えながら本章を執筆した．

48　第1部　ナショナル，リージョナル，グローバルなリスクの現れ

　我々が向き合っているリスクは，やはり資本主義「近代」を問うことになる．しかし，世界システムに包摂された「サウス」の歴史と実態は長らく無視され，大幅に隠蔽されてきた．この問いは，GTA の目的や ADELANTE のマニフェストでも触れたように，人類的な危機でもある．「ポリクライシス」的な認識を乗り越える「システミック・オルタナティブ」が求められているのであり，それゆえ，本章のサブタイトルをした．「システム転換を目指す民衆の創造的な運動」とした．

　グローバルな世界の厳しい現実，すなわち，際限のない各地の戦争・紛争・暴力，貧困・飢餓，移民・難民，気候変動・自然破壊などを直視せずに，「知的植民地主義」に囚われて，未来を語る経済成長に基づく「開発」思考の延長ではグローバルリスクに対応できない．

　本章で取り上げた「ラディカル・エコロジカル・デモクラシー」を実践する広範な社会運動において注目すべきは，国家の呪縛から「解放」された女性の自立，若者の活躍，コミュニティの再ローカル化，国境を越えたローカル化とリージョナル化等々，「システミック・オルタナティブ」を構想する点で熟考すべきグローバルサウスで展開されている事例が多い．筆者は，グローバル－リージョナル－ナショナル－ローカルな重層的ガバナンスの視点からグローバル・ポリティックスを考察してきた．その意味では，本章の記述は，「ローカル」レベルでの考察が主要な位置を占めていた．これは，筆者の重層的ガバナンスの構想の中でも起点となると判断していることによる．

注

1）　筆者は，この視点から数年前に『ポスト資本主義序説──政治空間の再構築に向けて──』（あけび書房，2022 年）を公表した．

2）　制度的障害のほか，右派ポピュリズムや権威主義的政権によるイデオロギー的な取り込みと排除・分断．サッセン（2017），フレイザー（2023），松下・山根編（2023），ロルドン（2012）の著作も参照．

3）　ロビンソンの精力的な研究活動の中でグローバル資本主義分析に関しては，とりあえず *The Global Police State*, Pluto Press.（2020）が包括的である．

4）「ポリクライシス」概念を分析する視座については，Robinson（2023b），Walsh（2023）及び松下（2024c）参照．

5）　生態学的民主主義と環境的民主主義の区別は，民主主義と環境の結びつきの理論を分類するのに役立つ．生態学的民主主義は，既存のリベラル・デモクラシー制度，特

に資本主義市場，私有財産権，そして一般的な多国間システムに関連する制度に対して，より批判的であり，よりエコロジカルである．対照的に，環境的民主主義は，既存の自由民主主義制度を（変革するのではなく）改革することを中心に展開する．したがって，環境民主主義は，グリーンリベラリズムの考えと共鳴する（Pickering et al., 2020）．

6）本書の訳者（川村久美子）解題「架空の物質性の上に築かれた文明」はラトゥールの議論を理解するのに役立つ．

7）ポルト・アレグレにおける参加型予算については，松下（2012a）第6章で論じた．また，インドのケーララ州の民主的なローカル・ガバナンスの実験も貴重な経験と教訓を含んでいる（松下，2012a; 第8章）．

8）彼の構想の前提は次の点にあろう．社会解放の近代的理念は，ネオリベラル型グローバル化の支配的・ヘゲモニー的形態の乗っ取られ，それは新たな資本蓄積システムに対応している．過去において一定の社会的配分を保障していた社会的・政治的絆から資本を自由にし，資本を脱社会化することを目的としている．他方で，それは，社会全体を市場の価値法則に従わせるよう機能する．この二重の変化の主要な帰結は，世界システム内のネオリベラル型グローバル化によってもたらされた極端に不平等なコストと機会の配分である．

9）デイヴィスの議論と評価については，松下（2024c）第4章で考察した．

10）サパティスタ運動と同じく注目すべき下からの自律的運動がオアハカで展開された．いわゆる，「もうひとつのキャンペーン」と呼ばれた社会運動，「オアハカ・コミューン」である（松下 2019c, 68-70）．

11）Kothari, Ashish（with Yasin Duman）（2019）"REDWeb Conversations Series Cultivating autonomy in Rojava," *Radical Ecological Democracy*, December 15, 2019. (https://radicalecologicaldemocracy.org/redweb-conversations-series-cultivating-autonomy-in-rojava/).
Kothari, Ashish（with Besime Conca）（2020）"REDWeb Conversations Series – Defending the Rojava Model," *Radical Ecological Democracy*, June 24, 2020. (https://radicalecologicaldemocracy.org/redweb-conversations-series-defending-the-rojava-mod).

12）GTI FORUM, *What's Next for the Global Movement?*, January 2024 は，この課題である「体系的な変化のための動きを具体化するための次のステップ」にとって貴重な議論を展開している．

13）例えば，Alberto Acosta, Christophe Aguiton, David Harvey, Edgardo Lander, Eduardo Gudynas, Leonardo Boff, Michael Lowy, Oscar Ugarteche, Pablo Solón Patrick Bon, Vandana Shiva, Walden Bello など幅広い「知性」が参画している．

14）生態学的破滅または生態学的革命の概念は，代謝亀裂理論から導き出されたこの視点を私たち自身の惑星の危機の期間に適用したものである．地球システムの代謝にお

ける人為的な亀裂による人類の居住可能性の危機は，急速に拡大する規模で地球上の
すべての人々の生命を危険にさらしているが，資本蓄積のシステムの産物である．人
類全体が直面する生態学的破滅に対抗するために必要な生態学的革命は，直ちに資本
の論理に逆らい，最終的には資本システムを超越することによって，これを逆転させ
なければならない．したがって，それには社会革命が必要であるが，それは過去より
も広範な形態であり，必然的に生産の社会的側面と生態学的側面の両方に関与するも
のである．（The Ecological Rift in the Anthropocene, by John Bellamy Foster, Fabio
Querido, Maria Orlanda Pinassi and Michael Löwy, Sep 01, 2024））

15）　松下（2024b）「グローバルサウス再考Ⅲ——新たなシステムに向かうグローバルサ
ウスの民衆——」（『立命館国際研究』第 36 巻第 4 号）参照．

16）　詳細は，松下（2024b: Ⅳ章）を参照．

17）　ボアベンチュラ・デ・スーザ・サントス（ポルトガル），ロベルト・サビオ（イタリ
ア），オスカー・ゴンザレス（メキシコ），レオ・ガブリエル（オーストリア），ノー
マ・フェルナンデス（アルゼンチン），フランシーヌ・メストラム（ベルギー）が集ま
り，世界社会フォーラムでの討論会への招待状を発行することを決定した．

参考文献

Aguiton, Christophe（2017）"Las nuevas fronteras de la democracia," *Systemic Alternatives*（https://systemicalternatives.org/2017/03/08/libro-alternativas-sistemicas）.

Biehl, Janet（2015）"The Women's Revolution in Rojava," *Toward Freedom*. August 27, 2015. （https://towardfreedom.org/story/archives/women/the-women-s-revolution-in-rojava/）.

Bjork-James, Carwil, Melissa Checker, and Marc Edelman（2022）"Transnational Social Movements: Environmentalist, Indigenous, and Agrarian Visions for Planetary Futures," *Annual Review of Environment and Resources* , Vol. 47 pp. 583-608.

Brecher, Jeremy, Tim Costello, and Brendan Smith（2002）*Globalization from Below*, South End Press.

——— （2024a）,"How to De-Silo Movements," contribution to GTI Forum "What's Next for the Global Movement?," *Great Transition Initiative,* January 2024. （https://greattransition.org/gti-forum/global-movement-whats-next-brecher）.

——— （2024b）"The Gaza War: The Glory of the Polycrisis," *Labor for Sustainability,* August 3, 2024. （https://www.jeremybrecher.org/the-gaza-war-the-glory-of-the-polycrisis/）.

——— （2024c）"The New Hot Wars", *Strike!,* July 9, 2024. （https://www.labor4sustainability.org/strike/the-new-hot-wars/）.

——— （2024d）" Dynamics of the Polycrisis", *Strike!*. June 26, 2024. （https://www.

labor4sustainability.org/strike/dynamics-of-the-polycrisis/).

Conley, Julia (2024) "5 Largest Oil Giants Expect Shareholder Payouts to Exceed $100 Billion for 2023," *COMMONDREAMS*, January 1, 2024. (https://truthout.org/articles/5-largest-oil-giants-expect-shareholder-payouts-to-exceed-100-billion-for-2023/).

Dangl, Ben (2017) " From Social Movements to 'Other' Societies in Movement - Part 2," *Upside Down World*, October 10, 2017. (https://upsidedownworld.org/archives/international/social-movements-societies- movement-part-2/)

Davies, Thomas (2020) NGOs and Transnational Non-State Politics, Oct 2 2020. (https://www.e-ir.info/2020/10/02/ngos-and-transnational-non-state-politics/).

――――― (2024) "World Order Transformation from the Grassroots: Global South Social Movements and the Transcendence of Established Approaches to International Change", *International Political Sociology*, Vol. 18, Issue 1, March 2024, pp. 1-24 (https://academic.oup.com/ips/article/18/1/olad023/7529025).

Escobar Arturo (2020) *Pluriversal Politics: The Real and the Possible*. Durham, NC: Duke University Press.

――――― (2022) "Five axes of transition: Imagining "alternatives" for the post-pandemic future," *Radical Ecological Democracy*, July 30, 2022. (https://radicalecologicaldemocracy.org/five-axes-of-transition-imagining-alternatives-for-the-post-pandemic-future/).

Falk, Richard (1988) *The Promise of World Order: Essays in Normative International Relations*, Philadelphia, Temple UP.

――――― (2021) "Global Solidarity: Toward a Politics of Impossibility," opening essay for GTI Forum "Can Human Solidarity Globalize?," *Great Transition Initiative*, August 2021. (https://greattranstion.org/gti-forum/global-solidarity-falk).

Foster, John Bellamy (2015) "Marxism and Ecology: Common Fonts of a Great Transition," October 2015. (http://www.greattransition.org/publication/marxism-and-ecology.October 2015).

Foster, John Bellamy, Richard York, and Brett Clark (2010) *The Ecological Rift: Capitalism's War on the Earth* , Monthly Review Press.

Işikara, Güney (2022) "Beating around the Bush: Polycrisis, Overlapping Emergencies, and Capitalism," *Developing Economics*, NOVEMBER 22, 2022.

Kallis, Giorgos (2015) "The Degrowth Alternative," Great Transition Initiative, February 2015. (http://www.greattransition.org/publication/the-degrowth-alternative).

Kothari, Ashish (2014) "Radical Ecological Democracy: A Path Forward for India and Beyond," *Great Transition Initiative*, July 2014. (http://www.greattransition.org/

publication/radical-ecological-dem).

Kothari Ashish, Salleh Ariel, Escobar Arturo, Acosta Alberto, Demaria Federico (eds.) (2019) *Pluriverse: A Post-Development Dictionary*. New Delhi: Tulika Books.

———— (2020b) "Eco-Swaraj: Towards a Global Rainbow Recovery," Accessed March 25, 2020. (https://www.slideshare.net/AshishKothari6/ecoswaraj-towards-a-global-rainbow-recovery).

———— (2021) "These Alternative Economies Are Inspirations for a Sustainable World", *SCIENTIFIC AMERICAN*, JUNE 1, 2021. (https://www.scientificamerican.com/article/these-alternative-economies-are-inspirations-for-a-sustainable-world/).

Kothari, Ashish and Aseem Shrivastava (2013) "Economists on the Wrong Foot," *Economic and Political Weekly* 48, No. 33, 17 Aug, 2013. (http://www.epw.in/journal/2013/33/web-exclusives/economists-wrong-foot.html).

Mestrum, Francine (2020a) "El fracaso del movimiento alterglobalización", *ALAI*, 4 DE MARZO DE 2022. (https://www.alai.info/el-fracaso-del-movimiento-alterglobalizacion/).

———— (2020b) "El Foro Social Mundial: el cadáver viviente de la «sociedad civil»," *ALAI*, 24 DE JUNIO DE 2022. (https://www.iraqicivilsociety.org/archives/13677).

Pickering, Jonathan, Karin Bäckstrand and David Schlosberg (2020) " Issue 1: Special Issue: Ecological and environmental democracy; Special Sectio2020n: Transparency in global sustainability governance," *Journal of Environmental Policy &Planning*, Vol. 22. pp. 1-15.

Pacto Ecosocial del Sur, (2020) "For a Social, Ecological, Economic and Intercultural Pact for Latin America," *openDemocracy*, 16 June 2020. (https://www.opendemocracy.net/en/democraciaabierta/social-ecological-economic-intercultural-pact-latin-america/).

Robinson, William I. (2015) "The transnational state and the BRICS: a global capitalism perspectives," *Third World Quarterly*, Vol. 36, No.1, pp. 1-21.

———— (2017) "Global Capitalism: Reflections on a Brave New World," *Great Transition Initiative*, June 2017. (http://www.greattransition.org/publication/global-capitalism).

———— (2020) *The Global Police State*, Pluto Press.

———— (2023a) "Davos 2023 Showed Us a Ruling Class Incapable of Resolving Global Crises," *TRUTHOUT*, January 24, 2023.

———— (2023b) "The Unbearable Manicheanism of the "Anti-Imperialist" Left," *The Philosophical Salon*, 07 Aug 2023. (https://thephilosophicalsalon.com/the-unbearable-manicheanism-of-the-anti-imperialist-left/).

Robinson, William with Zhandarka Kurti (2024) "Living through the Perfect Storm," (https://brooklynrail.org/2024/04/field-notes/Living-through-the-Perfect-Storm-William-Robinson-with-Zhandarka-Kurti).

Santos, Boaventura de Sousa (ed.) (2005). *Democratizing Democracy: Beyond the Liberal Democratic Canon.* London, Verso.

——— (2006) *The Rise of the Global Left: The World Social Forum and Beyond,* Zed Books.

Sial, Farwa (2022) "Sanctions and the changing world Order: Some Views from the Global South," *Developing Economics*, SEPTEMBER 1, 2022.

——— (2023) "Whose Polycrisis ?," *Developing Economics,* 27 January 2023.

Singh, Paramjit (2024) "Peasants and Politics in Neoliberal India: The 2020-21 Peasant Movement," *cadtm* 19 August, 2024. (https://www.cadtm.org/Peasants-and-Politics-in-Neoliberal-India-The-2020-21-Peasant-Movement).

Solón, Pablo (2017) *Apuntes para el debate: Buen Vivir / Vivir Bien.* (https://systemicalternatives.org/2017/03/13/vivir-bien/).

Walsh, Zack (2023) "The global polycrisis reflects a civilizational crisis that calls for systemic alternatives," June 1, 2023. (https://www.resilience.org/stories/2023-06-01/the-global-polycrisis-reflects-a-civilizational-crisis-that-calls-for-systemic-alternatives/).

——— (2023) "Global Polycrisis as a Pathway for Economic Transition" originally published by *UNDP Strategic Innovation,* April 24, 2023. (https://medium.com/@undp.innovation/global-polycrisis-as-a-pathway-for-economic-transition-8c0482bd2461).

WEAVING ALTERNATIVES. #07: A periodical of the Global Tapestry of Alternatives: To Gustavo Esteva (1936-2022), in memoriam. (https://globaltapestryofalternatives.org/newsletters:07:index).

Zibechi, Raúl (2017) "From Social Movements to 'Other' Societies in Movement - Part 1," *Upside Down World,* October 9, 2017. (https://upsidedownworld.org/archives/international/social-movements-societies- movement-part-1/).

エスコバル, アルトゥーロ (北野収訳・解題) (2022)『開発との遭遇——第三世界の発明と解体——』新評論.

サッセン, サスキア (伊豫谷登士翁監修・伊藤茂訳) (2011)『領土・権威・諸権利——グローバリゼーション・スタディーズの現在——』明石書店.

——— (伊藤茂訳) (2017)『グローバル資本主義と〈放逐〉の論理——不可視化されゆく人々と空間——』明石書店.

ハーヴェイ, デヴィッド (本橋哲也訳) (2005)『ニュー・インペリアリズム』青木書店.

——— (渡辺治監訳) (2007a)『新自由主義——その歴史的展開と現在——』渡辺治監訳, 作品社.

54　第1部　ナショナル，リージョナル，グローバルなリスクの現れ

─────（本橋哲也訳）（2007b）『ネオリベラリズムとは何か』青土社.

─────（大屋定晴他訳）（2013a）『コスモポリタニズム──自由と変革の地理学──』作品社.

─────（森田成也他訳）（2013）『反乱する都市──資本のアーバナイゼーションと都市の再創造──』作品社.

フィッシャー，ウィリアム・F.／トーマス・ポニア編（加藤哲郎監修）（2003）『もうひとつの世界は可能だ』日本経済評論社.

フレイザー，ナンシー（向山恭一訳）（2013）『正義の秤〔スケール〕──グローバル化する世界で政治空間を再想像すること──』法政大学出版局.

─────（江口泰子訳）（2023）『資本主義は私たちをなぜ幸せにしないのか』筑摩書房.

松下　冽（2012a）『グローバル・サウスにおける重層的ガヴァナンス構築──参加・民主主義・社会運動──』ミネルヴァ書房.

─────（2019a）「新自由主義型グローバル化と岐路に立つ民主主義（上）──新自由主義の暴力的表層と深層──」『立命館国際研究』第 31 巻第 3 号，pp. 111-139.

─────（2019b）「新自由主義型グローバル化と岐路に立つ民主主義（下）──新自由主義の暴力的表層と深層──」『立命館国際研究』第 32 巻第 1 号，pp. 115-144.

─────（2019c）『ラテンアメリカ研究入門──〈抵抗するグローバル・サウス〉のアジェンダ』法律文化社.

─────（2022a）「ポスト資本主義構想を考える──ポスト新自由主義・ポスト Covid-19 パンデミック・グローバル市民社会──」『立命館国際研究』第 34 巻第 4 号，pp. 153-211.

─────（2022b）『ポスト資本主義（論）序説──政治空間の再構築に向けて──』あけび書房.

─────（2023b）「グローバルサウス再考Ⅰ──今日的位置：課題と挑戦──」『立命館際研究』第 36 巻第 2 号，pp. 257-282.

─────（2023c）「グローバルサウスに不可欠なアプローチと視点──国家主義的アプローチを超えて──」『経済科学通信』第 158 号，pp. 11-15.

─────（2024a）「グローバルサウス再考Ⅱ──BRICS の現実は何を意味するのか─」『立命館国際研究』第 36 巻第 3 号，pp. 161-201.

─────（2024b）「グローバルサウス再考Ⅲ────（2024b）新たなシステムに向かうグローバルサウスの民衆──」『立命館国際研究』第 36 巻第 4 号，pp. 291-338.

─────（2024c）「下からのグローバル化と連帯──── ポスト資本主義を構想できるか────」『立命館国際研究』第 37 巻第 1 号，pp. 149-194.

松下　冽・山根健至編著（2023）『新自由主義の呪縛と深層暴力──グローバルな市民社会の構想に向けて──』ミネルヴァ書房.

ラトゥール，ブルーノ（川村久美子訳）（2019）『地球に降り立つ──新気候体制を生き抜くための政治──』新評論.

ロルドン，フレデリック（杉村昌昭訳）（2012）『なぜ私たちは，喜んで"資本主義の奴隷"になるのか？──新自由主義社会における欲望と隷属──』作品社.

＊「参考文献」欄に記載の URL の最終閲覧日は本章初校時（2025 年 1 月 19 日）である.

第3章
「人権の尊重」におけるグローバルリスクの軽減
——アフリカ統一機構による規範の形成——

五十嵐美華

は じ め に

　現代におけるグローバリゼーションの進展は著しく，それは川村・龍澤により次のように論じられている[1]．グローバリゼーションの基本原理として，「多様性の確保」，「デモクラシー」，「法の支配」，「人権の尊重」，「経済的・社会的正義の実現」の五つが挙げられる．これらの多くは西洋を起源としており，また国際社会全体で普遍化が進みつつある価値として位置付けられる．しかしその一方で，「多様性の確保」も基本原理の一部であることにより，グローバリズム内では普遍性と多様性をめぐるパラドクスが生じている．つまり，普遍的とされる価値も，その中には相対的なものが含まれざるを得ない．その価値の実現にあたっては，普遍的なものを絶対視するのではなく，普遍的とされる価値を相対的に考慮しつつ，多様性を尊重することが必要となる．

　この観点は，「人権の尊重」において問題視されることが多い．一般に「人権の尊重」における「多様性の確保」については，文化相対主義の視点から論じられることが多く[2]，この立場からは，人権概念は西洋文化圏発祥のものだけでなく，各文化圏にもそれぞれ独自の人権概念が存在しているとされる．この主張は特に，非西洋文化圏の行動者が西洋起源の人権を適用されることに対して反発を示す場合に見られる．一方で，普遍的な人権論の視点からは，文化的多様性に過度に重点を置くことに対して問題が指摘される．例えば，途上国政府による文化的価値を理由とした集団的権利の強調は，普遍的な視点からはしばしば個人の権利侵害の正当化と捉えられる（大沼，1998: 214）．

　さらに，人権保障は第一義的には国家がその役割を担っているが，ジェノサイドや民族浄化のように国家が人権を抑圧していると思われる場合も存在する．

第3章 「人権の尊重」におけるグローバルリスクの軽減　　57

このような状況においては，国際社会による介入が必要とされることがある．
しかし，「人権の尊重」を国際社会全体レベルで検討するにあたっては，必然
的に議論が抽象的なものとなり，さらに「人権の尊重」ついての文化的側面や
実践的側面が軽視される恐れがある．「人権の尊重」についての議論が，各地
域の生活や文化的背景を無視して行われる場合，規範と現実との乖離が一層深
まる可能性がある．このような乖離の放置は，「人権の尊重」の形骸化を招き
かねない．

　そこで本章では，このような乖離の放置によって生じる「人権の尊重」の形
骸化を「グローバルリスク」と捉え，地域国際機構による規範の形成がその軽
減の一つの手段となりうることを，アフリカ連合（African Union: AU）の前身で
あるアフリカ統一機構（Organization of African Unity: OAU）によって採択された
「人及び人民の権利に関するアフリカ憲章」（バンジュール憲章）を事例に示す．

1.「人権の尊重」におけるグローバルリスク

　本節では，国際社会全体レベルの「人権の尊重」について，その展開を辿る
とともに，その過程で生じうるグローバルリスクについて検討する．

1）「人権の尊重」における普遍性と多様性

　人権は，もともとキリスト教社会の国内法秩序の中に成立した概念である．
その初期の例としては，イギリスの権利章典（1689年），バージニアの権利章典
（1776年），アメリカ独立宣言（1776年），フランスの人及び市民の権利宣言
（1789年）などが挙げられ，それぞれの国の憲法に取り入れられるようになった．
これらはそれ以前の専制君主政治に対し，天賦人権説の思想に基づいて人間が
生来持つ自由と平等を追求するものであり，こうした権利が国内法によって保
障されることが民主政治の中核となっていった（高野，1983）．

　このような社会的起源を持つ人権概念は，その後西洋以外の他の国々にも波
及し，現在の国際社会では普遍的な価値として認識されるに至っている．人権
の普遍化が飛躍的に進展したのは，第二次世界大戦以降のことである．戦後，
従来国内問題であるとされてきた人権問題は国際法上においても重要な課題と
なった（田畑，1991: 77-78.）．実際，国連憲章第1条3項には，「人種，性，言語
または宗教による差別なくすべての者のために人権及び基本的自由を尊重する

ように助長奨励することについて，国際協力を達成する」と明記されており，「人権の尊重」の達成が国連の主要な目的の一つとされている．また，1948年に国連総会で採択された世界人権宣言は，宣言として採択されていることから元々は強い拘束力を持つものではなかった．しかし，国際社会における人権に関する最も有名な国際文書の一つであり（大沼，1998: 3），かつ，現在ではその内容（特に，ジェノサイドや拷問の禁止等）は国際慣習法と理解されつつある（北村，1996）．さらに，1966年には「経済的，社会的及び文化的権利に関する国際規約」と「市民的及び政治的権利に関する国際規約」が成立した．これらの文書は，国際的な文脈においても「人権の尊重」を達成するための基盤を形成するものであり，その重要性を強調する役割を果たしている．

このように，西洋文化圏発祥の人権概念は国際秩序の支柱を形成している．しかし，「多様性の確保」をも普遍的な価値としつつある国際社会においては，その具体的な内容や実現の方法については，行動者によって異なる解釈や選択が行われる場合がある．ベックは世界リスク社会について，言語と現実の乖離そのものであるとしている（ベック，2016: 24）．「人権の尊重」を国内のみならず国際法の文脈においても達成しようという決断は，現実の国際社会と普遍的とされる規範の間に乖離を生じさせる可能性がある．

当初，伝統的なヨーロッパ国際法社会では，国際社会の価値は単一であった．しかし，1960年代に入ると，この状況は一変する．社会主義国家群の成立やアジア・アフリカ諸国の独立によって，西洋文化圏とは異質の価値システムを持つ国家群が形成された．また，これらの国々は機能的に互いに協力し合うことを必要とし，そのため共に国際社会を構成することになった．このような国際社会の構造変動により，西洋中心的な国際法は，新たに形成された国際社会に対して十分な対応力を持たなくなった．つまり，国際社会および国際法は，新しく登場した諸国をも含む複合的な形態を模索する段階に入っている．

「人権の尊重」も例外ではなく，複合的なアプローチが模索されるようになった．普遍主義の視点のみならず，文化相対的な立場からの主張も見られるようになったのである．この文化相対的な主張の背景には，それまでの西洋の価値を中心に形成されていた普遍的とされる人権規範と，多様な背景を持つ行動者が存在する現実の国際社会との間の乖離がある．ここにおいて，行動者間の「人権の尊重」の内容やその実現方法に関する解釈や選択の相違が生じる．

人権概念については，大きく二つの立場が存在する[3]．一つは，人権を普遍的

あるいは個人主義的な視点から理解する立場である．普遍主義者は人権は人間の自律性や個人の尊厳を反映するものであり，すべての人に普遍的なものであるとする．それに対し文化相対主義の視点では，人権は文化的・社会的背景に依存するものであるとする．各文化や社会によって異なる価値基準が存在し，それゆえに人権に絶対的なものはないというのが，文化相対主義者の立場である．

　文化相対主義からの主張として，世界人権会議のアジアにおける準備会合で採択された1993年の「バンコク宣言」(A/CONF. 157/ASRM/8A/CONF. 157 PC/59)を無視することはできない．バンコク宣言では，① 人権は相対的なものであること，② 人権は国内問題であり，NGOを含む外部からの干渉を許されるべきではないこと，③ アジアでは社会権の実現が優先され，個人よりも集団の権利である発展の権利が国際社会によって確保されなくてはならないという主張がなされた（阿部，1998: 88）．このように文化相対主義の立場からは，「人権の尊重」は単一のものではなく，各々の文化それ自体の基準によって評価されるものであるとされる（ドネリー，2007）．以上から明らかなように，国際社会の構造が変化したことにより，「人権」という言葉の意味は単一ではなくなった．バンコク宣言に見られるように，自由に自己が依拠する「人権の尊重」を選択し，主張し，時には決定するようになったのである．

2）「人権の尊重」の形骸化

　もちろん過度な文化の重視には問題がある．例えば，文化相対主義に基づく集団的権利の強調は，個人の権利侵害を正当化する隠れ蓑として利用されているという批判がなされる（大沼，1998: 214）．また，特にバンコク宣言について，アジア諸国が外部からの人権保障に関する批判を回避しようする意図に基づくものであるとの指摘もなされている（大沼，1998: 331）[4]．しかし，このように文化的多様性の過度な重視についての批判が存在する一方で，行動者の文化的・社会的背景の重要性も，軽視することはできない．

　ベックも指摘するように，リスクは決定というものを前提とする（ベック，2016: 27）．すなわち，リスクとは「自由の裏返しであり，人間の自由な意思決定や選択自由に重きを置く」ものである（島村，2016）．また，複合的な国際社会において行動者が一定程度自由な決定をとるようになった現代で，普遍的とされる人権規範のみ存在を認めることは現実と規範の乖離を招く．このような

状況は，① 国内や地域レベルにおける「人権の尊重」の機能不全，②「人権の尊重」に関する国際的な協調の揺らぎという，二つの「人権の尊重」の形骸化とも呼べるグローバルリスクを生み出しかねない．

人権とは，すべての人が平等に享受すべき権利であり，個人が人間らしく生きることを保障する概念である．しかし，「人間らしく生きる」という基準は地域固有の伝統や文化，慣習に根差しており，一律に定義することは困難である．言い換えれば，「人権の尊重」に対する理解や認識は，個々人が依って立つ文化的・社会的背景と切り離すことができない (Lee, 1958: 131)．したがって，人権の普遍性を強調する一方で，各地域の文化的・社会的背景を無視することは，実質的な「人権の尊重」の理解を損なうこと，すなわち「人権の尊重」の規範と「人権の尊重」が機能する場である現実社会の乖離を生み出す．その結果，「人権の尊重」が当該社会において十分に定着せず，① 国内や地域レベルにおける「人権の尊重」の機能不全を引き起こす可能性がある．

「人権の尊重」が社会に受容され根付くためには，それぞれの国や地域が持つ文化との調和が必要となる．特に，非西洋文化圏の国々が，西洋発祥の人権概念に対して抵抗感を示す場面がしばしば存在する．このような抵抗感の背景には，外部からの一方的な価値の「押し付けである」という認識が存在している．以下のように大沼は，このような認識が存在している場合，「外圧」のみでは「人権の尊重」を表面的なものにとどまらせる可能性があることを指摘している．人権侵害国の政府が，先進諸国や国連などの国際機関からの「外圧」に従って政策を是正したとしても，その是正措置が実際にその国の文化的・社会的背景と結び付いていなければ持続的な効果を期待することはできず，「外圧」がなくなれば同様の人権侵害が再発することも十分に考えられる．したがって「人権の尊重」を機能させるためには，その国の国民自身が「人権の尊重」を自国の文化や社会の中に取り込むことが不可欠であり，言い換えれば，ある国における「人権の尊重」の達成には，その国特有の文化や社会規範と人権の普遍的価値とを調和させる作業が求められるのである（大沼，1998: 302）．

さらに，国際社会の「人権の尊重」における行動者間の選択の相違を軽視することは，究極的には，②「人権の尊重」に関する国際的な協調の揺らぎにつながる可能性がある．

第二次世界大戦以降，国際社会は国連憲章や世界人権宣言，ウィーン人権宣言をはじめ，その他多くの国連決議や国際会議の決議の累積により，深刻な人

権問題を国際社会全体の関心事項として扱う事例を積み重ねてきた。ただし，現代国際社会は複合的な性質を持ち，そこにおける行動者は「人権の尊重」に関する概念や制度について，一定程度自由に選択を行うようになっている．このような状況において，特定の基準を強制的に持ち込んで正・不正を判断し，不正なものに強制措置を加えるという行動は，当然ながら不正と判断された側の反発を招く（廣瀬，1995）．その結果，「人権の尊重」における国際的な合意の形成や協力の基盤が揺らいでしまう恐れがあるのである．

　このように，国際社会の複合性という現実とそこにおける「人権の尊重」の「多様性の確保」を軽視することは，「人権の尊重」をめぐるコミュニケーションの形骸化というリスクを招きかねないのである．

3）地域国際機構という存在

　「人権の尊重」の達成は，国際社会においても模索されてきた．しかし現代の複合的な国際社会においては，その内容や具体的な実現の方法について行動者間で相違が存在する．さらに，社会に「人権の尊重」を定着させるためには，人権の普遍性と「多様性の確保」の両者を考慮する必要がある．では，国際社会において「人権の尊重」を実効性のあるものとするため，いかに両者を調整していくべきか．

　本章では，そのような調和を促進する主体として地域国際機構を位置付ける．田畑によれば，地域国際機構は地域内の諸国の連帯に基づいて形成されたものであり，地域の特殊性を考慮しつつ地域内の連帯を通じて独自の人権保障体制を構築することによって，「人権の尊重」の一端を担っている（田畑，1988: 136）．

　渡邉は，下記地域国際機構の三つの側面を提示している[5]．第一に，「加盟国の利益集合体としての地域国際機構」である．この視点では，加盟国は国益追求のために必要に応じて地域国際機構を設立し，地域国際機構は加盟国から自己の政策を他国や国際社会に受け入れさせることを求められる．

　第二に，「グローバル・ガバナンスの担い手としての地域国際機構」である．地域国際機構は，特に「人権の尊重」などの分野において，国連のような普遍的国際機構と協調しつつ国際社会全体の利益の達成を目指す．この視点では，地域国際機構が地域の実情に合わせて普遍的国際機構の役割を補うことによって，国際社会における秩序形成にも有益な行動者であるとする[6]．

　第三の側面は，「規範に関わるエージェントとしての地域国際機構」である．

この視点では，地域国際機構は自らの管轄地域内で妥当する規範を提示し，それによって「人権の尊重」や安全保障，環境などグローバル・ガバナンスに関わる規範の発展を促す．この役割を通じて，地域国際機構は国際社会における他の行動者との相互連関の中で行動し，国際社会全体の課題解決に貢献する行動者として位置付けられる．

　上記をまとめると，地域国際機構は当初は特定地域内の加盟国の集合的利益を追求する組織として形成されるが，その活動は国際社会全体や他の行動者との連携の中で行われ，さらには多様な行動者が受容しうる規範の形成に寄与する機能を果たす（渡邊，2021）．すなわち地域国際機構は，地域独自の人権概念の主張を行うと同時に，国際社会において普遍的とされる価値の実現をも担うことが求められる行動者である．したがって地域国際機構は，普遍的な規範と複合的な側面を強める国際社会との間の乖離によって生じるグローバルリスクを調整する役割を担い，地域内外において重要な位置付けを有する存在となっている．

2．地域国際機構による規範形成

　本節では，地域国際機構が地域的な特色と国際社会全体の規範を調和させ，グローバルリスクを軽減・回避した事例として，OAU によって 1981 年に採択されたバンジュール憲章を取り上げる[7]．

　アフリカは非西洋文化圏であり，またアフリカ独自の人権概念を持つとされる．ただし，バンジュール憲章は，単にアフリカの地域性を反映したにとどまらず，「人権の尊重」の達成を目的として，アフリカ特有の文化や社会規範と国際社会において普遍的とされる価値との調和を図ろうとするものである．本節では，バンジュール憲章から，地域独自の価値と普遍的な人権規範がいかに調和し，またいかなる意義があるのかについて検討する．

1）アフリカの主張としてのバンジュール憲章

　1981 年に OAU によって採択されたバンジュール憲章は，前文と本文 68 か条から構成されている．バンジュール憲章の大きな特徴としては，以下の二点が挙げられる．第一に憲章全体を貫くアフリカ固有の歴史的社会的な特殊性の強調，第二に第三世代の人権とその他の民主主義の確立に必要な人権の併置で

第3章 「人権の尊重」におけるグローバルリスクの軽減　*63*

ある（龍澤，2006）．

　まず第一の特徴について述べると，バンジュール憲章前文では，国連憲章及び世界人権宣言を十分に尊重した国際協力の促進について述べ，その後アフリカの歴史的伝統の美点や文明の価値を考慮し，地域独自の視点から「人及び人民の権利」に対する認識を反映させることが明記されている．

　アフリカの伝統的な価値においては，個人は集団の一部として位置付けられる（ムバイエ，1984）．このような価値は，「すべての個人は，自己の家族及び社会，国並びにその他の法的に認められた共同体及び国際社会に対する義務を有する」（第27条1項）や，「自己の才能のすべてを尽くし，常に，また，すべての段階において，アフリカの統一の促進及び達成に貢献すること」（第28条8項）をはじめとする規定に顕著に表れている．

　加えて，アフリカ諸国が歴史的に植民地主義に苦しんできた背景から，「植民地主義，新植民地主義，アパルトヘイト，シオニズムを撤廃し，かつ侵略的な外国の軍事基地及びあらゆる形態の差別」を除去し，「アフリカの完全な解放を達成すべき諸国の義務」を規定する（前文）など，アフリカの植民地的な状況からの解放への強い意欲が示されている．

　第二の特徴として，バンジュール憲章が「人民の権利」に関連する諸権利を，次のとおり定めていることがある．「人民の権利」には，「いかなることも人民が他の人民によって支配されることを正当化しない」とする人民の平等（第19条），すべての人民が，「疑う余地のない，かつ譲りえない自決の権利を有する」とした人民の自決の原則（第20条1項），「すべての人民は，その自由及び独自性を十分に尊重し，かつ人類の共同遺産を平等に享受して，経済的，社会的及び文化的に発展する権利を有する」とした発展の権利（第22条1項）が規定されている．

　この二つの特徴は，バンジュール憲章の起草過程における発展の権利の重視から生じたものである．1979年11月28日から12月8日に開催された「人権と人民の権利に関する憲章草案を作成するための専門家委員会」の開会式において，当時のセネガル大統領サンゴール（Léopold Sédar Senghor）が憲章の趣旨に関する演説を行った[8]．その中で，彼は「人民の権利」がアフリカにとって特に重要であるとし，その「人民の権利」を構成するものとして「平和と安全の権利，健全な環境の権利，人類の共同遺産の公正な分配へ参加する権利，適正な国際経済秩序を享受する権利，そして天然の富と資源に対する権利」を挙げ，

これらが重視されるべきであると述べた．またサンゴールは，発展の権利について，経済的，社会的，文化的，政治的権利を統合するものであるとし，発展とは単に経済成長だけではなく，生活の質の変化を意味するものであるとした．

　加えてサンゴールは，アフリカでは個人よりも集団が優越するとし，アフリカ社会は個人の活動や必要性よりも連帯を重視する社会であるとする（Senghor, 1964: 284）．この意味で，アフリカにおいて共同体は発展のために必要不可欠の要素であった．個人の発展についても，アフリカの共同体社会においては「自己の可能性や独自性の発展は社会の中で社会によってのみ，他者との結合によってのみ可能」である（Senghor, 1964: 277）とし，他者や共同体との関係から追求されるものと指摘している．

　サンゴールが述べた憲章の趣旨からも明らかなように，OAU はアフリカ地域固有の価値からアフリカにおける人権概念を導き出し，その実現を重視している．OAU は，「人権の尊重」において，アフリカの共同体主義的な人権概念を選択し，アフリカの価値に根ざした「人権の尊重」をバンジュール憲章によって実現しようとしたのである．

2）国際社会における協調の結果としてのバンジュール憲章

　OAU によるバンジュール憲章の採択は，「人権の尊重」におけるアフリカ的価値を選択したものであった．ただし，バンジュール憲章で国連憲章や世界人権宣言の遵守を謳っていることからも明らかなように，OAU はアフリカ的価値のみを重んじるのではなく，それまで国際社会において形成されてきた普遍的とされる人権概念やその保障制度についても考慮している．本項では，バンジュール憲章採択という OAU の行動が，国際社会の他の行動者からも影響を受けていることを明らかにする．

　アフリカ諸国が独立を果たした当時，「人権の尊重」に関する概念は，国際社会の構造変動前に形成されたものであり，西洋を起源とするものであったため，アフリカ諸国の実情とは乖離があった．これは，サンゴールがアフリカ独自の人権概念を強調したことからも明らかである．こうした状況を受け，OAU はアフリカ独自の人権保障体制を構築すべく，バンジュール憲章の採択に至った．この動きは，地域国際機構の第一の側面「加盟国の利益集合体としての地域国際機構」から生じたものであると分析できる．地域国際機構である OAU は，加盟国の利益を最大化する使命を持つ．すなわち，加盟国のニーズ

第3章　「人権の尊重」におけるグローバルリスクの軽減　　65

と願望に応え，パン・アフリカニズムに代表されるアフリカの理想に合致した
アフリカの統合と連帯に貢献するための行動を求められる（Yusuf, 2014: 19）[9]．こ
のような背景から，OAU は「人権の尊重」におけるアフリカ地域固有の価値
の実現のためにバンジュール憲章という新たな人権規範を形成した．

　ただし，OAU のバンジュール憲章採択という行動は，地域国際機構の第一
の側面のみでは説明ができない．なぜならば，OAU は，その形成当初から，
加盟国の国家としての脆弱さへの懸念を背景に，加盟国の内政に干渉しない姿
勢を堅持していたためである[10]．その結果，1964 年のルワンダにおけるフツ族
によるツチ族の虐殺及び 1972 年から 1973 年のブルンジにおけるツチ族のフツ
族の虐殺という重大な人権侵害について，OAU は実質的に対応をすることは
なかった（Levitt, 2003）．

　このような状況であったにもかかわらず，OAU がバンジュール憲章の採択
に至った経緯には，アフリカ地域内外の行動者の働きかけがあった．アフリカ
における地域的な人権保障メカニズムの構築は，1961 年 1 月にナイジェリア
のラゴスで開催された国際法律家委員会主催の「法の支配に関するアフリカ会
議」（UNSPECIFIED, 1961）で，アフリカ人権条約の制定が検討されたことが契
機である．以降，国連主催の「アフリカに特に関連した地域人権委員会の設立
に関するセミナー」（1969 年 9 月）（UN Doc. ST/ TAO/ HR/ 38）や，「アフリカの
法律手続きと個人に関するアフリカ法律家会議」（1971 年 4 月）（UNSPECIFIED,
1971）など，アフリカ人権委員会設立に向けた国際的な会議が複数回開催され，
合意形成が進んだ．

　さらに，1973 年 10 月には国連の人権部会とタンザニア政府との共催による
セミナーが[11]，1979 年 9 月 10 日には国連主催でリベリアにおいて「アフリカに
特に関連した地域的人権委員会の設立に関するセミナー[12]」が開催された．特に
後者ではアフリカにおける地域的な人権委員会の構成と権限が検討され，「全
アフリカ人権委員会設立のためのモンロビア提案」が採択されるなどしたこと
から，国際社会においてアフリカにおける地域人権保障システム形成への関心
は高まりつつあったといえる（田畑，1988: 194-195）．

　また，欧米諸国や国際機構が，アフリカ諸国に経済支援の条件として民主化
を求めたことも影響を与えたであろう．当時，アメリカのジミー・カーター
（Jimmy Carter）大統領が進めた「人権外交」や，欧州共同体によるロメ協定へ
の人権条項の挿入の試みは，特に人民の支持を失い，対外援助に依存すること

で持ち堪えていた人権侵害政権にとっては無視できない圧力となった (松本, 1986; Ouguergouz, 2003: 36-37).

　これらの国際社会におけるアフリカ人権保障制度への関心の高まりは, OAU やその加盟国にとっては一種の「押し付け」として捉えられうるものである. 特に, 経済援助と引き換えに民主化が求められる場合には, より強く「外圧」として見なされる可能性がある.

　しかし, 上述のように, バンジュール憲章採択の背景には, このような外的要因のみならず, アフリカ地域特有の人権概念を反映させようとする内的要因も存在していた. OAU は, ただ盲目的に押し付けられる人権や制度に従うのではなく, アフリカの文化的・歴史的背景を考慮した「人権の尊重」の達成を志向し,「外圧」と内的要因の双方を統合しながら, アフリカ地域に妥当する人権保障制度の形成を行ったのである. つまり OAU は, 国際社会におけるアフリカの人権保障への関心の高まりと国際社会の構造変化を考慮に入れ, 地域に妥当する規範の形成し,「規範に関わるエージェント」として行動した. これにより, 国際社会においてアフリカにおける「人権の尊重」が問題として議題に上がった際, バンジュール憲章を中心としたメカニズムを挟むことで, より地域の実情に合わせた対応が可能となり, OAU は国際社会における「人権の尊重」に貢献する「グローバル・ガバナンスの担い手としての地域国際機構」としての役目を果たすことが可能になったことを意味する.

　したがってバンジュール憲章の採択は, 地域国際機構としての OAU が, アフリカの独自性と国際社会全体の期待とを結び付け, 普遍性と「多様性の確保」間の乖離を調和することによって, 複合的な国際社会において生じるグローバルリスクを軽減・回避しうることを示すものである.

おわりに

　「人権の尊重」は現代国際社会において普遍的な価値であり, その重要性を否定する行動者は存在しないといえる. しかし, 普遍的な価値であるがゆえに, 多様な背景を持つ行動者が存在する国際社会の現実とは乖離が生じる可能性がある. その乖離を軽視し, 多様性を無視した一律的な人権を適用することは, 文化や社会的状況の異なる地域や国家において,「人権の尊重」が実質的に受け入れられない状況や, その結果として国際社会における連帯や協力体制が損

なわれる状況をもたらしかねない．すなわち，「人権の尊重」を形骸化というグローバルリスクを招くのである．したがって，「人権の尊重」を真に実現するためには，地域やその国の文化的背景や歴史的文脈を踏まえた「多様性の確保」が求められる．

　この点において，地域国際機構が果たす役割は大きい．地域国際機構は特定の地域における加盟国の集合的利益を追求しつつ，国際社会全体や他の行動者との連携を通じて，より妥当性のある規範の形成に寄与する機能を持つ．その一例として，アフリカにおける地域国際機構であるOAUと，OAUが採択したバンジュール憲章を取り上げた．バンジュール憲章は，世界人権宣言などの遵守や，アフリカにおける人権の保障体制設立という国際社会からの要望に応えつつ，アフリカ特有の文化的・社会的文脈を反映した地域的な人権概念との調和を図るものであった．

　この事例は，地域国際機構が国際社会におけるグローバルリスクを軽減・回避する手段として機能することを示している．すなわち，地域国際機構が地域内外の諸行動者との協調を通じて規範を形成することにより，普遍的な価値と地域的な多様性を調整し，複合的な国際社会という現実と，普遍的とされる規範の間を架橋することによって，社会の安定や秩序の維持に貢献しているのである．

　地域国際機構の規範形成に代表される「多様性の確保」を考慮した人権の議論は，「人権の尊重」における規範と現実の乖離の架け橋となり，国際社会における共通の規範形成と秩序の維持に重要な役割を果たすであろう．

注

1）　以下，グローバリゼーションの特色については，川村・龍澤（2022: 168）を参照の上要約．

2）　この点につき，Donnelly（2013: 93-118）等を参照．

3）　以下の普遍主義と文化相対主義の概要については，シースタック（2004）を参照の上要約．

4）　このような文化的多様性を口実とした「人権の尊重」の軽視も，グローバルリスクの一つといえる．こういった事態を軽減・回避するためにも，「人権の尊重」における普遍性と多様性の調和を目指す必要がある．

5）　以下，地域国際機構の三つの側面については，渡邉（2021: 32-40）を参照の上要約．

6）　渡邉の他，星野（2001），山田（2018: 198）も同様にグローバル・ガバナンスの担

い手としての地域機構に焦点を当てる.

7) 非西洋文化圏の人権概念を含む文書として, バンジュール憲章以外に, イスラム諸国会議機構 (Organisation of the Islamic Conference: OIC. 2011 年にイスラム協力機構 (Organisation of Islamic Cooperation: OIC) に改称) による 1990 年の「カイロ人権宣言」や, アラブ連盟による 1994 年の「アラブ人権憲章」, 東南アジア諸国連合 (Association of South East Asian Nation: ASEAN) による 2012 年の「ASEAN 人権宣言」が存在する. しかし, これらは AU と同程度の人権保障制度が確立されているとは言い難く (富田, 2013), また, バンジュール憲章はアフリカ全域の「人権の尊重」を扱っていることから, 本章ではバンジュール憲章を事例として扱う.

8) 下記のサンゴールの主張は, 演説を参照の上要約. 演説全文は, Heyns (1999: 78-80).

9) OAU 憲章前文には, 多くのパン・アフリカニズムの理念が盛り込まれている. それを受け継ぐ存在である AU についても同様であり, OAU 憲章よりもさらにアフリカ統一への強い決意が表明されている.

10) 内政不干渉原則については, OAU 憲章第 3 条 2 にも規定されている.

11) 「アフリカの問題と必要とに特に配慮し, 人権を伸長するための新しい方法と手段を研究するセミナー」. このセミナーでは, OAU 主導で地域的な人権条約を準備する必要があるとされ, 人権の伸長や保護を目的としたアフリカ委員会設立のためのを措置について検討された. UN Doc. ST/ TAO/ HR/ 48.

12) UN Doc. ST/HR/SER.A/4. なお, このモンロビア提案で示された委員会の構成・権限については, その後バンジュール憲章制定時にモデルとして参考とされた (田畑, 1988: 196).

参考文献

Donnelly, Jack (2013) *Universal Human Rights in Theory and Practice Third Edition*, Ithaca and London: Cornell University Press.

Heyns, Christof (2002) *Human Rights Law in Africa 1999*, Leiden: Martinus Nijhoff.

Kuper, Leo (1985) *The Prevention of Genocid*, New Haven: Yale University Press.

Lee, Manwoo (1985) "North Korea and the Western Notion of Human Rights," *Human Rights in an East Asian Perspective*, K. W. Thompson (ed.). Washington, D.C.: University Press of America.

Levitt, Jeremy I. (2003) "The peace and security council of the African union: The Known Unknowns," *Transnational Law and Contemporary problems*, Vol. 13, No. 1, pp. 109-137.

Ouguergouz, Fatsah (2003) *The African Charter of Human and Peoples' Rights: A Comprehensive Agenda for Human Dignity and Sustainable Democracy in Africa*, Leiden: Martinus Nijhoff Publishers.

Senghor, Léopold Sédar（1964）*Liberté I: Négritude et Humanisme*, Paris: Éditions du Seuil.

Yusuf, Abdulquawi A.（2014）*Pan-Africanism and International Law*, Leiden: Brill Nijhoff.

阿部浩己（1998）『人権の国際化』現代人文社.

大沼保昭（1998）『人権，国家，文明――普遍主義的人権観から文際的人権観へ――』筑摩書房.

川村仁子・龍澤邦彦（2022）『グローバル秩序論――国境を超えた思想・制度・規範の共鳴――』晃洋書房.

北村泰三（1996）「国際人権法の法的性格について」住吉良人編『現代国際社会と人権の諸相（宮崎繁樹先生古稀記念）』成文堂, pp. 1-27.

シースタック，ジェローム・J（望月康恵訳）（2004）「人権の哲学的基礎」ヤヌシュ・シモニデス編『国際人権法マニュアル―世界的視野から見た人権の理念と実践』横田洋三監修，明石書店, pp. 58-102.

島村賢一（2016）「訳者解説，ウルリッヒ・ベックの現代社会認識」ベック，ウルリッヒ『世界リスク社会論―テロ，戦争，自然破壊』筑摩書房〔ちくま学芸文庫〕, pp. 147-177.

ドネリー，ジャック（井出真也訳）（2007）「国際人権：その普遍性の課題・展望・限界」松井芳郎編『人間の安全保障と国際社会のガバナンス』日本評論社, pp. 129-161.

高野雄一（1983）「人権の国際的保護と国際人権法――世界人権宣言三十五周年――」高野雄一・宮崎繁樹・斎藤惠彦編『国際人権法入門』三省堂, pp. 1-16.

田畑茂二郎（1988）『国際化時代の人権問題』岩波書店.

―――（1991）『現代国際法の課題』東信堂.

龍澤邦彦（2006）「国連の民主化政策およびアフリカの人権」松下冽編『途上国社会の現在――国家・開発・市民社会――』法律文化社, pp. 242-259.

富田麻里（2013）「アジア地域人権機構設立の可能性――ASEAN 等による地域国際機構の人権の保護・促進活動の検討をとおして――」『西南学院大学法学論集』第 45 巻第 3 号 4 号, pp. 123-165.

廣瀬和子（1995）「国際社会の構造と平和秩序形成のメカニズム」廣瀬和子・綿貫譲治編『新国際学――変容と秩序――』東京大学出版会, pp. 106-142.

ベック，ウルリッヒ（島村賢一訳）（2016）『世界リスク社会論――テロ，戦争，自然破壊――』筑摩書房〔ちくま学芸文庫〕.

星野俊成（2001）「国際機構――ガヴァナンスのエージェント――」渡辺昭夫・土山實男編『グローバル・ガヴァナンス――政府なき秩序の模索――』東京大学出版会, pp. 168-191.

松本祥志（1986）「「アフリカ人権憲章」の成立背景と法的意義――二つの絶対的基準――」『札幌学院法学』第 3 巻第 2 号, pp. 113-182.

ムバイエ，ケバ（『人権と国際社会』翻訳刊行委員会訳）（1984）「アフリカ統一機構」バ
　　サック，カーレル編『人権と国際社会（下）』The Unesco Press，pp. 871-920.
山崎公士（1983）「国家非常事態と人権」高野雄一・宮崎茂樹・斎藤惠彦編『国際人権法
　　入門』三省堂，pp. 410-427.
山田哲也（2018）『国際機構論入門』東京大学出版会.
渡邉智明（2021）「地域国際機構」西岡真規子，山田高敬編『新時代のグローバル・ガバ
　　ナンス論──制度・過程・行為主体──』ミネルヴァ書房，pp. 30-43.

資　料

UN Doc. ST/ TAO/ HR/ 38.
UN Doc. ST/ TAO/ HR/ 48.
UN Doc. ST/ HR/ SER.A/ 4.
UNSPECIFIED（1961）"African Conference on the Rule of Law, Report of the
　　Proceedings of the Conference," *Journal of the International Commission of Jurists*,
　　Vol. 3, No. 1, pp. 10-24.
UNSPECIFIED（1971）"Conference of African Jurists on African Legal Process and
　　the Individual," *Journal of African Law* , Vol. 15, No. 3 pp. 237-239.
香西茂・安藤仁介編（1986）『国際機構条約，資料集』東信堂.

第4章
庶民派ジョコ政権下のインドネシアにおける
民主主義の後退とオリガーキー政治

井澤友美

はじめに

　2021年版の『グローバルリスク報告書』において，グローバルフューチャーカウンシル・オン・フロンティアリスクは，最新リスクの展望の1つとして「法の形骸化によって民主主義が権威主義に変わる．暴力を伴うクーデターではなく法律のクーデターが民主主義を衰退させ，連鎖反応が他国の民主主義体制に及ぶ」という見解を示した（World Economic Forum, 2021: 84-85）．実際に，2024年のエコノミクス・インテリジェンス・ユニット（EIU）の報告によれば，世界の民主主義は後退の傾向にあり，2023年民主主義指数の世界平均は，EIUが発表を開始した2006年以来最も低い数字を記録した．本章で扱うインドネシアでは，1998年にスハルト権威主義体制（1967-98）の崩壊後，民主化が急速に進められた．国民による直接選挙を経て，2014年に大統領として就任した庶民層出身のジョコ・ウィドドは，インドネシア国内の経済格差の是正に向けた政策を打ち出し，その政策は国民の高い満足度を獲得してきた．その一方で，特に第二期ジョコ政権に対しては「寡頭政治」や「王朝政治」，「権威主義の復活」という声が高まりを見せている．なぜ，このような批判が起きているのか．法治国家インドネシアの番人として機能してきた憲法裁判所は，どのような対応をしているのか．これらの問題を明らかにするため，本章では，まずインドネシア社会の多様性を確認し，寡頭制（オリガーキー）の概念及びスハルト時代の寡頭政治の形成過程を踏まえた上で，ジョコ政権下における地方開発のあり方を新首都ヌサンタラ及び紛争地パプアを例に挙げつつ確認する．さらに2024年大統領選挙をめぐる政治経済エリートの動きを見ていく．

1．多民族国家インドネシアにおけるオリガークの台頭

1）多様性の中の統一

　後に初代大統領となるスカルノは，1945 年 8 月 17 日に独立宣言を読み上げたが，インドネシアが旧植民地領土の独立を成し遂げるのは，東インドネシア国を構成していたオランダ寄りの 16 の地域がインドネシア共和国に編入され，統一インドネシア共和国が成立した 1950 年である．独立を果たしたものの地理的に分散し，多様性に富む社会に文化的な統一性や国民的アイデンティティは存在せず，後に国章に組み込まれる「多様性の中の統一（Bhinneka Tunggal Ika）」の構築と維持が国家建設の課題となる．

　その多様性に富む社会を確認する上で，まず宗教に着目すると，インドネシアは世界最大のイスラム人口を抱える国家であるが，イスラム教に加えてキリスト教（カトリック及びプロテスタント），ヒンドゥー教，仏教，儒教を宗教として公認しており，多数の土着信仰も存在する[2]．次に民族については，中央統計局（BPS）が 2010 年の国勢調査に基づき，サブ民族を含む民族数を 1331 とし，さらなる分析と分類を行った上で大きな枠組の民族の数を 633 と発表した．後者の分類によれば最も多い民族はジャワ人であり，総人口の 40.05％を占め，それにスンダ人が 15.50％で次ぐ（BPS Kabupaten Tulang Bawang Barat, 2015）．続いて地方言語に関して，教育省言語育成振興局は 2020 年の国勢調査に基づき，718 と発表している（Badan Pengembangan Pembinaan Bahasa, 2023）．なお，国語の制定については，1928 年 10 月に採択された「1 つの祖国，1 つの民族，1 つの言語」の 3 項目から成る「青年の誓い」に先立ち，多数派のジャワ人が話すジャワ語ではなく，東南アジアの島嶼部で交易言語として使用されてきたムラユ語を基にインドネシア語を整備し，国語として採用することが確認された．

　ジャワ語は国語にはならなかったものの，インドネシアの政治経済の中心はジャワ島である．国土の約 7 ％を占めるに過ぎないこの島に総人口の約 56％が集中し，政治，教育，経済等，多方面から国家の発展を牽引してきた（BPS, 2024: 120）．ただしジャワ島は天然資源には乏しく，パーム油，ゴム，石油，ガス，石炭，鉱物，木材，ニッケルといった一次産品の多くを地方に依存してきた．特にスハルト権威主義体制下における開発は暴力や虐殺を伴うものであり，地方政府に対する相応の資金配分は無かった．例えば，世界有数の天然ガス

（LNG）採掘地があるアチェでは，その開発の開始とともに抵抗運動が高まりを見せたため，国軍は 1989 年から 1992 年までアチェを軍事作戦地域として特別部隊を派遣し，法的手続きを踏まずに処刑を実施した．同様に，インドネシアへの併合後も分離独立運動が絶えなかったパプアも 1974 年に軍事作戦地域に指定され，分離独立派の殲滅作戦が展開された．その上，パプアにある世界有数の金山と銅山を始めとする豊かな資源をめぐり，慣習的に受け継がれてきた土地が暴力を伴いつつ国に収奪されたことで深刻な環境破壊が発生し，パプア人は構造的貧困に陥った（村井他，1999: 24-26）．

　このような支配体制下で深刻化したジャワ島とジャワ島外の経済格差は民主化後も十分に是正されていない．例えば，シンガポール国立大学アジア競争力研究所が行なった，マクロ経済の安定性，政府機関のガバナンス能力，金融・ビジネス・人的資源，生活環境・インフラ開発を判断基準とした 2021 年のインドネシアにおける競争力の分析によると，調査対象の 34 州においてジャワ島にある全 6 州のうち，ジャカルタ首都特別州を筆頭に 4 州が 5 位以内に入った．その一方で，西パプア州（33 位）とパプア州（34 位）が最下位であった（Zhang et al., 2022: 2）．同様に，国連開発計画（UNDP）の人間開発指数（HDI）に注目すると，2010 年から 2021 年にかけてインドネシアの HDI は 0.6653 から 0.7229 へと上昇したが，2021 年にインドネシア国内で最も高い HDI を示した 10 州のうちジャワの 4 州が入り，なかでもジャカルタ首都特別州とジョグジャカルタ特別州に至っては最高位（0.8 以上）を記録した．その一方で，パプア州や西パプア州，東ヌサ・トゥンガラ州やスラウェシ島にある複数の州といった東部地域は国家の平均値よりも低い数値を示す傾向が高く，これら地域の人間開発はバリ州以西の地域よりも 10 年遅れている（Kompas, 16 Aug 2022）．

２）スハルト権威主義時代のオリガークの台頭

　インドネシアの民主政治に対しては，「寡頭政治」という批判がしばしば上がる．オリガーキー（oligarchy: 寡頭制）は，ギリシア語の oligo（少数）と arkhos（支配）から成る言葉である．アリストテレスは国制を 6 つの形態に分類したが，すなわち，① 一人が共通の利益において支配する「王制」と ② その逸脱形態であり，一人の支配者が自らの利益だけを目的に支配する「僭主・独裁制」，③ 少数による適切な支配としての「最優秀者支配制・貴族制」と ④ その逸脱形態であり，有産者が自分たちの利益のみをおもんばかる「寡頭制」，そして

⑤ 多数による適切な支配である「共和制」と ⑥ その逸脱形態であり，無産者が自己の利益のみをおもんばかる「民主制」である．なお，アリストテレスは裕福な者はどこでも少数であり，貧しい者はどこでも多数であるという事実を踏まえた上で，民主制と寡頭制を規定するにあたり，支配する者が少数か多数かの違いは真の根拠にはならいとしつつ，民主制とは自由で無産の市民が大多数を占めているときに支配権力を握る場合のことを指し，寡頭制とは裕福で生まれの良い市民が少数派であるときに支配権力を握る場合のことであるとした．すなわち，寡頭制は支配者数の規模よりも彼らが有する「富」や「財産」によって特徴づけられる（アリストテレス，1972: 1279a-1280a）．

　寡頭政治研究で著名なウィンタースによれば，第二次世界大戦後の独立時のインドネシアにおいて寡頭制は事実上存在せず，約20年にわたるスカルノ政権（1945-67）下でもイデオロギー，宗教，地域主義，さらには個人の対立が激しく，政治的にも経済的も国は混沌状態にあったためオリガーク層は生み出されなかったという．その後，1965年以降のスハルトの台頭に伴いスルタン的支配体制，すなわち制度や法律が弱く，指導者が強制力と物質力を駆使して恐怖と報酬をコントロールする個人主義的な支配体制が誕生し，スルタン的寡頭制が形成されていった．スハルトは国際的にはインドネシアを欧米資本主義に接近させたが，資本主義的競争原理の構築には関心が無く，法執行機関をはじめ独立した政府機関を強く敵視したため制度的発展は阻害された．その一方でスハルトによる個人主義的支配の目的に合致する制度化が進み，重要なポストにはスハルトの支持者を登用し特権を付与する等の優遇措置を講じた（Winters, 2011a: 135-145）．その過程で呼称にばらつきはあるものの「新進起業家」，「新興資本家」，「コングロマリット」，「取り巻き資本家」，「政財界のファミリー」等と呼ばれる富裕層が台頭していく．タイムズ紙によれば，スハルト・ファミリーの蓄財額は150億米ドルに上ったが（TIME, 1999），サリム・グループやシナルマス・グループ，グダン・ガラム，バリト・パシフィックといったスハルト政権と共に成長した財閥もまた，アメリカの経済誌『フォーブス』が発表する世界の長者番付に掲載されていった．

　スハルト政権崩壊後，急速に民主化が進められたものの長年の権威主義体制下において市民社会は衰弱し，組織化されることもなかった．ウインタースは，民主主義的な手続きや制度化を担う力は市民社会にはなく，むしろスハルト政権下で飼い慣らされたオリガークがスハルト支配ほどの強制力を伴わない法制

度と政府機関の下で野放しとなったと指摘する（Winters, 2011b）．慢性的な政治経済的問題が民主化以降に深刻化していることは，2009年にインドネシアが東南アジアで最も民主的な国であり，同時に最も腐敗した国としてランク付けされたことにも示されている．また，民主主義は政治的オリガークに対して本質的な制約を与えず，それどころか個人的・集団的なオリガークの利益を追求するための新たな手段を提供している．政治的アリーナは巨万の富を得たオリガークと国家から資源を搾るエリートによって独占された結果，スハルト政権下において年平均7％の成長率を達成し，世界最大級の国内市場を有するにもかかわらず，2010年現在，インドネシアに国産の自動車産業，航空産業，造船産業，国内電子産業，世界トップクラスの商品やサービスも存在していない．さらに2010年現在でインドネシアの最も裕福な40人の平均資産がインドネシアの一人当たりのGDPの約57万988倍であったところ，2016年には64万4708倍，2020年には75万9420倍に膨れ上がったとの報告もあり，富裕層がますます裕福になる傾向がみられる（Winters, 2021a: 141-142, 180, 192）．その一方で，2019年の発表では全人口の21.45％を占めていた中間所得層が2024年の発表では17.13％まで減少し，貧困層予備層及び中間所得層予備層が増加傾向にあることは軽視できない（Kompas, 10 Sep 2024）．

2．ジョコ政権下における地方開発

1）新首都ヌサンタラ

　インドネシアの歴代大統領はエリート層によって占められてきたが，2014年に大統領として選出されたジョコ・ウィドドは家具の製造・輸出業に従事していた庶民層の出身である．2014年大統領選挙の公約であった7％の経済成長率は実現されなかったものの，その経済政策が評価され，続く2019年大統領選挙においてジョコ大統領はインドネシアの二大イスラム社会団体の1つであるナフダトゥール・ウラマー（NU）の諮問会議議長（Rais Aam）を務めたマルフ・アミンと正副大統領候補者としてペアを組み，プラボウォ・スビアント＝サンディアガ・ウノ候補者ペアに約9ポイント差で勝利した．ジョコ＝マルフ政権は，その発足から国民の高い支持を得ているが，その一方で寡頭政治や王朝政治という批判も高まりを見せている．

　ジョコ大統領は大統領としての二期目の就任直後に，首都を現在のジャカル

タから東カリマンタン州北プナジャム・パセル県とクタイ・カルタヌガラ県に跨る地域へ移転する計画を発表し，政府はこの地を「ヌサンタラ（島嶼，群島）」と命名した．中央政府はインドネシア独立 100 周年にあたる 2045 年の移転完了を目指すと共に，同年にインドネシアが世界第 5 位の経済大国入りすることを目標に掲げている．首都移転の背景としては，ジャワ島とジャワ島外との経済格差の是正が狙いにあることに加えて，ジャカルタにおける人口過密や深刻な渋滞，地盤沈下や洪水といった災害や環境問題が挙げられている．首都の移転先として東カリマンタン州が選ばれた理由には，国のほぼ中央に位置し，空港や港，サマリンダやバリクパパンといった都市からも近く，政府機関建設のための数十万ヘクタールに及ぶ用地を確保できること等がある．

　ただし，この開発には複数の点から懸念の声が上がっている．まず，ヌサンタラは約 466 兆ルピアをかけて建設される予定であるが，国家開発企画庁（BAPPENAS）によれば，国家予算で賄われるのは予算の約 19% である 89 兆4000 億ルピアに止まり，54.4% の 253.4 兆ルピアは官民パートナーシップで賄われ，残りの 123.2 兆ルピアは民間の拠出となる．この民間の投資に関し，2024 年 1 月にヌサンタラ新首都庁資金調達・投資担当次長は，海外投資家から 345 件の投資意向書が届いていると発表したものの，同年 1 月下旬現在の投資額は約 47.5 兆ルピアに止まり，2024 年の投資目標額である 100 兆ルピアに達していない．さらに同年 6 月 3 日，プラティクノ国家官房長官はバンバン・スサントノ・ヌサンタラ新首都庁長官とドニー・ラハジョ同副長官の辞任を発表し，これが投資目標額に届かなかったために政府が同 2 名を解任したのではないか，という憶測を呼んだ．両名の辞任により，今後の開発へのさらなる影響が懸念されている（Media Indonesia. com, 5 Jun 2024）．

　また，新首都に関する法律（法律 2022 年第 3 号）の制定にあたっては，法案を審議する国会特別委員会が 2021 年 12 月 7 日に設置されてから僅か 43 日で成立し，国民参加が十分でなく，オリガークの利益のためという批判がある．例えば，国民参加に関して，2022 年 3 月 8 日に故アジュマルディ・アズラ国立イスラム大学教授率いる団体が立法過程における国民参加の権利を規定した，法規則の形成に関する法律 2011 年第 12 号に則り，新首都法の形成過程において国民の意見が考慮される権利，国民の意見が聴かれる権利，国民が説明を受ける権利が侵害されており，国民の意義ある参加が伴ってないとして憲法裁判所に司法審査を求めた．

第4章　庶民派ジョコ政権下のインドネシアにおける民主主義の後退とオリガーキー政治　　*77*

　一方，オリガークのための新首都開発という批判に関しては，ドニー・ラハジョ前新首都庁副長官が勤めていたシナルマス・グループが新首都建設予定地の東カリマンタン州に土地を所有し，複数のプロジェクトを抱えていることに加え，首都移転チーム情報通信部門に同社におけるドニーの元部下であるパンジ・ヒマワンも含まれていたことが背景にある（Inilah. com, 7 May 2022）．さらに，鉱業擁護ネットワーク（JATAM）やインドネシア環境フォーラム（WALHI）といった NGO は，プラボウォ国防大臣の弟であり，アルサリ・グループ最高責任者であるハシム・ジョヨヤディクスモをオリガークとして批判した．同グループは 2007 年から約 17 万 3000ha に及ぶ土地をバリクパパン近くに所有し，新首都の近隣で森林再生，輸出向けバイオ燃料事業，野生動物の保護，水事業を推進している．ハシムは，水事業に関して新首都への参入に関して否定することなく，また，バリクパパン，サマリンダ，バングン，テンガロンといった東カリマンタン州の主要都市及び周辺の工業地の需要に応えるために同事業は 2016 年に始動しており，すべては偶然のこととして反論した（CNN Indonesia 8, 9 Feb 2022）．しかし，北カリマンタン州では 2021 年 12 月 21 日に環境に配慮したグリーン工業団地の起工式がジョコ大統領の参加を伴いつつ開催されたところ，同工業団地の用地の多くはエリック・トヒル国営企業大臣の実兄であるガリバルディ・トヒル氏が所有しているほか，同プロジェクトにはルフット海洋・投資担当調整大臣の関連会社が関与しており，政治エリートとビジネスの癒着に対する疑念の声は残る（TEMPO, 24-30 Jan 2022: 74-83）．

　新首都開発に関しては，ヌサンタラ周辺の居住者からも不安の声が上がっている．ヌサンタラにおける中央行政地区（KIPP）開発計画は 6671ha に及ぶが，そのうち 1000ha は地元住民や地元政府，パーム椰子会社等が管理しているため，その土地には住宅，パーム椰子，ゴム，バナナ等の農園が広がっている．中央政府による十分な説明がないまま住宅地に数十の「中央行政地区」の看板が設置され，なかには「侵入禁止」を示す看板が住宅の 3 m 以内に立てられた地域もあり，立退命令の発出が懸念されている（Kompas, 17 Mar 2022）．この問題に関し，先住民族団体「全国アダット共同体同盟（AMAN）」によれば，特定されているだけで北プナジャム・パセル県の 19 のアダット（慣習村）とクタイ・カルタヌガラ県の 2 つのアダットが新首都建設地に居住しており，約 2 万人が強制退去の対象になるという．同団体の政策提言・法律・人権担当部長は，プロジェクトの影響を受ける住民に対する尊重と保護に関する条項が新首

都法には無く，国会において早々に可決された新首都法が領土の強奪と共同体の破壊を正当化する道具になると指摘し，文化的且つ経済的にその土地の自然と密接に関係するアダットの保護の必要性を訴えている（Kompas. com, 20 Jan 2022）．

2）パプア

パプア[4]はインドネシアの東端に位置し，東経 141 度線を境にニューギニア島の西側を占める．パプアの帰属の決定は，1950 年に統一インドネシア共和国が成立した当時に棚上げされ，その後オランダ指導の下で 1971 年の独立を目指し，パプア・ナショナリズムが醸成された．このような動きはインドネシア政府の不満を高め，1962 年 1 月にインドネシア軍とオランダ軍との間で海戦が勃発するに至る．その後，両国による「ニューヨーク協定」の調印後，パプアの施政権は国連暫定行政機構（UNTEA）による暫定統治を経て 1963 年にインドネシアに委譲され，1969 年に帰属をめぐる「住民投票」が実施された．投票の結果，「全会一致」でインドネシアへの帰属が決定したものの，この住民投票はインドネシア政府が組織した 1025 名から成る「民族自決協議会」が脅迫や暴力の中で行なったものであり，投票における秘密の原則もなかった．鬱積したパプア側の怒りは，中央政府に対する分離独立運動につながっていく．2005 年にインドネシア政府と独立アチェ運動（GAM）がアチェ平和に関する合意に署名したのと対象的に，パプアは依然紛争が続いている．

ジョコ大統領は 2014 年大統領選挙に際して同地を訪問し，「大統領選挙キャンペーン中にパプアを訪問した初めての大統領候補」として注目を浴びた．その後，ジョコ政権が始動すると，その重要な政策である貧困・低所得者層の開発及び地方，村落，辺境といった経済的に脆弱な地域の開発にパプアは該当したため，その開発に重点が置かれた．続く 2019 年大統領選挙において，ジョコ＝マルフの候補者ペアは，パプア州と西パプア州において，それぞれ 90.66％と 79.81％の得票率で圧勝した（PUSKAPOL, 2019）．しかし，同政権が始動する同年 10 月を前に，スラバヤにおけるパプア人学生に対する差別的言動に端を発する暴動やデモがパプア各地で展開されたことが示すように，パプアにおける中央政府に対する不信感や反発心は根強く，何かしらのきっかけで容易にデモや暴徒に発展しやすい．

ジョコ大統領はパプア開発の重要性を訴え，2021 年 11 月にアンディカ・プ

ルカサ陸軍参謀長を国軍司令官に任命し，パプア人の福祉向上や繁栄を重視する人道的な作戦への転換を指示した．他方，国家研究イノベーション庁（BRIN）のアドリアナ・エリザベス研究員によると，ジョコ大統領はパプアにおける紛争を終息させるための戦略的方針を有しておらず，2009 年に BRIN が作成したパプア紛争の解決に向けたロードマップも活用していない．また，NGO のパプア平和ネットワークが 2011 年に政府関係者間による対話を始め，ジョコ政権下において 3 回実施したものの，2017 年を最後に中断し，その後紛争が悪化の傾向にあるという（TEMPO, 29 Juli-4 Aug: 62-63）．

　パプアの治安が改善されないなか，ジョコ＝マルフ政権はパプアにおける州の分割を進めている．まず，2021 年にパプア特別自治法を改正し，パプアにおける特別自治資金と優遇措置を延長した．その一方で ① 地域住民の生活水準の向上，② 正義及び人権の確立，法の支配，民主主義の実現，③ パプア原住民の人権の尊重と承認，④ グッド・ガバナンスの実施を目的とし，予算の使途や執行に対する中央政府の権限の強化に加えてパプア州政府の許可を得ずして州を新設することを可能にした（法律 2021 年第 2 号）．同法の改正後，2022 年 4 月 12 日に国会本会議において，パプア州における州の新設に関する 3 法案が国会の提案法案になってから僅か 2 カ月半で可決され，パプア州はパプア州，南パプア州，中部パプア州，山岳パプア州の 4 州に分割された．続けて，同年 11 月には南西パプア州の新設に関する法案が可決され，その年末に西パプア州は西パプア州と南西パプア州の 2 州に分割された．

　注目すべきは，特別自治法を改正する上でパプア原住民から構成されるパプア人民協議会（MRP）が審議から外されている点であり，パプアからは中央の政治エリートが一方的に決定したとの反発もある（Kompas, 23 Feb 2022）．他方，中央政府は MRP の意見を政策に反映する姿勢を見せることなく，さらなる州の分割に向けて調整している．BRIN のチャフヨ・パムンカス研究員によれば，パプアにおける州の分割はインドネシアの植民地政府のイメージを強化するものであり，パプア社会は，この分割を領土と住民に対する厳しい支配の一形態と見做しているという（TEMPO, 29 Juli-4 Aug: 62）．

　パプアにおける福祉向上を重視する人道的な作戦への転換の重要性を強調するジョコ大統領ではあるが，2022-23 年期国家諜報庁長官のアンディ・ウィジャヤントは，パプアにおける暴力事件はジョコ政権下で増加しており，暴力の動機と福祉向上には相関関係はないと分析している．また，ムルドコ大統領

首席補佐官は，パプアにはあまりに多くの集団が存在し，複数の集団が覇権の掌握を望む現実を鑑みると，福祉アプローチは適しておらず，治安アプローチが求められると見ている（TEMPO, 29 Jul-4 Aug 2024: 62-63）．実際に，武装犯罪集団による襲撃事件及び死亡者数は増加傾向にあり，事件発生数と死者数はそれぞれ 2021 年に 106 件と 34 名であったところ，2022 年は 90 件と 53 名，2023 年には 209 件と 79 名と記録されている（Kompas, 28 Dec 2022; 25 Dec 2023）．

　ただし，パプアでは常に原住民が団結して中央政府に対抗するという単純な構図ではなく，原住民間の対立も頻繁に発生している．先述のアドリアナ・エリザベス研究員によれば，パプアの各民族は多数派であろうと少数派であろうと平等性と重視するため，例えば，ある民族から知事が選出された場合は，他の民族の不満を買うことがある．さらに，パプアの各民族は集団性という特徴を有するところ，その特性が民族間の不満や問題を解決するために機能することもあれば，衝突を生み出すこともあるという．依然部族社会が根強く残るパプアでは，民族の慣習と行政システムの間に調和が確立されていない．そのため，格差の拡大や争いを避け，平等な発展を目指すためには，まず，その調和の確立が求められる（BBC News Indonesia, 5 Oct 2021）．こうした民族間での政治的，経済的平等性や行政システムと慣習の間の調和が実現しないまま進められるパプアにおける州の分割は，新たな衝突を招くことが予想される．

3．インドネシアにおける民主主義の後退

1）オリガーキー政治の高まりとジョコ王朝のはじまり

　ジョコ＝マルフ政権は発足当初から比較的高い国民の支持率を得てきた．しかし，その一方で，民主主義の後退という声が第二期ジョコ政権において益々高まりを見せ，2024 年大統領選挙にいたっては，「民主化後，最悪の選挙」ともいわれ，オリガーキー政治やジョコ家による王朝政治という批判が大きくなっている．

　コンパス紙の世論調査によると，ジョコ＝マルフ政権のパフォーマンスに対する国民の満足度は高く，2019 年 10 月の政権発足当初に 58.8% を記録し，2020 年 8 月の調査以降は 60% 以上を維持し，2024 年 6 月には最高値の 75.6% を記録した（Kompas, 20 Jun 2024）．また，EIU の 2021 年民主主義指数を見ると，インドネシアは前年比 0.41 ポイント増の 6.71 となり，その順位は世界 167 カ

国中 52 位と前年より 12 位前進した．インドネシアでは 2015 年に 7.03 を記録
したが，2017 年には 6.39 まで下落し，2020 年まで下降傾向にあった．EIU は，
この流れを変えた背景として雇用創出に関する法律 2020 年第 11 号に対して
2021 年 11 月に下された憲法裁判所の条件付きの違憲判決と，ジョコ大統領が
内閣に多様な政治集団を迎え入れた点を指摘した（EIU, 2022: 42）．

　その一方で，インドネシア国内では民主主義が後退しているとの懸念が高ま
りを見せている．その背景として第一に，地方首長選挙の延期に伴う地方首長
代行の任命が挙げられる．新型コロナウイルス感染症（COVID-19）の蔓延を理
由に，インドネシアでは 2022 年と 2023 年の地方首長選挙を実施しないことが
決定されたが（法律 2016 年第 10 号），これに伴い 2022 年にはジャカルタ首都特
別州を含む 9 州で 101 名の地方首長の任期が切れ，2023 年には 17 州における
171 名の地方首長が任期を終えた．この空席を埋めるために大統領によって地
方首長代行が任命されることとなったが，その候補者の選出から任命までの過
程において国民の関与はなく，情報共有も行われないことが問題として批判が
上がった．例えば，西パプア州では，長年パプアにおける暴力事件や人権侵害
に関与してきたとされる国家警察から州知事代行が任命されており，地域住民
の声が反映されていないと問題視された．

　さらに深刻な問題として，現役軍人の地方首長代行への任命が指摘できる．
インドネシア国軍に関する法律 2004 年第 34 号第 47 条に基づき，国軍軍人は
地方首長に就任するに先立ち，辞職または退職していなければならないが，マ
ルク州知事のムラド・イスマイルは，5 月 24 日に中央スラウェシ州国家情報
局長であるアンディ・チャンドラ陸軍准将をマルク州西セラム県の県知事代行
に任命した[5]．憲法裁判所は，判決第 15/PUU-XX/2022 号をもって国軍軍人及
び国家警察官は退職後に地方首長代行に就くことが可能としたものの，ティト
内務大臣は同陸軍准将の任命に関して同地域の紛争問題を踏まえた慎重な検討
の結果であると説明するに止まり，同氏は 2024 年 10 月現在も県知事代行を務
めている（Kompas. com, 16 Jun 2022）．

　続いて，ジョコ大統領の任期延長を求め，2022 年に政権内部で展開された
動きが挙げられる．インドネシアでは，憲法により大統領の任期は最長 2 期
10 年と規定されているが，ルフット海洋・投資担当調整大臣が諸政党の党首
に対して大統領選挙の延期を支持するように求めたのをはじめ，初期に総選挙
の延期を呼びかけたムハイミン・イスカンダル国会副議長（民族覚醒党（PKB）

党首），諸政党の党首に向けて，そしてリアウ州のパーム椰子農家の行事の開催を通じて総選挙の延期を呼びかけたアイルランガ経済担当調整大臣（ゴルカル党党首（当時）），コロナ禍の経済回復を理由に閣僚の中で初めて任期延長を訴えたバフリル投資大臣（当時），経済回復及びジョコ大統領に対する国民の高い満足度という理由から選挙の延期を訴えたズルキフリ・ハッサン商業大臣（国民信託党（PAN）党首）等がジョコ大統領の任期延長のために動いていた（TEMPO, 4-10 Apr 2022: 30-31）．このジョコ大統領の任期延長に向けた政党党首及び閣僚の動きは，学生団体を中心としたジョコ政権に対するデモ活動を活発化させ，ジョコ大統領の働きかけもあって収束したが，後の2024年大統領選挙におけるジョコ大統領の長男であるギブラン・ラカブミン・ラカの副大統領候補としての擁立へとつながっていく．

2）「民主化後，最悪」の2024年大統領選挙

　2024年大統領選挙をめぐり，インドネシアでは「民主化後，最悪の選挙」という批判が出た．この声は，第一期ジョコ政権で副大統領を務めたユスフ・カッラやジョコ政権下で宗教・文明間の対話のための大統領特使を務めたディン・シャムスディン前ムハマディヤ総裁を始め，政界，イスラム社会団体，文化人等から上がった（Sindonews.com, 1 Feb 2024）．総選挙に関する法律2017年第7号222条に基づき，正副大統領候補者ペアを擁立するのは，選挙に参加する政党または政党連合のうち，前回の国会議員選挙に基づき20％以上の国会議席率を有するもの，または全国有効投票の25％以上を獲得したものに限られる．この条件を満たしつつ2024年大統領選挙では，ナスデム党，PKB，福祉正義党（PKS）が支持するアニス・バスウェダン前ジャカルタ首都特別州知事とムハイミンPKB党首の正副大統領候補者ペア，グリンドラ党，ゴルカル党，民主党，PAN，インドネシア連帯党（PSI），月星党（PBB），ガルーダ党が支持するプラボウォ国防大臣とジョコ大統領の長男でソロ市長（当時）のギブラン・ラカブミン・ラカ候補者ペア，闘争民主党（PDIP），開発統一党（PPP），ペリンド党，ハヌラ党が支持するガンジャル・プラノウォ前中部ジャワ州知事とマフッド前政治・法務・治安担当調整大臣のペアの3組が出馬したところ[6]，大統領選挙におけるジョコ大統領による国家機関の乱用の疑いが指摘された．

　まず，ギブラン氏による副大統領候補としての出馬に関し，当初年齢要件を満たしていなかったところ，ジョコ大統領の妹婿で当時長官であったアンワ

ル・ウスマン率いる憲法裁判所が 10 月 16 日に下した判決により出馬が可能に
なった．また，ジョコ大統領は 2024 年大統領選挙にあたり，自身は中立の立
場をとると表明し，さらには公務員，国軍，国家警察等に対しても中立で且つ
国民主権を守るように伝えたが，その一方で，複数の国家機関関係者に対し，
プラボウォ＝ギブランのペアとジョコ大統領の次男で PSI 党首のカエサン・
パンアレップに対する支援を指示したとされる．その上，スリ・ムルヤニ財務
大臣に対して社会支援のための予算を要請し，国民に供与したと報じられた．
スマトラ，ジャワ，バリ，カリマンタン，スラウェシ，パプアといった複数の
地域において，プラボウォ＝ギブランのペアに対する支持を強要されたと訴え
る地方首長代行もおり，地方首長代行を解任された者のなかには，同ペアへの
支援が不十分であったことが解任の理由であると疑われる事例もある（Tempo.
co, 14 May 2022; 11 Feb 2024）．

　2024 年大統領選挙の結果，ジョコ大統領の開発プログラムの継続を謳った
プラボウォ＝ギブランのペアが過半数を上回る得票率を獲得したが，アニス＝
ムハイミン組とガンジャル＝マフッド組は憲法裁判所に対し，大統領による大
統領候補者及び副大統領候補者の要件への介入があった嫌疑，選挙に影響を与
えることを目的とした社会支援のために国家予算を利用したという権力濫用の
嫌疑，プラボウォ＝ギブラン組の勝利に向け，支持を形成するための中央政府，
地方政府，村落における権力濫用があった嫌疑，総選挙委員会（KPU）がプラ
ボウォ＝ギブラン組に加担した嫌疑等の異議申し立てを行ったが，すべて却下
され，4 月 24 日にプラボウォ＝ギブラン組の勝利が確定した．

　これまで憲法裁判所は政権から独立し，法治国家インドネシアの番人として
機能してきたが，ジョコ＝マルフ政権では憲法裁判所の判決に逆らう行為，も
しくは憲法裁判所の利用やコントロールを試みる動きがしばしば見られ，同時
に憲法裁判所の弱体化も進んだことが指摘される．さらに，2023 年 2 月から
憲法裁判所に関する法律（法律 2003 年第 24 号）の第 4 次改正に向けた議論が国
会と政府によって行われており，これに対してマフッド前政治・法務・治安担
当調整大臣を含む複数の元憲法裁判所判事が同法改正は法治国家にとって危機
的な状況を生むと危惧する．国民参加や法律部門の委員の参加を伴わず，非公
開で進められている同改正法案であるが，現行の法律では憲法裁判所の判事は
国会，大統領，最高裁判所が指名し，任期は 15 年であるところ，改正案では
この任期が 10 年に短縮され，判事を指名する機関が 5 年ごとに評価する規定

が盛り込まれている．さらに，既に判事として5年以上10年未満務めている者は，指名機関の合意が得られれば役職を続けられる．この規定を鑑みると，2024年総選挙において不正があったとの見解を示した憲法裁判所のサルディ・イスラ判事やエニー・ヌルバニンシ判事は，大統領による指名であるところ，同改正案が可決されれば，その任期に影響が及ぶことが予想される．このように，国会と政府の都合の良い判決を下す憲法裁判所判事が憲法裁判所の役職につく可能性が高まり，憲法裁判所の独立性や公平性は益々危うくなるといえる（Tempo. co, 19 May 2024; TEMPO, 29 Juli-4 Aug 2024: 52-53）．

3) 表現の自由の低下

　ジョコ政権下における民主主義の後退は，表現の自由の点からも指摘されている．まず，国家による解放党（HTI: Hizbut Tahrir Indonesia）とイスラム防衛戦線（FPI: Front Pembela Islam）の解散が指摘できる．同2団体は，華人であり，キリスト教徒という二重のマイノリティを代表する政治家のバスキ・チャハヤ・プルナマ氏（通称アホック）に対し，デモや抗議活動を展開した団体である．背景として，ジャカルタ首都特別州知事を務めていたジョコが2014年大統領選挙に勝利したことに伴い，同副州知事のアホックが州知事に就いたことに対してデモを展開し，さらにアホックが2016年に州知事候補として出馬したジャカルタ首都特別州知事選挙において数万人を動員し，「411（11月4日）平和的行動」や「212（12月2日）イスラム防衛行動」といったデモ活動を行なったことがある．HTIとFPIは，それぞれ2017年7月19日と2020年12月30日に活動が禁止されたが，これらの措置は市民の自由を制限するものとして批判も上がった．例えば，HTIの解散については，大衆組織に関する法律2013年第17号の法律代替政令2017年第2号に基づき，パンチャシラ（建国五原則）に反する教義を持つ組織であることを根拠としたが，同法律は大衆組織がパンチャシラに反するイデオロギーを有するかどうかを判断する上で広範な権限を国家に付与していることから，公共の場における表現の自由といった民主主義の基本原則に反し，権威主義の一形態であると批判された（Hilmy, 2021: 133）．

　また，2021年4月，パプア州プンチャック県において，国家情報庁（BIN）パプア支部長のイ・グスティ・プトゥ・ダニー陸軍准将が武装勢力との銃撃戦により死亡する事件が発生したところ，中央政府はすべての武装犯罪集団を「テロ組織」として認定する決定を発表した．これにより，パプア独立運動を

目指す組織はテロ犯罪撲滅法の取り締り対象になった．さらに，同年8月に人権活動家がパプア州（当時）インタン・ジャヤ県のブロック・ワブ金鉱山事業におけるルフット海洋・投資担当調整大臣の関与する企業と退役軍人によるビジネスとの関わりを動画配信で指摘したところ，ルフット調整大臣は同2名を名誉毀損の罪で訴えた．このような動きに対し，アムネスティ・インターナショナル・インドネシア支部のウスマン・ハミッド局長は，国家公務員が受ける批判をもって国民を犯人に仕立て上げることは表現の自由を制約する可能性があると指摘しつつ，複数の調査機関の報告を基に，中央政府に対して意見することを恐れる人々の割合が増加傾向にあると述べた（Gatra. com, 23 Sep 2021）．

　このように政府に対して批判をする者を犯罪者に仕立てあげることを可能にし，国民の表現の自由をさらに低下させると懸念されているのが，情報及び電子商取引に関する法律（法律2008年第11号）の改正である．ジョコ大統領は，国民が行政の不備に対する報告や批判，意見を伝えやすくすることを目的に，そして国民を保護するために同法を改正するとし，2023年12月に同法の二次改正に関する法案が可決された．国会第一委員会のアブドゥル・カリス・アルマシャリ副委員長（PKS）によると，国会は電子商取引の専門家，情報通信技術の実務家，同法に関連する専門家の参加を伴いつつ改正し，内容や条項に関する新たな提案や説明について14回にわたり議論したとのことであるが，他方でSAFEnet（東南アジア表現の自由ネットワーク）のエグゼクティブ・ディレクターであるネンデン・セカル・アルムによると，改正のプロセスは非公開であり，同法案の可決まで草案は公開されなかったという．同法には，その解釈の幅が大きいことからゴム条項とも呼ばれる規定が含まれており，なかでも名誉毀損，ヘイトスピーチ，偽情報の流布といった規定は，その解釈により国民が犯罪者として仕立てられる危険が益々高まることが危惧されている（Kompas, 5 Dec 2023; 9 Jan 2024）．実際にSAFEnetによると，2016年から2023年までに表現の自由に係り，犯罪者に仕立て上げられた事例が984件以上あったが，その多くがITE法に基づき起訴されており，また，その原告の多くは公務員であったという．さらに，同法改正後の2024年1月から3月にかけてITE法に基づき犯罪人として仕立てられた事例が30件確認されており，その多くの事例の根拠となったのが，扇動を目的とした情報拡散に関する第28条2項であった．このような傾向から，公務員及び政府の政策や決定に対して批判を述べ，また，デモを行うといった表現の自由が制限されつつあるといえる（Tempo.

co, 14 Jan 2024; Tempo, 4 Aug 2024: 148).

4）政治経済エリート層の利益追求の手段としての「民主政」

　戦略国際問題研究所（CSIS）の研究者であるフィリップス・ベルモンテは，2014 年大統領選挙におけるプラボウォ＝ハッタ組とジョコ＝カッラ組との争いを「高級官吏」対「小さな民衆（wong cilik）」と表現した（Kompas. com, 4 Jul 2014）．両陣営の得票率は 47％対 53％と僅差ではあったものの，貧しい家具職人の家庭で育ったジョコがスハルト元大統領の娘婿（後に離婚）のプラボウォに勝ったことで，インドネシア政治の転機ともいわれた．確かにジョコ政権下でインドネシアの民主主義の評価が高まった時期があり，既に確認したように EIU はその理由の一つとして，ジョコ＝マルフ政権が多様な政治団体を迎え入れたことを指摘したが，他方でそのような姿勢により，同政権を批判する団体が少なくなったともいえる．例えば，内閣入りを果たしている政党に着目すると，第二次内閣改造が行われた 2021 年 4 月 28 日現在で国会に議席を有する 9 つの政党のうち 6 つの政党が閣僚ポストを獲得し，ジョコ政権を支持する国会議員は 7 割を超えていたところ，2022 年 6 月の内閣改造にてズルキフリ・ハッサン PAN 党首が商業大臣に任命されたことで 7 つの政党が閣僚入りを果たした．さらに，2024 年 2 月にはアグス・ユドヨノ民主党党首が土地・空間計画大臣に任命されたことで 8 政党，すなわち 9 割以上の国会議員がジョコ政権の支持者となった．

　また，ジョコ＝マルフ政権の閣僚に着目すると，退役軍人であるルフット海洋・投資担当調整大臣や実業家であるエリック・トヒル国営企業大臣やバフリル鉱物資源大臣をはじめ，その多くが大規模なビジネスや事業に従事している．さらに，2019-24 年期の 575 名の国会議員のうち，本人またはその家族が実業家である割合は約 55％に上る．政党による事業もインドネシア各地で行われており，例えばパプアではゴルカル党，ナスデム党，PAN 等が，東カリマンタンではグリンドラ党，ゴルカル党，ナスデム党，民主党等がビジネスに従事している（Aidulsyah et al., 2020）．先述の故アジュマルディは，インドネシアにおける立法機関，行政機関，司法機関間の抑制と均衡関係は機能しておらず，限られた数の権力のある者たちが国民のためではなく，自己の利益のためだけに閉ざされた空間の中で法律を制定することが可能になっていると指摘したが（TEMPO, 6-12 Jun: 52, 53），これらビジネスの利権を有する閣僚や国会議員によ

る憲法裁判所への介入が強まりを見せるなか，政治経済エリート層の利益追求が可能になるといえる．法学者ハンス・ケルゼンは，民主制はその合法性，寛容性，表現の自由，少数者の保護という原則によって自らの敵を育てさえし，その意志形成の本源的方法によって，すなわち合法的に自らを廃棄することのできる政治体制であると述べたが（ケルゼン，2009: 126-128），ジョコ＝マルフ政権では政敵や自らを批判する者を内部に取り込むか，法的に犯罪人として仕立てあげるか，またはその意見を封じ込めるという傾向が見られ，上記の民主制の原則が十分に機能しているかは疑わしい．

　一方，インドネシアの市民社会は十分に発達しておらず，さらに悪いことに国家による社会支援に依存している．例えば，ジョコ＝マルフ政権のパフォーマンスに対する満足度を回答者の社会経済的地位別で見ると，2024 年 5 - 6 月期のコンパス紙の世論調査では下位層の満足度が 79.7%，中低層が 77.0%，中高層が 67.9%，高位層が 53.1% との結果が出ており，政府の社会支援に依存する下位層ほど政権への支持が大きいことが分かる（Kompas, 20 Juni 2024）．BRIN のフィルマン・ヌール研究員は，市民にとって国家機関のイメージは国家による社会支援と切り離せず，社会支援が減少し，日々の生活に影響しない限り国家機関で起こる問題及びそれに伴う民主主義の脅威に関心はない傾向にあると見ており（Kompas, 21 Juni 2024），今後の市民社会の発展が課題である．また，この課題に関してはジャワ島外において特に重要であろう．現状のインドネシアの大統領選挙の特徴として，多数派のジャワ人で且つイスラム教徒であることが有力候補となる条件であるとの言説があることから，ジャワを中心とした政策展開や法律の制定につながる可能性が大きく，民族や宗教における少数派の声を踏まえ，国家の共通利害を鑑み，平等に公の利益を目指すことが重要な課題となる．すなわち，これはルソーが述べるところの共通の利益だけをこころがける一般意志ではなく，優勢を占める特殊的な意見，特殊意志に陥りやすいことを指す．つまり，たとえジャワとジャワ島外との経済格差を是正するという政府の政策であっても，その政策が共通の利益を鑑みないものであれば，地方からの政府に対する反発や不満につながるといえ，それは本章で確認したヌサンタラやパプアにおける開発に表れている．

おわりに

EIU が発表した 2023 年のインドネシアの民主主義指数は前年比 0.18 ポイント減の 6.53 を記録し，順位は 56 位に後退した．なかでも，政治文化及び市民の自由の指標がそれぞれ 4.38，5.29 と比較的低い数字を示した．2024 年民主主義指数は，2024 年大統領選挙と 2024 年地方首長選挙の過程を踏まえて発表されるところ，政治文化及び市民の自由を含めて悪化が予想される．インドネシアの民主政は，政府と批判者との間に公然たる対立あるいは敵対や競争を容認するような政治体系を発達させることはできるのか．また，多数の民衆の間に民主主義が生まれるための必要条件を満たすことはできるのか．非エリート層出身のジョコ大統領が指導した政治において，これらの実現が益々難しくなり，民主主義の後退との声が大きくなったことは単なる皮肉に止まらず，民主政が政治経済エリートによる自己の利益追求を可能にする手段と化していることの表れといえる．冒頭で紹介した，法律のクーデターが民主主義を衰退させ，連鎖反応が他国に及ぶといった懸念は，東南アジアだけでも本章で扱ったインドネシアや軍政に逆戻りしたミャンマーをはじめ多くの国で現実と化しており，このリスクに対する備えに向けて幅広い検討が早急に求められる．

注

1） EIU は 2006 年から毎年，5 つの指標を根拠に 167 の国と地域の民主主義の状態を評定して民主主義指数を発表している．根拠となる 5 つの指標は，選挙プロセスと多元主義，政府の機能，政治参加，民主的な政治文化，市民の自由度である．これらの観点から民主主義の度合いを 10 点満点で評価し，8 以上を「完全な民主主義」，6 以上 8 未満を「欠陥のある民主主義」，4 以上 6 未満を「民主主義と権威主義体制の混合型」，4 未満を「権威主義体制」の 4 つに分類し，インドネシアは過去 10 年にわたり「欠陥のある民主主義」と評価されてきた．

2） 1950 年代にバリ・ヒンドゥーを信仰ではなく，宗教として公認する運動がバリで展開されたことが示すように，インドネシアでは，信仰よりも宗教の方が格上として認識されてきた．2016 年 2 月の宗教の自由会議において，内務省は，身分証明書（KTP）の宗教欄は空欄のままでも良いとする方針を示したが，それまで KTP には国家が公認する 6 宗教のうち 1 つを記載することが義務付けられてきた．2017 年 11 月 7 日，憲法裁判所は土着信仰に対しても国家にはこれを保護し保障する義務があるとの判決を出しており（Kompas. com 7 Nov 2017），信仰の地位の上昇が見られる．

3）インドネシア共和国成立以前の，現在のインドネシア領域における諸王国の寡頭制
　　に関しては，Winters 2011a: 144-145 頁を参照．
4）1999 年 10 月 4 日，インドネシア政府は当時イリアン・ジャヤ州と呼ばれていたパ
　　プアを「西イリヤン・ジャヤ州」「中イリヤン・ジャヤ州」「東イリヤン・ジャヤ州」
　　の 3 州に分割する法律 1999 年第 45 号を制定したところ，パプア人のデモや抗議活動
　　が展開され，法律上では 3 分割されたものの実態として機能しない事態が続いた．
　　2002 年 1 月にイリアン・ジャヤ州は「パプア州」に改名され，2003 年，当時のメガワ
　　ティ大統領が大統領令 2003 年第 1 号を発令したことで，同年 2 月に西イリアン・ジャ
　　ヤ州が「パプア州」から分立し，2007 年 2 月に「西パプア州」に改名された．
5）県知事代行及び市長代行に関しては，州知事代行が内務大臣に提案する．内務大臣
　　はその提案を決定し，大統領に報告する．
6）総選挙に関する法律 2017 年第 7 号 222 条に基づき，正副大統領候補者ペアを擁立す
　　るのは，選挙に参加する政党または政党連合のうち，前回総選挙で 20% 以上の国会議
　　席率を有する，または全国有効投票の 25% 以上を獲得していることが条件となる．
7）wong cilik とは，ジャワ語で「小さな民衆」を意味し，農民，労働者，交易商人，
　　船乗りといったインドネシア社会の主要な構成員を指す．貧しい中でも黙々と働くそ
　　の姿は長期にわたる帝国主義支配下に見出された人民の社会主義モデルであるとスカ
　　ルノは考えた（長谷川 2009: 1135）．

参考文献

アリストテレス（1972）「政治学」田中美知太郎他訳『世界の名著 8　アリストテレス集』
　　田中美知太郎責任編，中央公論社，pp. 57-274.
井上治（2013）『インドネシア領パプアの苦闘——分離独立運動の背景——』東京：めこ
　　ん.
ケルゼン，ハンス（長尾龍一訳）（2009）「政治体制と世界観」長尾龍一他訳『ハンス・ケ
　　ルゼン著作集 I　民主主義論』東京：慈学社出版，pp. 115-137.
長谷川啓之監修（2009）『現代アジア事典』東京：文眞堂.
村井吉敬他（1999）『スハルト・ファミリーの蓄財』東京：コモンズ.
ルソー（桑原武夫他訳）（1954）『社会契約論』東京：岩波書店〔岩波文庫〕.
Aidulsyah, Fachiri et al. (2020) "Peta Pebisnis di Parlemen Portret Oligarki di
　　Indonesia," *Working Paper*, No.1. (https://www.researchgate.net/publication/344890
　　558_PETA_PEBISNIS_DI_PRLEMEN_POTRET_OLIGARKI_DI_INDONESIA).
　　2024 年 10 月 12 日取得.
Badan Pengembangan dan Pembinaan Bahasa (2023) "Data Bahasa Indonesia."
　　(https://petabahasa.kemdikbud.go.id/databahasa.php). 2024 年 10 月 12 日取得.
Badan Pusat Statistik (BPS) (2024) *Statistik Indonesia 2024*, Jakarta: BPS.
BPS Kabupaten Tulang Bawang Barat (2015) "Mungulik Data Suku di Indonesia."

（https://www.bps.go.id/id/news/2015/11/18/127/mengulik-data-suku-diindonesia. html）．2024 年 10 月 12 日取得．

BBC News Indonesia 2021 Oct 5 "Konflik di Yahukimo Papua: Kematian Eks Bupati, Hoaks, Hingga Ribuan Mengungsi,' Mengapa Konflik Antarsuku Rawan Terjadi?" （https://www.bbc.com/indonesia/indonesia-58792088）．2024 年 10 月 12 日取得．

CNN Indonesia 2022 Feb 8 "Adik Prabowo Respons Tudingan dapat Untung dari IKN: Semua Kebetulan." （https://www.cnnindonesia.com/ekonomi/20220208184242-92-75 6661/adik-prabowo-respons-tudingan-dapatuntung-dari-ikn-semua-kebetulan）．2024 年 10 月 12 日取得．

――――2022 Feb 9 "Empat Proyek Adik Prabowo di IKN." （https://www.cnnindo nesia.com/ekonomi/20220209082009-92-756814/empatproyek-adik-prabowo-di-ikn）． 2024 年 10 月 12 日取得．

The Economist Intelligence Unit （EIU）（2022）*Democracy Index 2021: The China Challenge*, London: Economist Intelligence.

―――― （2024）*Democracy Index 2023: Age of Conflict*, London: Economist Intelligence.

Gatra. com 2022 Oct 8 "Amnesty International: Kebebasan Berekspresi "Luka Parah," Pemerintah Harus Jamin Demokrasi." （https://www.gatra.com/news-554549-nasional-amnesty-internasional-kebebasan-berekspresi-luka-parah-pemerintah-harus-jamin-demokrasi-.html）．2024 年 10 月 12 日取得．

Hilmy, Masdar （2021）"The Rise and Fall of "Transnational" Islam in Indonesia: The Future of Hizbut Tahrir Indonesai （HTI)," *Rising Islamic Conservatism in Indonesia: Islamic Groups and Identity Politics*, Leonard C. Sebastian et al. （eds.), Oxford: Routledge, pp. 133-145.

Inilah.com 2022 Mei 7 "2 Orang Sinar Mas Masuk IKN, Ekonom: Oligarki Tak Malu-malu Lagi." （https://www.inilah.com/2-orang-sinar-mas-masuk-ikn-ekonom-oligarki-tak-malu-malu-lagi）．2024 年 10 月 12 日取得．

Kompas

Kompas.com 2014 Juli 4 "Prabowo Vs Jokowi, Priyai Vs "Wong Cilik"." （https://nasional.kompas.com/read/2014/07/04/0855232/Prabowo.vs.Jokowi.Priyayi.vs.Wong. Cilik）．2024 年 10 月 12 日取得．

――――2017 Nov 7 "MK: Hak Penganut Kepercayaan Setara dengan Pemeluk 6 Agama." （https://nasional.kompas.com/read/2017/11/07/11495511/mk-hak-penganut-kepercayaan-setara-dengan-pemeluk-6-agama）．2024 年 10 月 12 日取得．

――――2022 Jan 20 "20.000 Masyarakat Adat Diperkirakan Tergusur Proyek Ibu Kota Baru." （https://nasional.kompas.com/read/2022/01/20/19254121/20000-masyarakat-adat-diperkirakan-tergusur-proyek-ibu-kota-baru?page=all）．2024 年 10 月

12 日取得.

─────2022 Juni 16 "Jelaskan Alasan TNI Aktif Jabat Pj Bupati Seram Bagian Barat, Mendagri: Ada Potensi Konflik Batas Desa." (https://nasional.kompas.com/read/2022/06/16/12454401/jelaskan-alasan-tni-aktifjabat-pj-bupati-seram-bagian-barat-mendagri-ada?page=all"). 2024 年 10 月 12 日取得.

Media Indonesia.com 2021 Aug 31 "Amnesty: Somasi Luhut Bentuk Ancaman Terhadap Pembela HAM." (https://mediaindonesia.com/politik-dan-hukum/429308/amnesty-somasi-luhut-bentuk-ancaman-terhadappembela-ham5). 2024 年 10 月 12 日取得.

─────2024 Jun 5 "Kepala dan Wakil Otorita Mundur, Beri Sinyal Dana Pembangunan IKN Tidak Baik." (https://mediaindonesia.com/ekonomi/675997/kepala-dan-wakil-otorita-mundur-beri-sinyal-dana-pembangunanikn-tidak-baik). 2024 年 10 月 12 日取得.

PUSKAPOL (2019) "Hasil Pilpres 2019," FISIP Universitas Indonesia. (https://puskapol.fisip.ui.ac.id/hasil-pilpres-2019/). 2024 年 10 月 12 日取得.

TEMPO

Tempo.co 2022 May 14 "Pemilihan Penjabat Gubernur Dipersoalkan." (https://majalah.tempo.co/read/nasional/165953/ringkasan-berita-polemik-pemilihan-kepala-daerah). 2024 年 10 月 12 日取得.

─────2024 Jan 14 "Ancaman Baru UU ITE." (https://majalah.tempo.co/read/hukum/170687/revisi-uu-ite). 2024 年 10 月 12 日取得.

─────2024 Feb 11 "Manuver Penjabat Kepala Daerah Memenangkan Prabowo-Gibran." (https://majalah.tempo.co/read/laporan-utama/170887/penjabat-kepala-daerah-prabowo-gibran). 2024 年 10 月 12 日取得.

─────2024 May 19 "Bahaya Revisi Undang Undang MK Melumpuhkan Mahkamah Konstitusi." (https://majalah.tempo.co/read/opini/171536/bahaya-revisi-uu-mk). 2024 年 10 月 12 日取得.

TIME 1999 May 24 "The Family Film."

Winters, Jeffrey A. (2011a) *Oligarchy*, NY: Cambridge University Press.

───── (2011b) "Who Will Tame the Oligarchs?" *Inside Indonesia* Ed.104 Apr-Jun. (https://www.insideindonesia.org/editions/edition-104-jul-sep-20113/who-will-tame-the-oligarchs). 2024 年 10 月 12 日取得.

───── (2021) "Reflections on Oligarchy, Democracy and the Rule of Law in Indonesia," *A lecture Presented at the Open Senate Meeting on the Occasion of the Seventy-Fifth Anniversary of the Gadjah Mada University School of Law.* (https://www.scribd.com/document/680707112/Winters-Ugm-Fh-Dies-Natalis-2021-Reflections-on-Oligarchy-Democracy-and-the-Rule-of-Law-in-Indonesia). 2022 年 8 月

92 第1部 ナショナル，リージョナル，グローバルなリスクの現れ

22 日取得.

World Economic Fourum（2021）*The Global Risks Report 2021*, Geneva: World Economic Forum.

Zhang Xuyao et al.（eds.）（2022）*Annual Competitiveness Analysis and Socio-Economic Development of Indonesian Sub-National Economies, Singapore: Asia Competitiveness Institute*, Singapore: NUS.

第5章
「地球・宇宙圏秩序」に関する
「地理学による政策の研究」
──「そのためのエセー理論研究」として──

米田富太郎

はじめに

我々は，グリーバル・リスクへの対処を，国際秩序を構想するだけで済ませ得るのだろうか.

国際秩序研究の意義は，それ自体にあるのではない. 地球・宇宙圏秩序への発展の跳躍台になることにある.

共存は人類の不断であるべき理念だ. 移動は，人類の不断な活動だ，両者が最適に相まってて人類は発展する.

「本研究の前提の前提」
　──「未来の秩序を構想する意義」・「危機の研究の中芯は，危機対処の研究だ」──

未来の秩序を構想する意義

「未来の秩序を構想」するのは，「秩序」を研究する上で必要だ. 人類史，学問，そして，恐縮ながら地理学で考えるのも必要だ. 「秩序なき人類史」を想像するのは不可能なくらいだからだ.

近代以降の歴史に限ってみても，「ユートピア論であれディストピア論」であれ，関心の中芯がが「最広義の秩序」であったことは確かだ. 「学問の歴史」においても事実だ. この事実は，本秩序研究の基層に横たわらせておくべき事実だ. 「秩序」に関する議論であれ研究であれ，この事実を「秩序研究の門柱

に掲げる「労働」, 否, 「仕事」から始めるべき」だ.

危機の研究の中芯は，危機対処の研究だ

本研究は,「危機の研究」ではない.「危機対処の研究」だ.「危機対処の研究」こそ,「危機の研究の中芯」であるべきと考えるからだ. 危機の存在の有無よりも, これへの対処が必要だからだ.

この認識は,「危機の研究と危機対処の研究を厳密に分けて考えるため」ではない.「危機の研究」は, 暗黙に効果のある「危機の対処の研究」を求めているからだ.

「危機の研究」に敏感であれば, 自然に「危機の対処の研究」への関心がでてくる. そして,「対処の研究」は,「危機の研究」の深層につながってくるはずだ.

本研究の「前提」＝研究の三つの系

第1の系の（1）:「国際秩序から地球・宇宙圏秩序へ」

学問の専門分野の意義は, その分野の関心ないしは必要に合致する問題を研究するだけでない. 一般的な問題を, それぞれの分野の研究の範型に従って研究することだ.

しかし, 近代以降の学問, 特に, 20世紀後半以降の学問研究は,「対象と方法の連結」を特色としている. 現在の科学論のいう「認識とと実践との結合」の実行だ.

本研究も,「地球・宇宙圏秩序」という, 特定の専門分野が独占しにくい「一般的な問題＝秩序」に地理学の視点から挑戦するものだ. 地理学のこの挑戦は,「地理学の個性」をより浮き出すことになるにちがいない.

第1の系の（2）「危機とは何か」よりも「危機対処」が問題

「危機」は,「日常事態の一つ」だ. 異常事態ではない. 問題とするなら,「危機対処」の問題だ. 筆者は, これの主題を「危機対処の姿勢＝危機への脱脆弱性」だと提案する.

「危機は人類史の常態の一つ」だ. そして,「相対的」だ. 人類は「絶対的な危機＝地球や宇宙の破壊ないしは消去」は, ともかく, これに近似の経験もない. ただ,「危機の想像が闊歩」しているだけだ.

筆者は,「危機」を問題にするよりも,「危機への反脆弱性＝強靱化」だ.「危機研究」は,その対処の方法,特に,理論の研究＝認識と実践との結合」に尽力すべきだ.

第2の系：地理学による政策の研究が貢献する
「秩序」は,歴史理念・政治理念だ.近代の植民地政策と　西欧列強の世界支配を抜きに語りえない理念だ.「国際秩序」とは,こうした歴史と政治に染められた秩序の別称,もしくは,現在的な呼称だ.

しかし,現在という位相で「秩序問題」を考える場合,「この歴史と政治の尾を切り離し」して切断して考えるべきだ.筆者は,「秩序研究」を「国際秩序の後に来るはずの地球・宇宙圏秩序」という層で考える.

しかも,これを地理学の視座から考える必要を強調する.「秩序問題」は,歴史的に,「空間の創造とその因子となる移動」と関係から生じてきたからだ.しかも,「空間も移動」も,地理学の主要概念だ.

第3の系：共存のための移動が材料になる
その上で,筆者は,「国際秩序の問題の空間的な視野の拡張を」を提案する.「国際秩序から地球・宇宙圏秩序への転換」だ.そして,本研究を,この転換に備える地理学研究」とする.

その課題の中芯とするのが,「秩序と移動との相関」だ.現在までと将来の秩序問題が,人類の移動との関係で提起され,将来でも変わることがないはずだからだ.

すなわち,秩序問題の空間的な転換は,そこへの移動問題の変化をも伴うということだ.地球と宇宙との往還移動や周回移動は,この転換に対応する秩序を必要とするに至るからだ.

エセー理論研究から実質的な理論研究への架橋

「理論研究は,エセー理論研究の出来次第」というのが筆者の信念だ.「エセーなき,または,ここでの苦闘の痕跡なき理論研究は,大量生産の規格品に過ぎない」との確信＝偏見を,持っているからだ.

1．問 題 提 起

1）地球・宇宙圏秩序を構想とする理由

　本研究は，まず，「国際秩序の問題」を，「地球・宇宙圏の秩序問題」と捉える．現在の「国際秩序問題」は，「地球・宇宙圏の秩序問題」として捉えるべき段階に至っているからだ．

　「秩序」は，多様な空間とその歴史の中で生み出されてきた．空間の拡大とこれによる空間の性質の変容に応じて，多様な問題をも産みだし続けているのだ．

　「地球・宇宙圏」で発生する秩序への危機をなくす試みは無駄だ．できるのは，「危機対処」だけだ．「危機対処」こそ，「リスク研究の主題」だと認識すべきだ．

2）秩序の危機対処とする理由

　「危機対処」の「対処」という言葉は，「地理学の政策研究と地理学の発展の導火線」になる．「対処」という概念は，現在の科学理論の「認識と実践との結合」に対応するからだ．植民地の獲得や経営，そして，そのための戦争への関心は，国際秩序の実現ばかりか，その正当化の理論研究をも発展させてきた．「国際秩序」とは，「この歴史とその超克」を含んだ概念だ．

　この不変の常態の中で，国際秩序にあるべき意義をもたせるとしたら，その一つは，「地球・宇宙圏秩序のを構想」と「危機への対処」を課題にすることだ．「理想に近い現実的な対処」だ．

3）「秩序の危機対処」を「共存のための移動」とする理由

　「移動」は，「秩序と深く係る人間活動の一つ」だ．地理学から観れば，「地理を創造する立地活動の一つ」だ．これは，「人類が作り上げてきた多様かつ複雑な秩序の創造の活動の一つでもある」ということだ．

　しかし，「移動と秩序との関係面は多様」だ．特に，「移動が秩序の創造者であると同時に秩序の破壊者＝ヤヌス」であることは，認識されて然るべき事実だ．

　その上で，「秩序と移動との最適関係」が考えられるべきだ．これは，「現在の科学の理念である『認識と実践との結合』が貢献」する．本研究は，その最

適関係を「秩序としての共存とそれに適う移動だ」とする.

「移動」は，多様な専門分野からの研究を可能にする「普遍的な課題」だ．特に，現在の科学理論の理念である「認識と実践との結合」の論証にふさわしい課題だ.

特に，「認識と実践との結合」の論証として，有意義はもちろん，最適な課題になる．なぜなら，「政策研究」は，現実世界の多様な要求に対して，理論でもって応える理論研究の一つだからだ.

「理論研究」としての「政策研究」は，実力の行使の歯止めになる．確かに，「実力を背景にした政策に理論と騙る事例」は多い．しかし，「理論を語る限り」，理論による論駁を受けなければならなくなるのだ.

2．「目　　標」

1）地球・宇宙圏秩序の構想

世界には多様な秩序と秩序圏がある．「國際秩序」は，最も広い空間の秩序だ．しかし，人類による「宇宙への進出は，これを超えた「秩序」，すなわち．「地球・宇宙圏秩序」を必要としている.

世界には，「多様な秩序圏」がある．現在の課題は，これらを統括する「秩序原理」の必要だ．「秩序空間の多様化」は，「秩序原理の創造と存在」によって，その意義を保持できるからだ.

また，「秩序は何らなの規範性」を持たなければならない．規範には，「原理と準則」がある．特に，「原理」は「規範であることの絶対条件」だ．「地球・宇宙秩序」にも，この「原理」が不可欠だ.

2）「秩序の危機対処の原理」

「秩序の原理＝地球・宇宙圏秩序の原理」とは何か．筆者は，これを「秩序ある移動」とする．空間を地理に仕立て上げるのが「移動」だからだ．「地球・宇宙圏」は，「移動」によって存在するからだ.

「原理」とは，憲法学でいう「原則と準則との相違」が参考になる．「原理」とは，「規範的な性質を持つ最適化命令」だ．「この性質を持つ移動」が「秩序ある移動」の中身だ.

では，この「規範の最適化命令の表像である移動を，いかなる理由で「地

球・宇宙圏の秩序原理」とするか.「人類史における人類の発展が移動を因子としている事実」がそれだ.

3）危機対処の構想＝共存のための移動

　「危機対処」の政策に関する地理学研究の論証を,「共存のための移動」を題材にして追究する.「移動」だけでなく,「秩序の存在と発展」に「移動」が深く係っているからだ. 人類史において, そして, その在り方において,「移動」は重要な役割を果たし続けている. 秩序全般にとって,「移動」は重要な関数であり続けているののだ.

　しかし,「移動」はあらゆる種類の秩序にとって,「秩序の創造の母体」であると同時に「秩序の破壊の母体」でもあり続けている.「共存のための移動」が, 秩序の在り方に重要な指針を与えるのだ.

3.「方　　　法」

1）危機対処と地理学

（1）「地球・宇宙圏秩序」 とは

　地理学が「危機の対処」を研究する意義は,「二つ」ある. 一つは,「空間の地理との関係」だ. もう一つは,「空間の地理の形成」だ.

　「空間の地理」とは, 特定の地域の「場所性」の追究だ.「場所性」とは, 特定の地域の「自然と社会との結合の事象」をいう.「地域の個性ないしは特殊性」ともいう.

　「秩序」は,「地域性」をもつ.「地球・宇宙圏の秩序」とは, その一例だ.「地域の秩序」の意義は, それ自体の存在の他にあるのではない.「地球・宇宙圏秩序の部分」であることにある.

（2）地球・宇宙圏秩序の『原理』への問題関心とは

　「秩序」が, 秩序としてあるためには,「原理＝最適化命令」が不可欠だ. この「新しい空間の秩序の原理」が追究されるべきだ. 本研究では, これを「共存のための秩序ある移動」とする.

　「移動」は, 歴史性を持ち, 同時に, その歴史を規定するという役割を, 現在でも果たし続けている. これは, 移動が秩序の「原理」を作り上げている論

証である.

「原理」が秩序への最適命令であり,「移動」はその体現だと捉える.「原理」を問題とするならば,「移動」に関心を持つという図式が出てくるのだ.

（3）原理の地理学への導入の挑戦とは

本研究は,「地球・宇宙圏の秩序」に「原理」が必要であり,その一つが「共存のための移動」という図式を提起する.問題は,この「原理」の「地理学の政策研究」への導入だ.

「秩序の原理」という概念は,法的なソレだ.その「原理」を,いかに地理学上の概念はもちろん,ソノ問題として構成するか.「原理」を「移動」に結び付けるようにすることにヒントが隠されている.

「秩序と秩序の原理」,そして,「これらと共存のための移動」という研究の系の提起に,どのような意義があるのだろうか.この『地理学を超える問題』を,「地理学の土俵に上げること」だ.

２）危機対処と地理学の政策研究

（1）「地理学の政策研究」とは

では,この地理学という土俵で,地理学は,いかの取り組みをするか.「コレが問題」だ.現在の科学理論のいう「認識と実践との結合」は,「政策研究」という「技」を打ち出させる.

「地理学の政策研究」は,空間での諸々の建造ないしは広義の立地についての政策の『計画・実施・評価』を,地理学的に追及することだ.

「地理学の諸理論を政策」に動員することだ.地理学的に言い直せば「立地政策」だ.「最適の立地を理論的に追究」することだ.地理学では,［長い歴史を持つ問題］であるのだが.

（2）地理学の政策研究の意義は,

「政策研究の意義」は,地理学上の課題への「認識と実践との結合」の具体化にある.「政策研究」の実質が問題解決であっても,上記の要件を満たさなければ,「政策研究」にならないのだ.

その「意義」には,現在の科学研究,当然に地理学を含めて,「理論による正確な問題提起と解決」にある.それ以外の方法による解決も,当然にある.

しかし,「理論に裏付けられた政策」は,「政策の要件であって然るべき説得」として,問題解決に貢献する.事実,この例は,「国家の経済政策分野」で確認できることだ.

（3）地理学による秩序ある移動理論の創造の政策研究とは

「秩序ある移動理論の創造の政策研究」も,「創造」の一点だけで評価されるべきではない.「政策」が持っている「決定過程における多数の参加＝民主主義の存在」にある.

現在の「移動」は,多様な問題の権威的・合理的決定を必要としている.特に,国家間,さらには,地球・宇宙圏での移動は,その秩序ある移動とその政策研究を必要としている.

地理学の視点で見れば,移動は「多様な立地」を目的として行われ続けている.この「変わることなき人類の活動とその発展」：に地理学が参加するのは当然だ.

3）地理学の政策研究の発展＝共存のための移動研究の貢献

（1）地理学の政策研究による地理学の発展とは

「地理学の政策研究」は,「科学としての地理学の存在証明」にもなる.「現在の科学としての地理学研究」にも求められている理念は,「認識と実践との結合」だからだ.

しかし,「科学と科学研究への姿勢の転換という事実」は,「認識と実践との結合」という理念だけでは十分ではない.「メタ理論研究とポジ理論研究との結合」も必要だ.

「地理学の政策研究」は,上記の二つの案件―理念と理論研究の形式の転換―なしに成り立たないからだ.政策は,理論研究において,想像以上の課題を含んでいるのだ.

（2）共存のための移動の政策研究と地理学の発展とは

「移動」は,人類史において,人類を人類足らしめている活動の一つだ.「移動」には,人類の在音意義の一切が凝縮されているといっても過言ではない.

本政策研究の主題である「秩序への危機対処」の論証として,これほど参考になる案件はまれだ.しかし,但南涙道を問題にするのではなく,「共存のた

めの移動」を問題にするのだ.

「移動」の実質的の側面は暴力だ, 人類史が証明するようにだ. しかし,「移動」は, 人類が生き, 発展するための手段という側面もある.「秩序への危機対処」の対象として格好の題材だ.

(3) 共存のための移動の政策研究の発展とは

ここからは, 本研究に間接的に関わる問題を考えてみたい.「秩序, 秩序の危機対処, 秩序の地理学研究の方法としての政策研究」という「系」の可能性の問題だ.

研究対象が, 一般的に普遍的である問題=「秩序と移動」のような対象は, 地理学での研究を, 他の専門分野の同類の研究に貢献することをここがけるべきだ.

以上は, 地理学の発展に不可欠な研究課題だ. 地理学が,「秩序・危機対処・移動」という「系」を作り上げるによって, 諸専門分野のそれぞれへの支援ができるようになるのだ.

おわりに

残した課題＝秩序と科学技術観との関係

「短い論文」には, その「おわりに」で要約をする必要はないと思う. しかし,「本研究のようにエセー理論研究とメタ理論研究に重点を置いた理論研究」の場合は,「言い足りない幾分」かを「おわりに」で述べておく必要がある.

本研究の「ソレ」は,「秩序ある移動の実現を, 現在の科学技術観の視点から予測」することだ.「科学技術と予測とは, 水と油だが,『科学技術観』ならばそうでない」と考えるからだ.

それは,「秩序への危機対処の地理学の政策研究」, そして, その研究事例としての「移動にあり方に影響を与える科学技術との接点」だ.

これは, 人類による移動が,「人間力」のみでなされていなかったこと, つまり, 人間が発明した技術」によって実現されてきた問題提起的な認識だ.

その認識と課題が,「秩序ある移動と科学技術観」との相関だ.「科学技術」であろうと,「科学・技術」であろうと,「技術を人間の所産」と理解することだ.

ここで問題にする「人間と科学技術観」だ．「科学技術を人間の反映と観るばかりでなく，同一存在と観る立場の自白」だ．本論でいう「科学技術観」とは「人間による人間の疎外」だ．

「秩序問題であれ，秩序への危機対処問題であれ，また，これへの地理学の対処の問題」であれ，その対処の学問的な鍵は，「科学技術観」から読み解けるかもしれない．

近代以降に限ってのことだが，『科学技術観』は，「その発展への確信から懐疑へ，そして，再建という途」をたどってきた．しかし，中芯は，「人間の全存在の反映の否定」だった．

もし，「科学技術及びその観」を問題にするなら，人間は当然として，「人間の科学技術観」にこそ関心を持たれるべきだ．「科学技術を人間の営為」ととらえる視点の必要だ．

理論研究におけるエセー理論研究とメタ理論研究

本理論研究は，「論研究からエセー理論研究，メタ・ポジ理論研究，そして，媒介・止揚という系」をとる理論研究だ．この中で，「エセー研究」を重視する．現在の理論研究の課題の一つだ．

「エセー」は「随筆」と日本語訳されている．しかも，「随筆は想いのままに筆を執る営み」だ．しかし，「理論研究の『土台』を追究する場合も多いい」のだ．

本研究は，何を「土台」とするのか．「地球・宇宙圏の秩序の創造の必要とそのための政策に関する理論の創造の提案」だ．この「提案」の内容が，「以後の理論研究の在り方を左右」するのだ．

我々は，「秩序について，どのような視点をもつべき」か＝オートポイエーシス理論を考える

世間，学問，そして，善人と悪人とに関係なく，「秩序」は重要な関心事であり続けている．将来もそうであろう．「H・R・マトウラーナとF・ヴァレラ」は，これに重要なヒントを与えてくれる．

それは，「オートポイエーシス理論」だ．「人間の認識が身体と環境との一対一の関係でできていない」とする理論だ．「認識は身体と環境との相互作用で自己組織化される」という理論だ．

すなわち，「力と出力とを媒介する中間項の存在の提起」だ．「心と身体とを結節させる何かの存在とその働き」に注目すべきとする理論だ．本「秩序研究」に示唆的な理論だ．

しかし，筆者は，本研究に「オートポイエーシス理論」の活用の可能性を認識しながら，自然科学理論を，他の科学部門での活用に慎重であるべきだ」との立場を堅持する．

20世紀末の80年代から90年代にかけて，「科学論争」が学界ばかりか，世間の関心を沸騰させた．いわゆる「サイエンス・ウオーズ」だ．「ソーカル事件」だ．

筆者は，その要旨を「自然科学の理論や論理を使えば，事の本質が解明されるという信仰だという言説へ批判」でと理解する．しかし，「この信仰の寿命」は現在でも続いている．

本研究が，「科学技術ないしは，科学技術観につなげようとする」のは，これへの「信仰の残照」かもしれない．「メタ理論研究とポジ理論研究との結合」は，その「壁」のべ細やかな抵抗だ．

確かに，現在の諸問題を「科学技術・その観」の視点からとらえるのは妥当だ．しかし，「オートポイエーシス理論」は，こうした「科学技術とその観の客観性神話」に「楔」を打ち込んだのだ．

しかし，本研究の末で，「オートポイエーシス理論」を持ち出すのは，「自然科学の濫用へのとりこし苦労」からではない．学問の間にある壁を乗り越える可能性を拓くと期待するからだ．

エセー理論研究と圏論

「エセー理論研究の本質」は，「これに続く理論研究を研究者の世俗的な都合による理論研究」としないためだ．数学者の開発した「圏論」は，その鋭い指摘だ．

「圏論」とは，丸山善宏（統一理論の研究者）によると，「万物の理論の創造を指向する数学理論のひとつ」だ．その意義は，数学のみにあるのではない．すべての学問に関わるのだ．

本研究の「エセー理論研究」は，「圏論のアイディアに触発された研究」だ．各専門の理論には，諸学の理論に通底する基礎的な理論の創造が必要で，「エセー理論研究」がそれだ．

参考文献

Alexy, Robert（2002）*A Theory of Constitutional Rights*, Oxford University Press.

Neville, Brown（2009）*The Geography of Human Conflict: Approaches to Survival*, Sussex Academic Press.

Ritzer, George（1992）"Metatheorizing in Sociology: Explaining of Age," Rizer（ed.）*Metatheorizing*, Newbury　Park: Sage, pp. 7-26.

アーリ，ジョン（吉原直樹他訳）（2015）『モビリティーズ——移動の社会学——』作品社.

イシグロ，カズオ（土屋政雄訳）（2001）『日の名残り』早川書房.

伊藤修一郎（2011）『政策リサーチ入門』東京大学出版会.

印東道子（2012）『人類大移動』朝日新聞出版.

印東道子編（2013）『人類の移動誌』臨川書店.

ヴァレラ，フランシスコ／エレノア・ロッシュ（田中靖夫訳）（2001）『身体化された心』工作舎.

大木隆造（1944）『地理哲学への構想』理想社.

大貫良夫監修（1993）『民族移動と文化編集』NTT出版.

オペンハイマー，スティブン（仲村明子訳）（2007）『人類の足跡10万年全史』草思社.

カウフマン，スチュアート（米沢富美子訳）（1999）『自己組織化と進化の論理』日本経済新聞社.

片山一道（1999）『考える足』日本経済新聞社.

柄谷行人（2006）『世界共和国へ』岩波書店〔岩波新書〕.

川村仁子・龍澤邦彦（2022）『グローバル秩序論』晃洋書房.

ギ・リンシャール（藤野邦夫訳）（2002）『移民の1万年史』評論社.

佐々木力（2000）『科学技術と現代政治』筑摩書房.

志賀重昂（1991『新装版　日本風景論』講談社.

水津一朗（1982）『地域構造』大明堂.

ソーカル，A.（河村一郎訳）（1998）「ソーシアル・テクスト——事件が明らかにしたこと，しなかったこと——」『現代思想』1998年11月，青土社，pp. 69-84.

高橋昌一郎（2021）『フォン・ノイマンの哲学』講談社.

田中啓爾（1949）『地理学の本質と原理』古今書院.

チャップリン，チャールズ監督・脚本・製作・主演（1931）『City Lights＝街の灯』配給カドカワ.

戸所隆（2000）『地域政策学入門』古今書房.

中沢新一（2005）『アースダイバー』講談社.

中西準子（2012）『リスクと向き合う　中央公論社.

仁木一彦（2012）『図解ひとめでわかるリスクマネジメント　第2版』東洋経済新報社.

西川治（1996）『景観地理学概論（1）』朝倉書店.

西田正規（2007）『人類史のなかの定住革命』講談社.

ファイアーベント，P. K.（村上陽一郎他訳）（1981）『方法への挑戦』新曜社.

保苅瑞穂（2012）『ポール・ヴァレリーの遺言』集英社.

保苅瑞穂（2017）『モンテーニュの書斎――エセーを読む――』講談社.

松下圭一（1991）『政策型思考と政治』東京大学出版会.

松原潤二郎（2001）『抽象的地表の原理』古今書院.

松原宏編著（2002）『立地論入門』古今書院.

マトゥラーナ，H. R.／F. J. ヴァレラ（川本英夫訳）（1991）『オートポイエーシス――生命システムとは何か――』国文社.

丸山善宏（2023）『万物の理論としての圏論』青土社.

見上崇拝・佐藤満編（2004）『政策科学の基礎とアプローチ　第2版』ミネルヴァ書房.

宮川公男（2010）『政策科学入門』東洋経済新報社.

村上陽一郎（2001）『文化として科学／技術』岩波書店.

モンテーニュ，ミシェル・ド（松波伸三郎他訳）（1967）『モンテーニュ随想録（エセー）』河出書房.

山崎考史（2022）『「政治」を地理学する』ナカニシヤ出版.

山田治徳（1999）『政策評価の技法』日本評論社.

山本昇（2012）『ナビゲーション』集英社.

養老孟司・武村公太郎（2006）『本質を見抜く力』PHP 出版.

吉田民人（1990）『自己組織性の情報科学』新曜社.

吉田民人（2001）「「新しい学術体系」の必要性と可能性」『学術の動向』第6巻第12号，日本学術協力財団.

龍慶昭・佐々木亮（2000）『「戦略評価」の理論と技法』多賀出版.

ローパー，トレヴァ他（今井宏訳）（1975）『17世紀危機論争』創文社.

リンドリー，デヴィッド（阪本芳久訳）（2002）『そして世界性がもたらされた』早川書房.

レイコフ，ジョージ／マーク・ジョンソン（計見一雄訳）（2004）『肉中の哲学』哲学書房.

第 2 部
科学技術に関連したリスクの現れ

第1章
グローバルリスク時代の否定論と
ポストトゥルース
——戦略としての無知——

美馬達哉

1．啓蒙の終わり

　ここでは，グローバリゼーションの時代における学問と知のあり方を論じる．ただし，それを正面から論じるわけではない．「無知」という裏口を通って，学問（専門知）と知について再考することを目指している．

　グローバリゼーションはさまざまに定義されてきたが，その中核は，資本や人やモノやサービスが国境を越えて行き来する交通の加速と拡大という事態である．学問や知など情報の領域においても，従来の境界を超えた拡大という同様の事態が生じている．二〇世紀までは図書館に足を運んで探す必要のあった専門知が，現在ではウェブ上で簡単に入手できる．だが，その場合の専門知とは何を意味しているのか，また専門知はそうした状況下ではどのように機能しているのだろうか．それが本章の問いである．

　とりわけ，そうした専門知が社会的に問題化するのは，原子力発電，気候変動，ゲノム編集，新興・再興感染症などの不確実性やリスクを伴う事態をコントロールすることに関わるときである．それらは，科学が必ずしも万人が納得するような正解を出すことのできない状況である．これらに関しては，科学に対して問うことはできても，科学が答えることがそもそも可能かどうかの問題（トランスサイエンス問題）とも呼ばれる．さらに，そうした専門知が社会的にどのように流通して，どのような知として一般に受け取られていくかという問題も存在する．良く知られているとおり，情報社会となった現代社会においては，専門知として気軽にネット上から得られる知は，その内容としての真偽や質は

玉石混交である．そこには，何かの一部だけを都合よく切り取ったニュースや
意図的なフェイクなども数多く含まれている．

　そうしたアナーキーともいえる知の状況は，グローバル化したプラット
フォーム資本主義の時代の特徴と考えられるだろう．プラットフォームという
インターネット空間は，生産者も消費者もなく，国境を越えて誰もがユーザー
として参加するフラットなネットワークの場として運営されている．そこでは，
プラットフォーム企業は場を提供するだけで，そのコンテンツの真偽に対して
直接的な責任をもたない（という立場を一貫して取っている）．これは従来のマスメ
ディアや出版メディアが，出版物の内容の真偽に対する編集者としての責任を
一定は認めていたのとは異なっている．そのため，プラットフォーム上では，
大学などのアカデミアや大手のマスメディアのような知の生産者と，それ以外
の――ときには異端的であったり，詐欺的な悪意をもっていたり，明らかな政
治的意図をもっていたりする――知の生産者との階層的な区別がなく，真偽を
保障できる上級の権威の存在は希薄だ．加えて，グローバル化したプラット
フォームは国民国家による取り締まりも困難であり，規制をすり抜ける活動と
の間でイタチごっことなっている．

　先進的な学問や思想あるいは技術の普及によって合理的な思考がグローバル
に広まり，その学問や知の拡大は人々の理性的な判断を助けるという「啓蒙
（enlightenment）」の教えは，21 世紀において現実とはかけ離れたものになりつ
つある．

　世界的なベストセラー『ポストトゥルース』（McIntyre, 2018）で知られる哲
学者リー・マッキンタイアは，近著『エビデンスを嫌う人たち』（McIntyre,
2021）で，フラットアーサーたちとの対話について報告している．このケース
は，グローバル化された現代における（専門）知の混迷を象徴しているので，
紹介しておきたい．

　フラットアーサーとは，地球が平面であると信じる人々のことである．彼ら
は，南極大陸は存在せず，世界の周囲は氷の壁で囲まれており，天空はドーム
で覆われ，大地は自転も公転もしないと信じている．宇宙ロケットは NASA
の陰謀の一部であり，実写に見せかけた大掛かりなフェイクだという．それで
も，フラットアーサーたちは，現代の科学技術を否定しているわけではない．
飛行機で集まって研究集会を開催したり，そこでの講演をウェブ公開したりし
て，真理の普及に努めている（フラットアースジャパンも存在している）．つまり，

科学技術の進歩やグローバリゼーションの恩恵は十分に享受している．しかし，現代の物理科学を生み出す基盤となった地動説については懐疑的なのである．しかも，この学説の支持者は増加しているという．ちなみに，フラットアーサーの間では，地球が球体（globe）であると信じる人々のことは「グローバリスト」と呼ばれる．もちろん，これはグローバリゼーション支持者という意味ではない．

　こうしたケースは，極端に思えるかもしれないが，知と無知の関係について考える上では重要だ．フラットアーサーが地球が丸いことに対して「無知」なのであれば，正しい知識を伝えれば，地球が平面だという無知から解放されるはずである．すなわち，正しい科学的知識＝真理が実在することを前提として，その啓蒙に努める立場であれば，コミュニケーションが成功するか失敗するかの単純な問題となる．だが，現実はそれほどわかりやすいものではない．無知とは，もっと複雑で込み入った現象なのである．啓蒙は闇を光で照らすという意味だが，無知は暗闇のなかにあるわけではない．無知とは，たんに放置された白紙状態ではなく，念入りに組織化され，構築されたものでもあり得る．

　そこで本章では，グローバリゼーションの時代には，どのようなやり方で無知（と知や専門知）は生産されているのかを具体例も挙げつつ考察していく．そして，無知の生産とポストトゥルースとの関係を踏まえて，現代社会における専門知の行く末――向かうべき道を示すとまではいかないが――を考えていきたい．

　次節では，その前段階として，専門知と一般的な知の間の階層性が崩れてきた歴史，つまり一九八〇年代から進んだ「知の水平化」をたどることにしよう．

2．知の階層構造の崩壊とその水平化

　前節で述べたとおり，地球を覆う情報通信技術の進化によって，21世紀には，ウェブ上の学問や知には誰でもアクセス容易になっている．だが，そのことによって，啓蒙思想が想定していたように，人々が合理的な知識に親しむようになっただけではない．プラットフォーム上では，個々人の多様な意見と専門的な学問の成果とが同じように並列され，正統な学問とされていた専門知の権威や神秘性が揺らぐことになった．

　そうした知の水平化には功罪の両面がある．まず，ポジティブな面として挙

げられるのは，グローバリゼーションにおいて強化されがちなテクノクラシー（技術官僚支配）に対する解毒剤としての意義である．

　グローバリゼーションは，さまざまな場所を結び付けるロジスティクスを強化し拡大することで，コントロール困難なリスクをもグローバル化させる．温暖化ガスやウイルスなどが国境を超えたリスクであることはもちろん，経済危機や地域紛争の影響もグローバルとなり，一国レベルではコントロール不可能となる．コントロールどころか認知・理解することすら困難となったグローバルで多様なリスクに直面したとき，専門知を有するとされたエリート層が，経済や社会の運営を実質的に支配する傾向が強まっていく．なお，この場合の専門知には，狭い意味での科学技術だけではなく，投資や国際経済の分野での専門知もまた含まれる．そのテクノクラシーの示す方向性と多数決で示された「無知な」人々の選択が異なっている場合には，エリート層は，民主的な意思決定を大衆迎合のポピュリズムとして非難する．このような状況下で，専門知の水平化は，エリート主義的な専門知に対して人々がファクトチェックする可能性をもたらし，テクノクラシーに対抗する手段となり得るだろう．知の水平化は，市民社会を強化する働きを持ち得る（U・ベックやA・ギデンズの論）．

　いっぽう，ネガティブな面として挙げられるのは，既に事実としてのコンセンサスが得られているはずの知——例えば地球は丸いという事実——でさえも，いまだ議論されている知の一つとして相対化され，一つの考え方や信念として扱われてしまうことである．例えば，地球温暖化否定論の広がりは，そうした知の水平化がもたらす悪影響の一つとみることができる．フラットアース説そのものは，（地球温暖化否定論に比べれば）有害ではないように思えるかもしれない．しかし，フラットアーサーの集会に参加したマッキンタイアは，その説のせいで子どもたちが学校でいじめを受ける二世問題のことを耳にして，奇妙な信念を笑って済ませることはできないと気付いたという（McIntyre, 2018; 邦訳: 74）．

　この知の水平化の功罪を，あたかも二幕の演劇のように示した20世紀での先例といえるのが，エイズ（HIV感染症）に関する論争である．

　第一幕は，1980～90年代でのゲイ男性を中心としたエイズ（HIV感染症）患者の社会運動（エイズアクティヴィズム）と医学界との間で生じた論争であった（Epstein, 1996; Collins and Pinch, 1998; 第7章）．もともと，保守的なキリスト教文化を主流とする米国において，ゲイ男性への社会的・文化的な差別は激しかっ

た．1960 年代後半には，これに対して性的なライフスタイルの自由を主張して，ゲイ男性の社会運動が高まりをみせた．それは，こんにちでは LGBTQ と総称される性的マイノリティの社会運動の始まりの一つである．

　いっぽう，1981 年に米国で公式に発見されたエイズは，当初はゲイ男性に特有の死に至る「奇病」と見なされていた．この背景には，当時の米国のゲイ文化が，乱交や行きずりのセックスをも含む流動的で奔放な性的関係を肯定することを基調としていた事情がある．そのため，性行為感染症としてのエイズは，当初はゲイ男性の間で流行し，当時は「ゲイの疫病（gay plague）」とまで呼ばれた．その結果，エイズのゲイ男性は，エイズという病気に対する差別とゲイに対する差別の二重の複合的差別にさらされていた．

　そうした状況にあった 1985 年，治療法のなかったエイズに対して，最初の治療薬候補として AZT が登場し，その治療試験が開始された．当時のルールでは，治療試験に参加したエイズ患者を，本人にも主治医にもわからないように二つのグループに分けて，一方には AZT，もう一方には偽薬（乳糖など）を与えて，病気の経過を比べることで，有効性を客観的に判断する試験が必要とされた（二重目隠し法と呼ばれる）．だが，数カ月経過しての中間段階での評価で死亡率には大きな違いが存在することが明らかになった．そこで，治療試験に被験者として参加していたゲイ男性たちは，個人的また組織的に生き延びるための抵抗を行い始めた．AZT（または偽薬）の入っているカプセルを開けて味を確認したり，二人でペアになって交互にカプセルを交換し合って服用（一人当たりは常用量の半分）したり，患者を人間モルモット扱いすることを批判する抗議のデモを行ったり，さまざまな手法がとられた．

　そうして，正常な信頼性のある治療試験が不可能になるなか，医学研究者側とゲイ男性を中心とするエイズアクティヴィストとの会合がもたれた．医学研究者の事前の想定に反して，アクティヴィストはエイズや免疫学や医療統計学の最新の専門知を有しており，人道的かつ科学的な治療試験のあり方について優れた提案を行った．それは，治療試験中にも本人が申告すれば他の治療を併用することを許可すること，治療効果が科学的に確認され次第，偽薬を投与されていた患者も AZT 治療に切り替えること，人道的理由から治療試験終了後の市販薬をなるべく安価にすることなどの内容だった．医学研究者の多くは，それらの提案を正当で合理的なものとして喜んで受け入れた．

　この事件をきっかけとして，米国の薬事行政は大きく変化し，新薬承認のス

ピードアップ，医学研究に患者当事者の意見を組み込むこと，動物実験とは異なる人道的価値に基づいた治療試験の設計などが推進された．これは，知の水平化が，医学研究者のテクノクラシー的な治療試験の方法を覆して，技術をコントロールするより良い社会的システムを作り出した成功例である．ただし，その後も，エイズ治療薬の市販価格の抑制について，エイズアクティヴィストと巨大製薬企業との争いは継続した．そして，エイズがグローバルな健康問題となるなか，グローバルな経済格差の問題（南北問題）の象徴として位置付けけられ，2000年代の反グローバリゼーション運動の大きなテーマとなっていく（美馬，2007; 第3章）．

　第二幕は，南アフリカ共和国での1999～2008年のタボ・ムベキ大統領時代でのエイズ治療薬に関する論争である（Kalichman, 2009）．彼は，AZTの毒性が健康被害を引き起こしているという内容の科学論文が数多く存在することを根拠に，エイズ治療こそがエイズ患者を殺していると結論し，エイズ治療とは実際にはエイズビジネスに過ぎないと主張した．そして，エイズ治療薬を妊婦に対して配布する政策をやめさせたのである．主流派の医学研究者はこれを批判し，ある推計によれば，ムベキ大統領の時代に取るべき対策を怠ったことで，防ぐことのできたはずのエイズ死亡者数が33万人以上だとされる．

　ただし，ムベキの主張は，専門知それ自体として誤りとはいえない．実際に，エイズの存在を否定したりエイズ治療薬は不必要だと主張したりするエイズ否定論の専門家に執筆された科学論文は（異端的な少数派ではあるが）数多く存在する．しかも，その支持者にはHIVなどのレトロウイルスの世界的権威でがん遺伝子の発見者でもあるP・デュースバーグやPCR法の発明でノーベル化学賞を受賞したC・マリスも含まれている．ムベキは，これらの人々に由来する専門知の権威を根拠にして，エイズ治療薬は科学的に無意味だと判断した．だが，南アフリカの医学研究者のほとんどは，ムベキの決定は非科学的なものだと考えていた．こうした状況が生じたことは，知の水平化がもたらした弊害といってもよいだろう．この場合，先の事例と対比するなら，専門家コミュニティ外の（マイノリティ集団ではない）政治権力者が，インターネット経由で（正統的な専門知ではない）異端的な専門知にアクセスし，それを根拠として，専門家コミュニティに影響を与えたとまとめることができる．

　エイズ治療のケースは極端だが，実際には，「相対的に正しい（専門家コミュニティで認められた）」専門知と，既に科学的論争として決着しているはずの異

端的な（専門家コミュニティでは無視されている）専門知をどう区別するか，は極めて困難な問題だ．さらには，異端的な専門知を頭ごなしに否定することは学問の自由の否定であり，自由なアイデアに基づく実験と反証と論争によって進歩する科学という営みの自己否定につながりかねない．

　そうした知の水平化の功罪を考えるためには，無知を知の欠如として，そして知識の伝達やコミュニケーションを啓蒙として捉える考え方では不十分だ．ムベキは，周囲から何度も「啓蒙」されたはずだが，その（本人にとっては合理的な）懐疑主義をあきらめなかった．つまり，彼の（正統派の科学者からみての）「無知」が，どのようにして生み出され，維持されていたかを知ることが必要なのだ．

　次節では，それを，個人の信念の問題としてではなく，社会において知と無知がどのように区分されながら作られているかの問題として扱うため，「アグノトロジー（agnotology: 無知学）」の視点を導入する．

3．アグノトロジー（無知学）の視点

　アグノトロジーは，ギリシャ語の知識を表す単語グノーシス（gnosis）に否定の接頭語 a を付けて，無知に関する学問という意味で作られた単語である．科学史家の R・プロクターと L・シービンガーの同名の共編著（Proctor & Schiebinger, 2008）によって体系的な形で提唱された．これは，無知を構築されたものとして捉える視点にたつ研究領域であって，「無知を『まだ知らないこと』，つまり着実に後退していくフロンティア以上のものとして考察し始めるためのプログラム」（Proctor, 2008; 邦訳: 12-13）とされる．いいかえれば，本章が目指しているのと同様に，（知と）無知の社会的生産のあり方を解明することを目指している．

　プロクターは，アグノトロジーの領域を，① 生来の状態（資源）としての無知，② 失われた領域（取捨選択）としての無知，③ 戦略（能動的構築）としての無知という三つのタイプの無知に分類している（Proctor, 2008）．なお，戦略としての無知のなかに，「有徳な無知」というアイデアも含まれている点は極めて興味深く，本章でもあとで活用する．

　第一の「資源としての無知」とは，一般的な科学者などの観点からのナイーヴな無知の捉え方といえる．本章では，啓蒙モデルとして議論してきたものに

相当している．また，現代の科学史の観点からは，今ある知（主に科学知識）を
ただ一つの絶対的な真理と見なして，その観点から過去の諸現象を裁断しよう
とする「勝利者史観」として批判されることが多い．

　例えば，医学分野でいうと，近代西洋医学は「死体解剖」に基づく人間の身
体の解剖学を，科学的で客観的な医学の基礎として重視している．その視点か
らは，過去や非西洋社会の伝統医学は，非科学的として否定される．だが，中
医学（や日本での漢方医学）などの伝統医学の多くでは，人間の死体解剖に対し
て「無知」だったわけではない．中医学のように，体内のエネルギー流体であ
る「気」の流れの停滞や陰陽のバランス異常として病気を理解するなら，生き
た人間の病気と健康を知るのに，死体を研究するのは重要度が低いとも考えら
れる．つまり，人間身体に対する視点（パースペクティブ）が異なっており，単
純な優劣比較はできないのだ．

　第二の「取捨選択としての無知」とは，何かを知の対象として見ようとする
ことは，たとえ意図的ではなくても，そのほかをノイズとして無視する（無知
の領域に追いやる）ことにつながることを指している．これは，個人の認識の場
合でも，選択的注意として知られているメカニズムだ．例えば，パーティーで，
遠くで自分の悪口がいわれていれば，そちらに注意を向ける．そうすれば，遠
くの小さい声はよく聞こえるかもしれないが，目の前の人との会話は上の空に
なってちぐはぐな返答になる．同様の取捨選択は，知の社会的な探求の場合に
も生じる．ただし，こうした無知は，その社会や文化における価値観での優先
順位に基づくもので，意図的な注目に伴う非意図的な無視といえるだろう．

　シービンガーの挙げる例（Shiebinger, 2004）では，西洋によるアメリカ大陸の
征服後，そこで発見された新植物について，ジャガイモが食品であるという知
識やキニーネがマラリアの治療薬であるという知識は広まったが，堕胎薬だっ
たオウコチョウの知識は，堕胎を罪悪とするキリスト教文化のなかでは重視さ
れず無視されたという．

　第三の「戦略としての無知」は，積極的に生産される無知であり，無知の状
態を維持するための努力が意図的になされる状況を指している．

　プロクターが挙げる例（Proctor, 1995）は，喫煙とガンの関係を否定するため
のタバコ産業の長年にわたる組織的な取り組みである．タバコ産業が戦略的に
タバコの害に関する無知を生産するための手法を象徴するのが，「疑念が私た
ちの商品だ」（1969年にタバコ企業重役が書いたメモ）という言葉だろう（Oreskes

and Conway, 2010; 邦訳: 76). タバコのリスクを正面から否定するのではなく，科学的な論争中で結論は出ていない（規制は時期尚早である）と主張している．見方によっては，常識を疑うこと（懐疑主義）を奨励して，科学的な手続きを重視しているともみることができる．しかも，タバコのリスクに関するさらなる証拠を求めて，科学的な研究の推進を訴えているようにみえる．

だが，プロクターによれば，これは，既に科学コミュニティ内で認められた専門知を懐疑によって否定し，それに代わる科学的な「論争状態」を生産し，維持するための戦略だという．具体的には，タバコと健康の関係を扱うが臨床応用につながらない基礎研究やタバコ以外の発がん性物質に関する研究にタバコ産業から資金援助を行うことで，科学的論争を生産しているというのだ．

ただし，こうしたプロクターの主張は，何らかの無知や論争の背後に，必ず隠された商業的利害やイデオロギー対立があると考える「陰謀論」と紙一重のところがある．タバコ産業に関しては，実証的に陰謀は存在していたので，プロクターの主張はおおむね正しそうだ．だが，前節で紹介したエイズ否定論では同じような事態（見かけ上の科学的論争の維持）が生じているが，否定論の背後に経済的な利害関係が隠れているとは考えにくい．

また，戦略的な無知のなかには，プロクターが「有徳な無知」と呼ぶタイプのような，（逸脱的ではない）通常のプロセスとしての無知の生産があることも重要な点だ．例えば，エイズの治療試験でも使われた二重目隠し法では，患者も主治医も意図的に無知の状態に置かれる手続きをとることで，実験結果の信頼性を増すことができる．また，自殺方法，拷問手法，生物化学兵器や核兵器などに関する知識を一般の人々の目に触れないようにすることも，無知の生産の一例だ．プライバシー権に関わる分野で，取り調べや盗聴などに対する規制，差別防止のための個人属性に関する知識の制限，遺伝情報を「知らないでいる権利」なども，無知の生産が，現代社会において日常的に行われている通常の営為の一つであることを示している．

以上のとおり，アグノトロジーの観点からみれば，専門知もまた，ときに非意図的に無知を生産したり，経済的利害によって操作されて無知を生産することに加担したりしていることになる．さらにいえば，無知そのものは，存在すべきでない状態というわけではなく，社会において必要とされる場合もある．

次節では，無知がいかに生産され維持されるかという観点から，具体的事例として COVID-19 否定論（denialism）を検討しよう．

118　第2部　科学技術に関連したリスクの現れ

4．COVID-19否定論と無知

　COVID-19のパンデミックや新型コロナウイルス（SARS-CoV-2）の存在，その毒性や社会的な重大性，公衆衛生的な対策の必要性などを否定したり，強く懐疑したりすることは，COVID-19否定論と呼ばれている．その賛同者は，主流の医学・公衆衛生学の知識を否認しており，否定派（denier）や懐疑派（skeptic）とも呼ばれることがある．また，COVID-19否定論は，しばしば陰謀論（例えば，パンデミックは生物化学兵器という論）とも結びつくことが多い．

　このような病気に関する否定論でよく知られているのは，2節でもとりあげたエイズ否定論である．それを批判的に分析した著作のあるS・C・カリッチマンは，タバコの発がん性の否定に始まる否定論（否認主義）の例として，創造論とインテリジェント・デザイン，地球温暖化の否定論，ホロコースト否定論，エイズ否定論，9・11陰謀説，自閉症水銀原因説に基づく予防接種反対運動，動物愛護過激団体による動物実験反対運動などを挙げている（Kalichman, 2009）．ここでは，まずは前節でのアグノトロジーの枠組みに沿って，最近の例としてCOVID-19をめぐる無知を位置付けていくことにしよう．

　生来の状態としての無知（①）という観点からすれば，2020年初頭までの初期段階では，COVID-19の病原体そのものが判明していなかったし，判明してからもその性質や毒性の詳細は分かっていなかった．つまり，医学やウイルス学の研究者たちにとっては，研究を進めるべき対象，研究上の有用な資源として扱われた．

　この意味での無知，つまりウイルスの感染力，毒性，治療法，予防法などが未知であることは，パンデミック拡大の要因の一つである．だが，そのタイプの無知だけがあったのではない．初期段階において，先進諸国の多くでは，国内感染者が次々と出ていた（既に市中での感染があった）にもかかわらず，そのことは無視ないし過小評価され，国内でのパンデミック対策の準備ではなく，政策としては，海外との渡航禁止や国境封鎖が重視された．これは，取捨選択としての無知（②）の実例である．おそらく，その背後にあったのは，「「悪」は必ず外部からやってくるという感染症の物語の呪縛」（美馬, 2020: 55）なのではないだろうか．科学的であるべき感染症対策は，こうして非意図的な無知の状態に置かれたのである．

その後，戦略としての無知（③）の一つとしての COVID-19 否定論が，とくに英国，米国，ブラジルなどで大きな影響力をもった．その背景には，イデオロギー的理由や経済的利害があったと考えられる．公衆衛生にかぎらず，国家の介入全般に否定的で，個人の自己責任を強調する新自由主義イデオロギーのもとで，公衆衛生政策は個人の権利への制限として批判された．また，自由な経済活動の推進を重視することも，パンデミックを意図的に過小評価しようとする否定論への支持を拡大させるバイアスとなる．

この点で，もう一つの重要なイデオロギーはレイシズムである．中国における COVID-19 対策や研究は，しばしば，（日本も含めた）西洋から，権威主義の中国に固有のものとして否定的に解釈された（Zhang and Xu, 2020）．つまり，対策が効果を挙げているとすれば，それはフェイクやプロパガンダであり，発生源を意図的に秘匿するための研究不正が行われているはずだというバイアスが存在していた．そこには，非意図的な無知と積極的な無知の両方が作用している．

例えば，新型肺炎発生についての中国から国際社会への最初の通報は 2019 年 12 月 31 日だった．だが，それを詳細に報告する医学論文では，COVID-19 の第一例発症が 2019 年 12 月初めとされていた．この時差は，（その論文に明記されている通り）2020 年の SARS-CoV-2 発見後に，保存サンプルで事後的に確認したからだ．だが，こうした事実は無知の領域に追いやられ，西洋メディアでは，権威主義的な中国の隠ぺいによって対策が遅れ，COVID-19 が拡大したとのストーリーになった．また，中国の旧正月（春節）での感染拡大を阻止するため，その前の 1 月半ばに行われた中国でのロックダウンは，その当時（欧米諸国がロックダウンに踏み切る以前）の西洋メディアでは，権威主義の中国にしかできない人権侵害の強行措置として報道された．これらは，西洋が一方的に，他者としての中国を特定のステレオタイプに貶めている点で，Ｅ・サイードのいうオリエンタリズムの典型例といえる．また，COVID-19 に関する中国政府の発表だけでなく，中国系の研究者の研究を信頼できる専門知とみなそうとしない態度も広く見られた（Zhang & Xu, 2020: 217-220）

発生地にちなんで病原体を名付けることは一般的だが，「中国ウイルス」や「武漢ウイルス」との名称は，ときに中国に対する政治的攻撃として用いられた．これに対して，ウイルス専門家の国際組織は，ウイルス名を SARS-CoV-2 と記号化し，発生地を意識的に無知の状態にしようと努力した（Fortaleza, 2020:

2-3). これは,「有徳な無知」の一例だったといえる.

　本節では COVID-19 否定論を中心に検討したため,現在の支配的な専門知がおおむね正しいという前提での議論となった. だが,実際には,COVID-19に関する支配的な専門知（ウイルス学やワクチン学）もまた,非意図的な無知や積極的な無知から逃れられているわけではないと私は考えている[1]. 専門知と無知の関係は,流動的で,観察者の視点の取り方によっても変化するランドスケープ（風景）のようなものなのである.

5. 戦略的な無知としてのポストトゥルース

　前節で取り上げた COVID-19 否定論は,客観的事実に対して異議申し立てをしている点では,こんにちの「ポストトゥルース（post-truth）」の一例とみなすことができる. ポストトゥルースについては,もう一つの真実（オルタナティブファクト）として示されるものがあまりに突飛な陰謀論やトンデモ理論であるために,ポストトゥルースの知（信念）のほうに注意が向かいがちだ（例えば,信奉者たちがそうした信念を持つようになった心理的メカニズム）. だが,アグノトロジーの観点からいえば,ポストトゥルースにおいてもまた,何が無視され,無知の領域に追いやられているかに着目することが重要ではないか.

　ポストトゥルースという言葉は,英国の EU 離脱（ブレグジット）とトランプ米国大統領当選のあった 2016 年に,オックスフォード英語辞典（OED）の選ぶ今年の一語となったことで,よく知られるようになった新語である. OEDの定義によれば「公共の意見を形成する際に,客観的な事実よりも感情や個人的信念に訴える方が影響力のある状況を説明するないしは表すもの」とされている. すなわち,事実ではなく感情が人々の行動を導いている状態を指す. この定義は,現象を記述するという意味では適切だ. だが,状況に応じて,人間は感情的にもなり得るが,事実に基づいて判断を下すこともできる,というのは当たり前のことだ.

　これに対して,なぜ現代においてポストトゥルースが問題化したのかに注目するマッキンタイアは,「ポストトゥルースとは,真実が存在しないという主張ではなく,事実がわたしたちの政治的視点に従属するという主張なのだ」と論じて,ポストトゥルースを本質的に政治的現象であるとしている（McIntyre, 2018; 邦訳: 30）. じっさい,フェイクニュースや嘘やデマは古くから存在してい

たが，そうした手段を政治的動員のために組織的に用いることが，現在のポストトゥルースの特徴なのである．無知を戦略的に作り出し，それを利用する手法の共通性という観点から，マッキンタイアは，科学否定論を，事実を否定して政治的に操作するポストトゥルースと同根の現象であると論じている．

　　私は『ポストトゥルース』のなかで，今日の「政治に対する現実の従属」は，タバコ企業の策略から気候変動否定まで，およそ六〇年にわたり顧みられることのなかった科学否定に端を発していると主張した（McIntyre, 2021; 邦訳: 346）．

　彼が指摘するとおり（McIntyre, 2021; 邦訳: 82），科学否定論の議論には一定のパターンがみてとれる．しばしば，そのパターンは，① 証拠のチェリーピッキング，② 陰謀論への傾倒，③ 偽物の専門家への依存，④ 非論理的な推論，⑤ 科学への現実離れした期待の五つに類型化される（https://scienceblogs.com/denialism/about〈2025 年 1 月 20 日取得〉）．このなかでは，①，③，⑤ がアグノトロジーと関係が深い．① は，自分の考えに合った都合の良い事実だけをみて，それ以外の事実を無視することで，心理学では「確証バイアス」とも呼ばれる．非意図的な無知である場合もあれば，人間心理を利用した戦略的な無知である場合もある．② の陰謀論については本稿の主題とはしない（J・E・ユージンスキの優れた入門書（Uscinski, 2020）を参照）．③ は，否定論を支持する専門家への依存というよりも，主流派の専門家に対する不信や疑惑のほうが重要だろう．奇妙な説を主張する自称「科学者」は常にいたはずだが，既存の専門知に対する戦略的な無知が作られるという視点は，アグノトロジーが寄与できるところだ．④ はそのままの意味だ．⑤ は，完全な確証を求めることで既存の科学的な専門知の信ぴょう性を掘り崩すことを意味する．科学という専門知は，理論上つねに反証に開かれており，100％正しいことを保証できない．科学に完全性を求めるのは原理的に不可能である．なお，科学否定論は，政治的右派だけに限られない．マッキンタイアは，極端な反 GMO（遺伝子組み換え作物）論を科学否定論の例として挙げ，その支持者がリベラル派に多いことを指摘している（McIntyre, 2021; 第 6 章）．

　ポストトゥルースに至る科学否定論において，科学への過剰な期待（⑤）という点は特徴的だ．ただ信念に基づいて異なった価値観を主張するのではなく，

122　　第 2 部　科学技術に関連したリスクの現れ

科学の論理を認めた上で，その不確実性を強調して，主流派の科学に対する反証を示そうとしているからである．例えば，天地創造説を支持するインテリジェント・デザイン論は，宗教的世界観としてではなく，進化論への「科学的」懐疑（進化の途中を示す化石の証拠がない）として登場している．ここには，先に紹介した「疑念が私たちの商品だ」という言葉はぴったりとあてはまる．

　そして，ポストトゥルースや科学否定論に対して，単純なファクトチェックがうまく機能しない理由はここにある．科学否定論もまた，証拠としてのファクトを求めていると主張しているからだ．社会学者の松村一志も，『エビデンスの社会学』において，現代社会でのエビデンス主義と陰謀論との間の隠れた共通性を示唆している．

　　二〇世紀末以降，「エイズ否認主義」や「地球温暖化否定論」といった科学否定論（science denial）と呼ばれる「陰謀論」の拡大が注目されるようになったが，そこでも陰謀の存在を示す〈証拠〉が執拗に求められてきた．もちろん「陰謀論」が持ち出す〈証拠〉には，荒唐無稽に見えるものも多く，科学的な「エビデンス」よりも，「証言」や「物証」といった伝統的な「証拠」の考え方が目立つ．しかし，それでも，〈証拠〉を集めながら，専門家の「証言」を疑ってかかる点では，「エビデンス」を重視する態度と大差ない（松村, 2021: 324）．

　科学否定論やポストトゥルースが広がる知のアナーキーに対して，マッキンタイアが提示する解決策は，事実と嘘，科学と非科学を厳密に線引きする努力ではない．彼が強調するのは，現実に真摯に向き合って経験的根拠を重視する「科学的態度」を，個人がはぐくむことである．彼は，「科学の本質は方法ではなく態度にあること，すなわち結論に跳びつくのではなく結論の正当性を追い求めること」（McIntyre, 2019; 邦訳: 454）であると述べている．つまり，自らの知が不確実であることを認め，経験的データと突き合わせて，間違っていれば信じていた知を捨て去る個人の態度を称賛している．ある意味では，ごく当たり前の結論だろうし，こうした姿勢を重視することには何の異論もない．

　だが，私としては，人々の個人的な徳ではなく，専門知と無知の関係性に焦点を当てている．具体的には，科学否定論やポストトゥルースという無知がいかにして社会的に生み出されたかという問いである．そこで，次の最終節では，

この問題を掘り下げるため，科学知識の社会学的分析を行う「専門知と経験に関する研究（Studies of Expertise and Experience）」（優れた総説として，栗原（2022））を代表する論者であるハリー・コリンズを参考に，専門知を別の角度から考察する．

6．専門知の生態学

　マッキンタイアは，一次データや専門知や無知が一体となったなかを進むときの羅針盤として，個人のもつ科学的態度の重要性を主張していた．しかし，そうした態度は，個人の心理的な特性や徳によって生み出されるのではなく，社会的な慣習のなかで集合的に形成されるものではないか．

　コリンズは，その集合的な態度を「科学の形成的意志」と呼び，それが社会での生活形式のなかにどう埋め込まれているかを明らかにしようとしている．そこで，彼が着目するのは，コンテンツとしての専門知とは区別される，身体化され社会化された専門知である．そして，これを，ノウハウやスキルのような暗黙知の次元までも含む「スペシャリスト専門知」と名付けている．それは，科学者コミュニティのなかに所属して科学を実践することで獲得される知で，実験や論争のなかで社会的に身体的な慣習として習得されていく．「我々の社会では，人は，訓練なしには，それもかなりの訓練なしには「科学者」にはなれない」のである（Collins, 2014; 邦訳: 79）．そうした専門知には，ノーベル賞級の科学者であっても，非科学的な主張に固執することはあり得ること，そして，そうした論文は暗黙の了解として無視することという実践的な知もまた含まれる．エイズ否定論を主張したムベキ大統領は，コンテンツとしての専門知は理解していたが，慣習やノウハウを含むスペシャリスト専門知を軽視ないし無視していたことになるだろう．

　さらに，コリンズは，スペシャリスト専門知のなかに二つのタイプがあるとしている．一つは「貢献的専門知」で，実際に科学コミュニティのなかに所属して，実験を行い，論文をジャーナルに掲載することで，専門知の増大や深化に貢献する科学者の知である．もう一つは，「対話的専門知」で，「ある専門家コミュニティの言語的会話に参加し，実践的活動への参加や意図的な貢献をしないままで，流暢に会話に参加できるようになったときに獲得される専門知」（Collins, 2014; 邦訳: 91）である．この対話的専門知をもつ人々には，隣接領域の

124　第2部　科学技術に関連したリスクの現れ

事情にも詳しいベテラン科学者や，（コリンズ自身のような）科学のフィールド
ワークの経験豊富な人文社会科学者が含まれている．そうした人々は，何がト
ンデモ理論と見なされて無視されるか，何がその科学コミュニティ内でコンセ
ンサスのある常識かを暗黙知として理解している（ので，専門的会話に参加でき
る）．

　コリンズは，対話的専門知をもって科学的な専門知と社会的分析の両方を見
通すことのできる人文社会科学者や科学者を，頭を回して前後を見渡す「フク
ロウ」に例える（Collins and Evans, 2017: 第3章）．知の水平化のカオスのなかで，
フクロウたちの委員会が専門知と知と無知の整理をして，政策決定につながる
専門知のゲートキーパー（門番）の役割を果たすべきだと，彼は提言している．
だが，徳あるフクロウたちの助言が，結局のところ専門知をもつエリートの支
配するテクノクラシーに行きつかないという保証はない．

　私としては，コリンズのいうコンテンツとしての専門知と身体化・社会化さ
れた専門知の区分を，プラットフォーム資本主義時代の知の一般的なあり方に
まで拡張することで，エリート主義に偏らない専門知との新しい向き合い方が
みえてくるのではないかと考えている．スペシャリスト専門知とは，科学者の
生活形式や仕事の進め方というコンテクストのなかに埋められた知といえる．
例えば，それは，最近の学会でライバル研究者が発表した最新成果かもしれな
いし，自分が気になった実験データ解釈，あるいは恩師に教えてもらった学生
時代の知識なのかもしれない．引退前のボス研究者がまだ信じている，今では
否定された学説かもしれない．どの場合でも，専門知は特定の時間や場所のコ
ンテクストに埋め込まれている．そのコンテクストが，専門知の重みづけをど
う評価するかの相場観を生み出していく．その中で，特定の専門知が個人や科
学コミュニティにとって意味あるものとされ，ある種の論文や意見は無視され
るべきものとされる．対話的専門知における相互行為的な対話は，そうした時
間と場所の感覚の共有によって可能となる．

　専門知がこうした具体的なコンテクストで支えられている事実に目を向ける
なら，専門知の水平化という現象も違った姿に見えてくる．つまり，専門知が
エリートの独占物ではなくなり，誰もがアクセス可能になった「進歩」として
単純に捉えるべきではないかもしれない．むしろ，科学否定やポストトゥルー
スへとつながった点で，専門知の水平化は，知と無知を人間にとって意味ある
ものとしてきたコンテクストが，プラットフォーム資本主義によって崩壊して

第1章　グローバルリスク時代の否定論とポストトゥルース　*125*

きたプロセスの最終局面ではないか.

　ニュースフィードを流れていく刺激的な見出し, 短いつぶやきや動画の断片が, コンテクストを欠いた知として次々に提示され, 人々のアテンション（注意）を引き付けようとする. これらは, 人々の限られたアテンションを希少な資源と見なし, それを獲得することから経済的利益を生み出す競争の一部だ（アテンション・エコノミー）. プラットフォーム資本主義の論理のなかで, コンテクストから切り離されて引用されたつぶやきは, 対話や掘り下げられた意味の共有を生み出すことなく, たんにバズったり, 炎上したりする. ポストトゥルースに結びついた科学否定論は, こうした全般的な知のコンテクストの崩壊の延長線上に存在しており, 専門知に特有の現象ではない.

　知のコンテクストに対する戦略的な無知に抗するには, 非意図的な無知の状態に置かれていたコンテクストに注意を向け, コンテクストに配慮することが必要となる. それは, 生態学が生物と環境の相互作用を解明するのと同じで, 専門知（及び知）の生態学と呼ぶことができよう. コンテクストとは, 知を意味ある知として成り立たせる環境だからだ.

　もし, コンテクストに注意して専門知と無知をうまく区別できるようになりたいなら, コリンズが指摘するように, 情報リテラシーを鍛え上げて対話的専門知をもつフクロウになるように努力しなければならない. しかし, そのことは, 多くの時間と余裕を必要とするため, 大多数の人々にとって不可能だ. そうなれば, 普通の人々は, 徳のあるエリート的なフクロウに重要な社会的判断を頼るしかなくなる.

　だが, 私としては, 知のコンテクストに配慮するには, もう一つの道——生態学的な広い視野のリテラシーではなく, 生き方としての生態学とでもいうべきもの——があり得ると考えている. それは, コンテクスト抜きの知や専門知に対しては, 無知を決め込んでやり過ごすことだ. ある種の消極性をもって身を引くという意味で, 佐藤卓己の提唱する「ネガティブ・リテラシー」にも近いスタイルだ. ネガティブ・リテラシーとは, フクロウが理想とするアクティブ・リテラシーとは異なる. 積極的に知を求めるのではなく, 「あいまい情報の前では性急に判断せず, 保留したまま不確実な状況に耐えること」を指している（佐藤, 2024: 200）. そして, これは, 20 世紀初頭の民衆がもっていた「人びとの黙って無視するという偉大な能力, ただ影響を受けたふりをして, 物事を「成り行きに任せる」というやり方」（リチャード・ホガート）を受け継いでい

るとも，佐藤は述べている．

　知や専門知を追い求めることから一歩引いてやり過ごすという身振りが，ポストトゥルースや否定論への最良の対抗法だという考えは奇妙に思えるかもしれない．しかし，敢えて「何もしない」ことこそ，現代社会での有徳な無知なのだ．知を追求するのではなく物事を成り行きに任せることは，「いまここ」という現実の時間と場所をもったコンテクストにアテンションを向ける生き方のスタイルを可能とするだろう．そうしたアテンションの自己価値化は，科学の実験であれ，アート制作であれ，真摯な対話であれ，愛の囁きであれ，新しい何かを創造する際の必要条件であり，それが人々の間で連鎖していくことが，プラットフォーム資本主義を揺るがす第一歩になり得る．

注
1） たとえば，主流の専門知としてのウイルス学は，「パンデミックはウイルスなど病原体が人から人にうつることだという「常識」」（美馬，2020: 7）が生み出す無知によって可能となっている．現代のウイルス学は，SARS-CoV-2 の遺伝子配列を解明し，ワクチン開発にも寄与した．しかし，COVID-19 という新興・再興感染症がどうやって2019 年末に発生して，他の感染症とは異なってグローバルに拡大し，数年のうちにその勢いを衰えさせていったのかを具体的に理解するには至っていない．それは，ウイルスの性質や人間の免疫力だけで決まっている単純な生物学的現象ではないからだ．いいかえれば，「どこでいつウイルスが人間の集団に波及するかを決定する家畜経済と農村−都市の生態系と文化的慣習の「突然変異」と「再分類」」の解明が必要となるのである（Fearnley, 2021: 130）．ウイルス学の隆盛によって，人間と動物の関係を含めた生態学的な知が脱中心化されることは，ウイルス学のアグノトロジーと考えられる．

　　同様の非意図的な無知や積極的な無知の存在は，ワクチンによる COVID-19 制圧という対策そのものについてもあてはまる（美馬，2021: 130-131）．歴史上，ワクチンによる感染症撲滅に成功したのは天然痘のみである．成功の理由は，天然痘ウイルスが，感染後の終生免疫を生じさせ，人から人にしか感染しない特性をもっていたからだ．いっぽう，SARS-CoV-2 では，免疫は数カ月しか持続しないため，COVID-19 ワクチンの有用性には原理的な限界がある．つまり，天然痘ワクチンとの比較はできない．また，コロナウイルスは，動物と人間の両方に広く感染するため，次の新しい感染症の発生を予測したり，コントロールしたりするには，人間だけへの対策では不十分だ．いいかえれば，主流の専門知としてのワクチン推進論は，ワクチンの科学に関する非意図的および積極的な無知を基盤として成立している．

　　以上の論が，COVID-19 否定論の一種なのか，たんに異端的な学説の一つなのかは，読者の判断に委ねたい．

なお，本節での COVID-19 否定論についての記述は，鶴田・塚原（2025 予定）への寄稿と重なる内容である．

参考文献

Collins, H.（2014）*Are We All Scientific Experts Now?*, Polity Press.（鈴木俊洋訳『我々みんなが科学の専門家なのか？』法政大学出版局，2017 年）.

Collins, H. and Evans, R.（2017）*Why Democracies Need Science*（1st ed.），Polity Press.（鈴木俊洋訳『民主主義が科学を必要とする理由』法政大学出版局，2022 年）.

Collins, H. and Pinch, T.（1998）*The Golem at Large: What You Should Know About Technology*, Cambridge University Press.（村上陽一郎訳『解放されたゴーレム──科学技術の不確実性について──』筑摩書房〔ちくま学芸文庫〕2020 年）.

Epstein, S.（1996）*Impure Science: AIDS, Activism, And the Politics of Knowledge*, University of California Press.

Fearnley, L.（2022）"Agnotology of virology: The origins of Covid-19 and the next zoonotic Pandemic," *International Review of Environmental History*, Vol. 8, No. 1, pp. 121–130.

Fortaleza, C.M.C.B.（2020）"Evidence, rationality, and ignorance: Agnotological issues in COVID-19 science," *Revista da Sociedade Brasileira de Medicina Tropical*, 53: e20200475.

Kalichman, S. C.（2009）*Denying AIDS: Conspiracy Theories, Pseudoscience, and Human Tragedy*, Springer Science+Business Media, LLC.（野中香方子訳『エイズを弄ぶ人々──疑似科学と陰謀説が招いた人類の悲劇──』化学同人，2011 年）.

McIntyre, L.（2018）*Post-Truth*, The MIT Press.（大橋完太郎監訳『ポストトゥルース』人文書院，2020 年）.

───（2019）*The Scientific Attitude*, The MIT Press.（網谷祐一監訳『「科学的に正しい」とは何か』ニュートンプレス，2024 年）.

───（2021）*How to Talk to a Science Denier: Conversations with Flat Earthers, Climate Deniers, and Others Who Defy Reason*, The MIT Press.（西尾義人訳『エビデンスを嫌う人たち：科学否定論者は何を考え，どう説得できるのか？』国書刊行会，2024 年）.

Oreskes, M and Conway, E. M.（2010）*Merchants of Doubt: How a Handful of Scientists Obscured the Truth on Issues from Tobacco Smoke to Global Warming*, Bloomsbury Pub PLC.（福岡洋一訳『世界を騙し続ける科学者たち　上・下』楽工社，2011 年）.

Proctor, R. N.（1995）*Cancer Wars: How Politics Shapes What We Know And Don't Know About Cancer*, Basic books.（平澤正夫訳『がんをつくる社会』共同通信社，2000 年）.

———— (2008) "Agnotology: A Missing Term to Describe the Cultural Production of Ignorance (and Its Study)," in Proctor, N. and Schiebinger, L. (eds.) *Agnotology: The Making and Unmaking of Ignorance*, Stanford University Press, pp. 1-3. (鶴田想人訳「無知学――無知の文化的生産（とその研究）を表す新しい概念――」『思想』2023年9月号，第1193号，pp. 9-42).

Shiebinger, L. (2004) *Plants and Empire: Colonial Bioprospecting in the Atlantic World*, Harvard University Press. (小川眞理子訳『植物と帝国――抹殺された中絶薬とジェンダー――』工作舎，2007年).

Zhang, Y. and Xu, F. (2020) "Ignorance, Orientalism and Sinophobia in Knowledge Production on COVID-19," *Tijdschrift voor Economische en Sociale Geografie*, Vol. 111, No. 3, pp. 211-223.

栗原亘 (2022)「専門知と経験に関する研究（SEE）の射程と意義および展開可能性を提示する試み―― 知の社会的配分メカニズムの探究に向けて――」『年報　科学・技術・社会』第31巻，pp. 3-34.

佐藤卓己 (2024)『あいまいさに耐える――ネガティブ・リテラシーのすすめ――』岩波書店〔岩波新書〕.

鶴田想人・塚原東吾編著 (2025予定)『無知学への招待』明石出版.

松村一志 (2021)『エビデンスの社会学――証言の消滅と真理の現在――』青土社.

美馬達哉 (2007)『〈病〉のスペクタクル――生権力の政治学――』人文書院.

———— (2020)『感染症社会――アフターコロナの生政治――』人文書院.

———— (2021)「パンデミック再考――生活習慣病としての新型コロナ――」『神奈川大学評論』第98巻，pp. 125-133.

第2章
AIの存在論的なリスク
——統治・一般意志・コスモロジー——

松井信之

はじめに

　人工知能（AI）やそれと関わるデジタル技術はいかなる社会的なリスクを内包しているのか．そのリスクは，AIの可能性とどの程度隣接しているのか．本章は，これらの　問いに対して存在論的な観点から接近する．ここでは「存在論」という言葉を，技術と人間が相互依存し合うことで展開する存在の動態を問題にする学知という意味で使っている．これは，ハイデッガーが1953年に行った講演「技術への問い」において，技術と人間の本質に「産出」，つまり，ポイエーシスを見出し，それが技術システムとしてどのように展開し，歴史的存在としての人間に「危険」をもたらすかを論じたことと結びついている（ハイデッガー，2013）．

　本章は，ハイデッガーの技術論を扱うものではないが，技術が常にリスクとともに可能性を内包していること，またそれらが隣接していることを洞察した思考の延長線上で展開される．確かに，AIやデジタル化の個別的なリスクを詳細に論じる有益な研究書は多く存在している[1]．だが，本章が敢えて存在論を掲げるのは，AIのリスクの中でいかなる地平が深層のレベルで開かれているのかを見出したいからである．

　以下の議論では，AIやデジタル技術と社会システムの連動に伴うリスクについて，主に三つのレベルからリスクの諸相を取り出すことができることを示す．第一に，技術と統治の自律化に伴う脱人間化の趨勢というリスクを論じる．第二に，第一のリスクより深いレベルに，ルソーが「一般意志」の概念を通じて論じたように，抵抗しがたい集合的意志ないし法則と現代の技術の関係をめぐる論争が展開していることを見る．第三に，第二の点と関連したさらに見え

にくいリスクの存在論的な層として，技術が「一般意志」的なものに対して接近し，それを再構成することに伴うリスクがあることを明らかにする．

1．統治の技術的自律化と脱人間化のリスク

マルクスは『経済学批判要綱』において，固定資本である産業機械の発展について，「機関車，鉄道，電信，ミュール自動精紡機等」の機械が，「人間の手によって創造された人間の頭脳器官，対象化された知力」であると述べる．この意味で，固定資本の蓄積は，「社会的生存過程それ自体の諸条件がどの程度まで一般的知性の支配下にはいったか，この知性にしたがってどの程度まで改造がおこなわれたか」の指標となる（マルクス，1958-1965: 655）．「一般的知性（*allgemeiner Verstand*）」という語について，哲学者のユク・ホイは，「自動化と自由時間について」というウェブ上の論稿において次のようにいう．すなわち，「一般的知性」には二つの側面がある．一方で，それは「認知（cognition）や認識（recognition）の原因となる分析能力」であり，他方で，「社会全体に課された一般化ないし超越論的図式」である（Yuk, 2018）．つまり，「一般的知性」の実現としての技術システムは，人間の思考を超越論的に規定する位置を占めるということである．

しかし，同論稿でユクがいうように，今日の固定資本はマルクスが想定したように工場の中だけでなく，スマートフォン，家庭，都市空間へと入りこんでいる．彼はこの事態を技術の「環境化（environmentalization）」と呼ぶ（Yuk, 2018; Hörl, 2013）．一般的には「スマート化」と呼ばれる現象である．しかし，その過程は同時に，「定量化，データ分析，予測アルゴリズムを通じた超個人的な関係（transindividual relations）を効果的に調整し，その関係を安定化し（valorizes），（…中略…）新たな真理の体制（regimes of truth）を確立」するものである（Yuk, 2018）．こうした環境においては，人間と技術の不可分な関係，もっといえば，技術環境のなかで特定の人間存在のかたちが形成されるという視点を根本的なものとして受け入れる必要がある（スティグレール，2009; 2010）．つまり，技術の「環境化」は，技術を存在論のレベルで論じるという課題を私たちに課すのである．

「環境化」されたデジタルな技術空間の核となるのは「情報」である．ここで「情報」は，情報交換といういうときに使うメッセージや意味を伴う記号以

上のことを指している．「情報」は，物質，エネルギーなどの物理学的対象に加わる第三のカテゴリーである．1950年代に至るまでに，人工ニューロン，クロード・シャノンの情報通信理論，ノーバート・ウィーナーのサイバネティクスなどが次々と提示された．また，この流れのなかで，「情報」は，多義的な意味を伴いながら，機械と生物の間の差異を解消する概念となり，両者は「情報変換体」という点で連続的であるという視点が取られるようになる（河島，2020: 48）．ここでの連続性は，外部刺激を取り込みながら，フィードバック機構を備えた自己制御によって，組織を再生産する点に見出されており，人間も機械も同じように作動する点において「情報変換体」だと考えられるに至ったのである（河島，2020: 50-51）．

また，情報概念は，物質やエネルギーに基づく唯物論とは異なる有機体の唯物論に結びついていく．ウィーナーは，「情報は情報，物質でもエネルギーでもない．このことを認めない唯物論は，現代では生き残れない」といった（グリック，2013: 300）．ここで注意が必要なのは，情報的な唯物論は，機械へと人間を還元するものではなく，情報を変換し，また，それを発信・受容する中で自己維持的な機構を維持・変容するという作動の形式における一致であるという点だ．この意味で，情報変換体としての質的ないしは志向的な差異は，形式的な情報変換体としての類似性から区別されなければならない．

だが，問題は，質的な差異を捨象したうえで，AIという情報変換体が社会を覆い尽くすかたちで君臨しうることである．画像，音声，文章などを大量かつ高速なデータ処理によって生み出す生成AIの発展が続き，2022年にChatGPTが登場し，その後も生成AIの利用がますます広がっている．生成AIは，それが使用するニューラルネットワークの規模や処理するデータ量が増大するほど能力が向上する．スケール則と呼ばれる法則である．こうした技術発展は，コンピュータ処理速度をますます上昇させていく．また，カーツワイルが予言したところによると，「シンギュラリティ（技術的特異点）」は，CPUの情報処理速度が爆発的に向上することで，人間の頭脳に匹敵し，2045年には安価なコンピュータの処理性能が人間の知能を上回ることを指す（Kurzweil, 2006 = 2016）．

今は，こうしたSF的な「シンギュラリティ」論に拘らずに，ますます発展する計算機械とともに人間社会が何をなしうるのかと問うてみよう．例えば，ルチアーノ・フロリディは，今日の気候変動に対して，コンピュータ技術を

132　第2部　科学技術に関連したリスクの現れ

「メタ技術」として社会システムのインフラとすることで持続可能な社会経済活動を可能にする，グリーンコンピューティングに基づく環境主義を提唱している．ここで「メタ技術」とは「他の技術を制御する」技術のことである（フロリディ，2017: 308-309）．彼によれば，確かに，グリーンコンピューティングを推進する過程で，巨大なデータセンターの設置によって環境負荷を増やすことになるが，より長期的にみれば，二酸化炭素の排出の全体量が減ると考えられるゆえに，AI やデジタル技術を「メタ技術」とする社会システムの構築は，決定的に有効な「先の一手」となる（フロリディ，2017: 307）．

　フロリディの議論に見られるように，現代のコンピュータ技術のポテンシャルを最大限に引き出そうとすれば，必然的に，マクロな経済活動やそれに連動する社会関係の問いなおし，また，気候変動の解決という問題領域へと結び付けられる．またそうしなければならない差し迫った環境危機の問題がある．

　しかし，繰り返せば，機械と人間（生物）の間に「情報変換体」という形式面の連続性が成り立つとして，質的な差異の点でも何らかの共通性を生み出すことには現実的な困難が伴うのではないかという懸念はつきまとう．

　こうした懸念と関連して，AI やデジタル技術は，統治の領域においても大きな問題を突きつける．法哲学者の大屋雄裕によれば，計算機械の発展は「自己決定的人格に頼ることなくシステムの完全性にその正当性を依存する」という意味での「人格なき統治」を招くリスクを伴う（大屋，2021: 12-13）．「人格なき統治」では，人間の無意識的な行動のデータが参照され，意識的な行為はむしろノイズとして除去される（大屋，2021: 8）．

　また，今日の「人格なき統治」というリスクの背後には，人間が自立（自律）の根拠としてきた知性を技術的に外在化し，自動化してきた歴史が見出される．大黒岳彦は『情報社会の〈哲学〉』（2016 年）において以下のようにいう．

　　　われわれは，まさにデカルト哲学がそれに見合う世界観を形成していった
　　　17〜18 世紀に，汎知が〈活字〉というメディア技術を基礎にしながら，
　　　博物学や百科事典，教科書のかたちで，"アルゴリズム"化と自動化，そ
　　　して〈自立＝自律〉化を開始していたことを想起しなければならない．
　　　（大黒，2016: 75-76）

　人間の自立（自律）の根拠となる合理的知性が推論過程の外在化と自動化へ

と転化するという逆説的な過程が近代の計算的な合理主義の土壌を形作っており，また，その推論過程の外在化・自動化が，今日において「メタ技術」になりうるレベルにまで至っている．

　ところで，フロリディの『第四の革命』(2014＝2017) は，脱人間中心主義の趨勢が近世以来の一連のプロセスを形づくってきたことを示すなかで，無意識と計算機械について言及している．タイトルにある「第四の革命」とは，コンピュータ技術の発展による直近の脱人間化の局面である．また，16 世紀から 20 世紀にかけて生じた一連の脱人間化のプロセスが「第四の革命」の前に先行している (フロリディ，2017: 123-124)．第一の革命は，コペルニクス『天体の回転について』(1543 年) を画期とする．地動説は，それまでの宇宙の中心に生きる人間観を否定することで，第一の脱人間中心化を引き起こした．第二の革命は，ダーウィン『種の起源』(1859 年) が自然淘汰説を展開することで生じた．ダーウィンの進化論では，人間とその他の生物は共通の祖先を持ち，そこから長大な進化の過程を経てきたという点で同列に扱われる．こうして生物界の頂点にいる人間像は否定された．

　そして，第三の革命は，フロイトの精神分析が「無意識」を軸としたリビドーの流れから心的過程を捉え，意識のコントロールが及ばない内的領域を示したことに起因する．これによって，自己という内省主体 (合理的精神を持つ人間) という見方の基盤が動揺した．とはいえ，フロリディによれば，これらの三つの革命の後にも，「暗黙の防衛線」としての「優れた思考能力」の持ち主としての人間という信念は相変わらず持続していた (フロリディ，2017: 126)．そこに，アラン・チューリングの「計算する機械と知性」を通じてコンピュータの理論 (1950 年) が突きつけられる．つまり，それによって，論理的な思考主体という特権的地位への人間の信念は基盤から突き崩されるに至る (フロリディ，2017: 129)．

　さて，チューリングが引き金を引いた「第四の革命」から 70 有余年が経つわけであるが，技術による脱人間化が急激に進行している．第一に，インターネットの普及やプラットフォーム企業の成長に伴って，「オンラインとオフラインの環境の明確な違い」が溶解した (フロリディ，2017: 3-4)．しかし，単に，情報伝達のための便利な道具としてのみインターネットを使用するというのは，フロリディのいう「ハイパーヒストリー社会」の前段階としての「ヒストリー社会」にとどまる (フロリディ，2017: 130)．彼によれば，ハイパーヒストリー社

会とは，情報機械があらゆる社会活動のインフラストラクチャーとなり，人間社会がそれに依存しなければ生きていけない段階である（フロリディ，2017: 7）．そこでは，「我々はますます，記憶や意思決定，日常的な作業，その他の活動を，人工的なエージェントに委ね，またアウトソーシングするようになってきており，それらは，次第に我々と統合されていくだろう」（フロリディ，2017: 131）．もはや，歴史を記憶し，生きる主体は脱中心化され，技術的に補完される．

　フロリディはニーチェが『権力の意志』でいったように，「コペルニクス以来，人間は中心からXへと転落し続けてきた」という洞察を情報化の局面にも適応しているわけであるが（ニーチェ，1993: 21），ここで「人工的なエージェント」が「我々と統合されていく」というのは何を意味するのか．それは，意識をノイズとし，無意識や身体反応をデータ化することを伴うのではないのか．アフェクティヴ・コンピューティングや感情のデータ化などの技術開発が進められており，これは自己のコントロールが及ばない部分に対して技術的コントロールを及ぼすことを意味する（Picard, 1997; McStay, 2018）．こうした技術も，フロリディのいう「メタ技術」の一部に組み込まれると考えられる．そうであるならば，「メタ技術」の自律的作動と人間の間には支配−被支配の関係が生み出される懸念が伴う．だが，フロリディの情報倫理では，人間も機械も同類かつ対等な関係を持つべきものとされる（Floridi, 2010）．私たちが計算機械の登場による「第四の革命」以後を生きているのであるならば，人間と機械の間の対等な関係はどのようにして生み出されるのであろうか．フロリディの情報哲学を突きつめていくと，この問いに突き当たる．

2．ウェブ2.0から「デジタルネイチャー」へ
——「一般意志」をめぐって——

　しかし，このようにいったからといって，私は人間が機械を馴致できる境界線が必要であると議論したいのではない．むしろ，人間と機械の間の対等な関係，あるいは，「メタ技術」の空間の中で人間と技術が「情報変換体」として，形式としてだけでなく，質的かつ志向的なレベルでコミュニケートし合うことが可能な論拠は何なのか，ということを問う必要があると考える．また，「ヒストリー社会」から「ハイパーヒストリー社会」へと「一般的知性」（マルクス）が発展するというストーリーにおいて想定されている，抗しがたい脱人間

化の趨勢とは異なる論理とは何だろうか，と問いたいのである．

　近年，日本では落合陽一の『デジタルネイチャー——生態系を為す汎神化した計算機による侘と寂——』(2018 年) や成田悠輔の『22 世紀の民主主義——選挙はアルゴリズムになり，政治家はネコになる——』(2022 年) などが刊行されており，彼らの著作は，それぞれの立場から「メタ技術」としての計算機械に基づくパラダイム転換を目指すものである．まず，成田の議論を見てみると，インターネットや監視カメラ，センサーなどが張り巡らされ，大量のデータが集積されることで AI ベースの統治が実現すると論じられる．『22 世紀の民主主義』は，それに基づいて政策決定が導かれるという主張を骨子としている．なぜこうした統治論を提示するかといえば，近年のポピュリズムと分断，民主主義と経済成長のポジティブな相関が失効し，20 世紀型の民主主義的意思決定に基づいて資本主義を抑制するという構図が解体したからである．成田は，こうした状況の中で，新たな「民主主義」的な統治を再構築するためには，人格的意思決定を極力排除した高度なデータ処理に基づく政策決定スタイルを確立する必要があると主張するわけである．この点において，成田は先述の「人格なき統治」をリスクではなく，統治のアップデートとして捉えている．

　次に，落合のいう「デジタルネイチャー」とは，計算機が現実空間をデータ化し，その都度の最適解を提示する社会空間であり，そこでは既存の物理的自然とともに，データ空間も「自然」となる．ただ，これはコンピュータのユビキタス化とは異なる．「デジタルネイチャー」は，コンピュータ科学の発展によって，人工物としてのコンピュータが「その内部に人間の解像度に十分な自然を再現」し，「〈人工〉と〈自然〉の両方を，再帰的に飲み込み」ながら到来する新たなデジタルな生の空間である (落合, 2018: 38-39).

　落合の議論は，いわば人工と自然とが融合することで生まれる美学的なデジタル空間を目指すものとして読めるが，その議論の過程で未来の統治についても論じられている．それは，民主主義というよりも，「デジタルネイチャー」が構成する「全体主義」である．それは「機械を利用して新しいイノベーションを起こそうとするベンチャーキャピタル的な労働」を担う一部の集団や個人が主導する (落合, 2018: 58). また，この階層は，「既存のフレームワークの外側を目指す人間」であり，そのために「計算機による省人化・効率化」や技術革新を通じて「デジタルネイチャー」を育成していく．これに対して，技術革新の恩恵を受ける非ベンチャーキャピタル層が存在する．彼らは，ブロック

136　第2部　科学技術に関連したリスクの現れ

チェーンなどを活用した資本の再分配の効率化を通じてベーシックインカムを享受する（落合，2018: 58-59）．ここで想定されていることは，技術革新こそが「既存のフレームワークの外側」へと突破する方法であるということである．また，ベーシックインカムを享受する層は，そうした「外側」へと向かう関心のドライブを持たないとされる．

　批評家の東浩紀は，こうした AI に基づく政治社会のエンジニアリングの発想について，「『群れ』として賢くなる可能性」を提示する一群の理論であると批判的評価を下している（東，2023: 159-160）．また，「群れとしての賢さ」は，それ以前に論じられてきたウェブ 2.0 におけるものとは異なっている．ティム・オライリーが提唱したウェブ 2.0 やガバメント 2.0 の構想では，既存の政府や官僚機構をデジタル・ツールを通じてプラットフォーム化して，その都度，多様な利害集団や市民が主体的にコミットすることで公共的問題を可視化していき，行政がそれをサポートするという図式が基本である．ウェブ 2.0 の段階では，人間の意志，善意，利害を可視化し，それを具体的な行為へと媒介する優れた手段としてインターネット技術が位置付けられてきた．

　鈴木健は『なめらかな社会とその敵』（2013＝2022 年）において，それを「構成的社会契約」と概念化した．「構成的社会契約」とは，プラットフォーム化された政府や行政サービスによって「『私たち』という枠組がフレキシブルに形成され，物理デバイスの自動実行をもってガバナンスを行う」というものである（鈴木，2022: 337）．何か個別的な問題が生じれば，その問題がプラットフォームを通じて共有され，問題への対処に向けてその都度，アドホックにステークホルダー集団が構成される．伝統的な社会契約論が，「静的なメンバーシップ」に基づく統治モデルであるのに対して，「構成的社会契約」では，多様なユーザーが参加可能なプラットフォームが用意される．鈴木による「なめらかな社会契約」（鈴木，2022: 253, 323）の発想も，ネットワーク化や計算技術の向上という技術条件に依拠し，それによって統治モデルの柔軟化とアップデートを図るものである．

　そこで決定的なことは，多様な人々のコミットメントを促進するための設計を理論化するということである．それに対して，より最近の AI 統治論では，公正な統治かつ幸福な生活が人間の活動ぬきで計算されうるという見方が強化されている点が特徴的である[2]．

　話を戻すと，東は，『訂正可能性の哲学』において，ルソーの『社会契約論』

における「一般意志」の解釈を試みるなかで，統治の技術的アップデートをめ
ぐる思想が，人間の分裂した性格を排除して成立するものであると批判する．

> いくら技術水準が上がったとしても，そもそも政治から人間を排除するな
> どということが可能なのか（…）．（…）一般意志がどれほど正確に抽出さ
> れ，それを統治に変えるアルゴリズムがどれほど完璧になったとしても，
> そんなこととは関係なく，肝心のアルゴリズムやら人工知能やらの選択に
> 難癖をつけ，制度の新解釈を並べ，「訂正」を迫り，一般意志そのものを
> 再定義しようと試みる人々は必ず現れるだろう．（東，2023: 219-220）

　ルソーが論じたように，一般意志は個人の特殊意志やその単なる集積として
の全体意志とは異なる（ルソー，1954）．では，一般意志とは何なのか，なぜそ
れが形成されるのか，そして，なぜルソーのように孤独を愛した人物が「一般
意志はつねに正しい」とまで言い切るのか．一般意志概念はこれらのさまざま
な問題を呼び込む．
　東が展開する議論の本質を抽出すれば，次のようになる．すなわち，「自然
状態」で満足していたはずの人々が社会状態に移行するなかで，「遡行的」に
「社会契約」の起源である一般意志が「発見」される．ここには，社会契約を
結んで「しまった」という遡及的な認識の転倒が働いている．この点，ホッブ
ズやロックの社会契約論では，諸個人が自然状態で孤独に生きていけないゆえ
に社会を創設するというリニアーな論法が取られていることとは異質である
（東，2023: 194-195）．
　また，東によれば，「してしまった」の論理から発見される一般意志は，無
意識や統計のない時代においてルソーが「社会の集合的無意識について語ろう
とした苦闘の跡であるかのように読める」（東，2023: 209），無意識に自己は振り
回される．同じように，集合的無意識としての一般意志にも人々は振り回され
る．それは意志ではなく「事物の秩序」に近い．また，ルソーの時代にはほと
んど発達していなかった統計が19世紀前半から中盤にかけて確立されていく
が，それによって社会的事実が「事物」に近い形で集計されるようになる（東，
2023: 212-213）．以上の読解に加えて，一般意志が抗しがたい暴力性を内包する
のは，ルソーが文明社会の残酷さの本質に極めて敏感であった点を考慮すれば
容易に理解することができる．

138 第2部　科学技術に関連したリスクの現れ

　しかし，東によれば，ルソーの一般意志に対して，偶然性の視点に基づいて，共同性の起源を絶えず訂正しなおすという方向での読み換えが可能である．また，その論拠の一つとしてルソーが政治哲学者であるとともに，あるいはそれ以前に，文学者であり，『新エロイーズ』などを通じて屈折したかたちで一般意志を訂正していくことでしか，起源を反復的に生きられないという示唆を導出することができる（東，2023: 279-303）．人間の分裂した不完全性が一般意志を計算可能な「事物の秩序」として捉える視点を挫折させるポイントが，ここに見出される．この点において，「一般意志」は「訂正可能性」に開かれるのである．

3．技術にとっての訂正可能な「一般意志」とコスモロジー

　東の以上の議論をここで取り上げた理由は，技術にとっての「事物の秩序」とは何であり，技術を訂正可能性へと開く視点は何かを人間の分裂した性質とは異なる視点から問いたいからである．実際に，ここまで取り上げてきた成田や落合らの議論では，単に計算機械が発達するというだけでなく，それがデジタルな形で「事物の秩序」を形成するという基本的視点を共有している．そして，彼らの理論には，「一般意志」のような抗しがたい「事物の秩序」を，技術の進歩によって統治ないしは社会空間全体で実現可能であるという見方が共有されているように見える．しかし，東が批判したように，生身の人間たちが活動する政治や公共領域では，人間自身による「事物の秩序」への「訂正」が絶えず働くことを排除することはできない．言い換えれば，テクノロジスト的論者たちは，政治の領域においては，訂正が働かない形での「一般意志」の実現をナイーヴに想定する傾向がある．あるとしても，技術革新のみが訂正の根拠となる．

　だが，異なる技術革新のあり方が可能にする「一般意志」は考えられないだろうか．楽観的技術革新とは異なる技術革新によって，訂正が加えられる「事物の秩序」があるともいえるのではないか．例えば，落合は次のようにいう．「古来，仏教では人は悟りを経由してしか縁起を理解しえないが，コンピュータは演算を高速で繰り返すことにより，縁起の記述を獲得しうる」（落合，2018: 91）．「縁起」は，ブッダの説法では，あらゆる現象は相互依存関係で生成する，という程度の意味であったが，その後の解釈の過程で体系化されていった（中

沢，2019: 38-39）．中沢新一によれば，

> ……言語による知性をもってしては，縁起法によって動き変化してる世界
> を把握することができない．縁起そのものがロゴス的な仕組みで動き変化
> していないので，言語のロゴス機能ではその一部分しか捉えることができ
> ないからである．縁起によって生成していくこの世界の実相（リアリティ）
> を把捉しうる知性がなければならない．（中沢，2019: 41）

　落合の構想は，『華厳経』における「理事無碍」と「事事無碍」という縁起
的知性の働きをコンピューター上の「場所（フィールド）」として再現すること
である（落合，2018: 87-90）．落合の言葉では，「理事無碍」は「世界の記述を，
『理』，つまり縁起による関係性，及び『事』，つまり対象の事物によって行う
ことであり，その二つを用いて構成される世界認識が滞りなく『無碍』という，
エコシステムを形成すること」である（落合，2018: 88）．また，「事事無碍」に
ついては，「理事無碍の次に悟りによって得られる最終到達点」であり，コン
ピュータによって記述された関係世界がデータとして「エンドポイントである
『事』に包含され」ることと定義されるが，解析された関係世界についての記
述が即座に新たな関係世界へと包摂されていく，という再帰性のことを指して
いるのであろう（落合，2018: 90）．
　再度，中沢の議論を参照すると，ここで落合が再現しようとするのはロゴス
的知性とは異なる「レンマ的知性」である．「レンマ的知性」は，ナーガル
ジュナを通して「両否の論理」として知られ，「（1）肯定，（2）否定，（3）否
定でもなく肯定でもない，（4）肯定にして否定」という四つの組み合わせから
成っている．山内得立はこの論理を直観が捉える「無分別の論理」の記述とし
て捉え，「レンマの論理」と呼んだ（中沢，2018: 45-47; 山内，1974）．西洋論理学
が，肯定と否定の二つを論理操作の基本単位として，同一律，矛盾律，排中律
を規則とすることとは対照的である．また，西洋論理学は「アリストテレス論
理学からブール代数とチューリング計算理論をへて，現代のコンピュータに至
るまで一貫して活用されている」（中沢，2018: 45）．
　これに対して，落合の議論は，AI の発展によって，西洋型の論理規則から
脱却ないし逸脱する道筋が開かれうるということ，また，それによって，「レ
ンマ的知性」へと人間，モノ，機械を巻き込んで「デジタルネイチャー」を形

成する可能性が開かれているということを主張の核としている．ここには，既存の知性モデルの問い直しと，「東洋的華厳」というごく一部の悟りを得た者にのみ限られていた知性が計算機械とデジタル空間によって実現することができるという，縁起的な訂正の論理を目指す視点を見出すことができる．

　ただし，そこでの問題は，彼が統治の空間へと議論を進めるとき，「人間知能と機械知能の全体最適化による全体主義」が「人間知能と民主主義に由来する全体主義」と異なることを指摘しつつ，前者の「全体主義」においては「東洋的再帰構造」からなる「回転計自然なエコシステム」が形成されると主張する際に現れる（落合，2018: 147-148）．さらに，この「回転計自然なエコシステム」の中で，先述の通り，イノベーションを志向する一部の富裕層とそれ以外のベーシックインカムを享受する層が形成されるという見取り図を示すのである．

　以上のように，落合の全体最適化された統治の背後には，知性の深層に分け入っていく技術と縁起のコスモロジーの相互作用への眼差しがある．オープンソースやベンチャーキャピタルが駆動していく来るべき資本主義がどのように「東洋的再帰構造」へと至るのかという理路は未だに見えないが，その点については今は問わない．

　落合の議論には美学と政治との間の危うい緊張関係があると考えられるが，それと同時に，技術とコスモロジーの関係を模索している点でさらなる検討に値する．例えば，私たちは，落合の議論をユク・ホイの「宇宙技芸（cosmotechnics）」をめぐる技術存在論と接続することができる．

　ユクは，今日の世界が全面的にサイバネティクス化されているという問題から出発する．「機械はもはや単なる道具や器具ではなく，われわれがその内で生きるところの巨大な有機的なものである」（ユク，2022a: 55）．彼は，サイバネティクス的な技術の自律的作動が全面化しつつある現代世界において，技術を埋め込む宇宙観へと哲学的思考を開こうとする．そこで提示されるのが「宇宙技芸」という概念である．

　彼によれば，「宇宙技芸」は，「さまざまな技術の働きを通じた道徳的秩序と宇宙的秩序の統一化」（ユク，2022a: 57）を意味する．いいかえれば，宇宙技芸とは，技術の使用が特定の宇宙観とともに展開することを示している．なぜ「技術（technologies）」ではなく「技芸（technics）」なのか．彼は，『中国における技術への問い』において，技芸（テクニック），テクネー，テクノロジーとい

う三つの概念を区別している．テクニックは，一般的な制作や実践を指す．
「テクネー」は古代ギリシア語に由来し，さらに「ポイエーシス」，つまり産出
することを指す．また，ここでいう産出には，自然（ピュシス）の能産的性質
も含まれる．最後に，テクノロジーは，西欧近代文明の形成のなかで進行する
「たえず増大しつづける自動化」に対応する（ユク，2022b: 33, 注3）．

　この区別に基づいて，ユクは，「技術は人類学的に普遍である」という命題
に対して，「技術はつねに宇宙技芸である」という視点を対置し，哲学的探求
が向かうべきアンチノミーを引き出す（ユク，2022a: 50-51）．このアンチノミー
において，「テクノロジー」は，「テクネー」としての「ポイエーシス（産出）」
を軸とする世界観のなかで捉え返すことが可能になる．

　ユク・ホイの哲学に一貫するのは，技術とは常に或る宇宙観の展開である，
という視点である．現代テクノロジーの普遍化及び自動化も，「ありとあらゆ
る脳の一つの脳への収斂」という宇宙観のもとで展開している．だが，技術と
コスモロジーの関係は，多様でありうるしそうでなければならない．この点は，
ユクに大きな影響を与えたフランスの哲学者ジルベール・シモンドンの議論か
ら導かれる．

　　　シモンドンはテクノロジーの歴史を，呪術的段階からの絶えざる分岐とし
　　　て理解しようとしている．呪術的段階では，主客は未分化であり，図と地
　　　も調和のなかで共存している．つまり，図はあくまで地の図であり，地は
　　　あくまで図の地である．絶えざる分岐——まず技術と宗教に分化し，そし
　　　てそれぞれが理論と実践に分岐する——は，やがて図と地の絶えざる発散
　　　へと至る．図を地へと絶えず収斂させるには（美学的な思考の失敗を視野に収
　　　めた）哲学的な思考が要求される．こうした技術性の発生はまた，異なる
　　　複数の地への異なる複数の関係をともなう，宇宙技芸の多様性というもの
　　　を提案してもいる．（ユク，2022a: 57）

　「図」を埋め込む「地」から，「地」と「図」が絶えず分化していくなかで，
再統合のための「地」の再構成（訂正）が模索される過程へ——シモンドンは，
このプロセスを理論化したと考えられる．では，現代の技術的条件下にあって，
統合を通じた「地」の再構成はいかにして可能か．

　ユクは，この問題関心に基づいて，中国における「道」，「理」，「気」などの

概念に示されるような「天」の「自然法」を象徴するコスモロジーと技術との関係の探求へと向かう。中国では，「道 (Dao)」という宇宙的生成原理のもとでの道徳的完成を目指す思想が重要な位置を占めてきた（ユク，2022b: 147）。「道」は，万物に内在する「宇宙の生産力がもつ原初的な調和」であり，それゆえに，「道」との調和の追求が至高の目的とされる（ユク，2022b: 106）。

　つまり，「道」との「共鳴」こそが道徳的な生を実現するための要点となるが，その「共鳴」の技法として「器 (Qi)」という概念が密接に関係してくる。ユクによれば，「器」は，具体的な行為の技法であるが，その方向性は「道」との共鳴という高次の目的へと向けられる。それが「道器合一」の世界観である（ユク，2022b: 405）。例えば，ユクは『荘子』における肉屋の庖丁（牛肉の解体屋）の故事に「道器合一」の一例を見出している[3]。また，「道器合一」は近代科学が中国で成立しなかった根源的な理由となる。かつてジョセフ・ニーダムは「ニーダムの問い」を提起し，中国に「有機体論的な見方」を看取し，それが西洋由来の「機械論のプログラム」と先鋭な対立を成していることを示した（ニーダム，1974; ユク，2022b: 232）。ユクがニーダムとともに強調するのは，西洋と中国の間には異なる宇宙観があるというだけでなく，異なる宇宙観へと組み込まれる技術と人間のあり方にも根本的に異なるあり方があるということである。

　以上のコスモロジーと「ニーダムの問い」の下で，彼はメディア技術環境を捉えなおしていくのであるが，そこで注目すべきは，技術がすぐれて「想起」に関わるということである。ユクは，ベルナール・スティグレールによる技術の現象学的再構成に基づいて，「技術もまた時間化の条件」であり，さらに，「歴史的意識の背後にはテクノロジーに対する無意識のはたらきがある」ことを強調する（ユク，2022b: 351-352）。

　その上で，ユクは，日本を含む東洋的世界観が，「知的直観にもとづいて機能し，本体への洞察を追い求めるような哲学体系」であるがゆえに，「記憶について考慮するのを拒む」性質があると指摘する（ユク，2022b: 352）。さらに，中国において「器」は「道」を表現することが第一の理想であったが，西洋の衝撃に直面して，徐々に顧みられないものとなった。また，技術観を支えるコスモロジーの先鋭な違いを見落としたがゆえに，西洋のテクノロジーと中国思想における「器」との間での分裂を経験する。

　さらに，ユクは，ここで立ち止まらずに，単なる記憶の支持体という技術の

性質を超えた技術の可能性，一言でいえば，想起しえぬものを想起するという技術哲学の可能性を提起している（ユク，2022b: 354）．その際，彼は，ジャン＝フランソワ・リオタールの習慣・追憶・想起の区別に依拠しながら議論を進める．習慣は「身体で表現される総合」，追憶は「ある起源やはじまりをもつ物語を追求すること」，想起は「追憶されぬ記憶」である（ユク，2022b: 356-358）．この中で，想起は異質なものとして位置付けられる．ユクはリオタールとともに，想起が精神分析における自由連想の操作に近いと指摘する．

> 患者は，一見つながりのない要素の数々を自由連想によって過去の状況と結びつけ，自分が現在抱える問題について詳しく述べようとする――そうしてかれらは，自分の生活と行動のなかに隠された意味の覆いを取ることができる．（リオタール，1998: 132-133; ユク，2022b: 358 に引用）

この「徹底操作」こそが，具体的な過去としての追憶の対象ではない，否定しえない過去への記憶――つまり，無意識としての一般意志のようなもの――との関係を自由にする．

ユクは一般意志には触れていないが，私たちは，否定しえない関係の連合としての自己の本体に想起を通じて接触するという論理に，技術に影響を受ける私たちの記憶形成に偶然性を持ち込む論理を見出すことができる．

ここで，落合の議論に戻り，どこまで無意識への「徹底操作」が技術的に表現できるのかという点を見てみよう．一見すると，落合の議論は，ユクが乗り越えようとするサイバネティクスの世界化を体現しているように見える．ただ，落合は，サイバネティクスの世界化の新たな展開として，「人間と世界のすべてを内包する万物の関係性（縁起）を享受することができる」ような「デジタルネイチャー」が現れると主張している（落合，2018: 90）．縁起的世界を「道」との類比で捉えるなら，ここでは，「道」が「器」によって表現される世界像が示されているのである．

しかし，「デジタルネイチャー」での無意識への「徹底操作」――つまり，追憶を超えた想起が向かう「事事無碍」の「記憶」――はどこまで想定されているのであろうか．あるいは，裏返して見れば，落合の議論は，技術システムが私たちの具体的な記憶の形成だけでなく，「想起」をも占拠する方向へと発展するかもしれないということを示唆している．だが，少なくとも，想起が可

144 第2部 科学技術に関連したリスクの現れ

能であるからこそ，人間は根源的宇宙——「デジタルネイチャー」論においては「事事無碍」——を直観することができるのである.

　落合が手掛ける先端技術を駆使したインスタレーション作品群は，この問題と密接に関わると考えらえる. 例えば，『幽体の囁き』は，夕暮れの廃校の校庭に置かれた椅子と机の空間を「超指向性スピーカー」で生成された教室に響きわたる環境音で包み込む表現作品である. この環境音は「空気全体を振動させる超音波ビーム」によって空気を直接に振動させ，かつて「そこにあった」空間へと鑑賞者の調律を変容させる. 落合はここで生じている「時間や空間の障壁を超えて存在する」という経験を「幽体」と呼んでいる[4]（落合, 2018: 252-253）.「幽体」とは，技術と場所が交わるところで既存の時空間認識の制約から解かれて現出する人工と自然が交差する共鳴的本体である. いうなれば，ここで鑑賞者はリズムの形成を本質とする情報変換体として現れ，想起へと向かうのである.

　だが，「デジタルネイチャー」というシステムが根源的宇宙を記述するとされる一方で，私たちがその中で根源的宇宙を触知し，それを再解釈する可能性については論じられないのである. ここに，私たちは，技術の存在論的リスクの三つ目の層として，技術と想起が出会い損ねるリスクを見出す.

おわりに

　以上の議論を通して，本章は，現代の情報技術が開いている地平が人間の知性のあり方に根深い影響を与えるだろうということを示した. いまや，人間も情報の流れの中で脱中心化された存在として見直されなければならない.

　リスクの観点から見ると，AIの世界化には，大きく分けて三つのリスクがあると考えられる. 本章で見たきたように，第一に「人格なき統治」という意識というノイズを排除するリスクがあり，第二に，否定しがたい「事物の秩序」としての一般意志を「訂正」する開かれた実践を排除するというリスクがあり，第三に，「事物の秩序」それ自体が自動的な「訂正可能性」を獲得し（事事無碍化し），人間が言語的思考を超えた地平と共鳴する「想起」の力を失うというリスクがある. 特に，本章は，落合陽一の「デジタルネイチャー」とユク・ホイの「宇宙技芸」の視点を対比させることで第三のリスクへの視座を引き出すことを目指した.

第2章　AIの存在論的なリスク　*145*

　そのうえでいえば，第三のリスクを引き出した目的は，技術開発に関わる論者と哲学との間に先鋭な境界線を引くのではなく，両者が触発し合う形で，近代のその先の可能性としての開かれた一般意志としての「事事無礙」ないし「道」などのコスモロジーを想起しうる技術環境が構想される道筋を探求することなのである．

注

1 ）　例えば，「監視資本主義」については，Zuboff（2019）を参照．Suarez-Villa（2009）は，「テクノ資本主義」を担う先端企業の論理が既存の公共領域に侵入し，社会空間をコントロールしていく危険性について論じている．Robinson（2020）は，AIの軍事利用が先端企業やグローバル・エリートとの協働のなかで進められ，第三世界の人々の排除のために使用されていることを論じている．同様に，Bartoletti（2020）によれば，AI開発が国際軍拡競争を刺激し，その実装が非民主的なプロセスのなかで進んでいる．あるいは，O'Neil（2016）やRouvroy et Berns（2013）らは，AIのブラックボックス化されたデータ処理過程が人格的属性を無視して，統計データのみに基づいて社会的信用を測定することの問題性を明らかにしている．

2 ）　ただ，鈴木の「構成的社会契約」と類似する構想は，例えば，Benjamin Bratton の *The Stack: On Software and Sovereignty*（『積層──ソフトウェアと主権──』）（2015）において，グローバルなレベルで作動しうるプラットフォーム型の統治の可能性が論じられるかたちで展開されている．Bratton は，鈴木と同様に，カール・シュミットが論じたような「大地」に根ざすことを主権の至上命題とする統治論ではなく，高度な情報計算機がグローバルな網の目を形作る中で，技術・人間・自然の間の区別を融解していくと考えている．この網の目は，地球，クラウド，都市，所在（Address），インタフェース，ユーザー（インタフェースにつながることのできる存在一般を含む）の間の双方向的な「積層」を生み出している．こうした「惑星規模の計数的インフラストラクチャー」が来るべき統治原理として萌芽しており，ユーザーはグローバルな接続性の拡大のなかで利害関心を形成し，「積層」を複雑化させていく（Bratton, 2015: 11, 138, 251）．

3 ）　文恵君から牛の解体の秘訣を問われた優れた庖丁は，牛刀の使い方だけではなく，「牛のなかの道を理解する」ことが本質的であると答えた．「牛のなかの道」とは，「骨や腱に刀をぶつけることなく，そのすき間に差し込むように刀を沿わせ，切りとおす」ことである（ユク，2022b: 151）．そのため，庖丁は「心で牛を捉えていて，目で見ているわけではありません」と言う（荘子，2013: 98-99; ユク，2022b: 151-152）．ここでの庖丁と牛との関係は，日本の哲学から見ると西田幾多郎がいう「行為的直観」に極めて近い．すなわち，「行為的直観的に自己が何処までも物となる，我から物へとの方向に於て芸術と云ふものが成立し，之に反し物が何処までも自己となる，物から我

146 第2部 科学技術に関連したリスクの現れ

へ，即ち自己が物から生れるといふ方向に於て実践の立場と云ふものが成立するものである」（西田，1979: 111）．

4） また，落合のウェブサイト（https://yoichiochiai.com/art/whisper-of-spirits/）を参照．

参考文献

Bartoletti, Ivana（2020）*An Artificial Revolution: On Power, Politics, and AI*, London: Indigo press.

Bratton, Benjamin（2015）*The Stack: On Software and Sovereignty*, MIT Press.

Floridi, Luciano（2010）*Information*, Oxford: Oxford University Press.

Hörl, Erich（2013）"A Thousand Ecologies: The Process of Cyberneticization and General Ecology," trans. Jeffrey Kirkwood, James Burton, and Maria Vlotides, in *The Whole Earth: California and the Disappearance of the Outside*, Diedrich Diederichsen and Anselm Franke（eds.）, Berlin: Sternberg Press, pp. 121-30.

Kurzweil, Ray（2005）The Singularity is Near: When Humans Transcend Biology, New York, N.Y.: Penguin.（『シンギュラリティは近い――人類が生命を超越するとき――』井上健監訳，2016年，NHK出版）．

McStay, Andrew.（2018）*Emotional AI: The Rise of Empathic Media*, London: Sage Publications.

O'Neil, Cathy（2016）*Weapons of Math Destruction: How Big Data Increases Inequality and Threatens Democracy*, London: Penguin.（『あなたを支配し，社会を破壊する，AI・ビッグデータの罠』久保尚子訳，インターシフト，2018年）．

Pichard, Rosalind W.（1997）*Affective Conmuting*, Cambridge, MA: MIT Press.

Robinson, William I.（2020）*The Global Police State*, London: Pluto Press.（太田和宏ほか訳『グローバル警察国家――人類的な危機と「21世紀型ファシズム」――』花伝社，2021年）．

Rouvroy, Antoinette et Thomas Berns（2013）"Gouvernementalité algorithmique et perspectives d'émancipation: Le disparate comme condition d'individuation par la relation?," *Réseaux*, No. 177, pp. 163-196.

Suarez-Villa, Luis（2009）*Technocapitalism: A Critical Perspective on Technological Innovation and Corporatism*, Philadelphia: Temple University Press.

Yuk, Hui（2018）"On Automation and Free Time," *e-flux*, （https://www.e-flux.com/architecture/superhumanity/179224/on-automation-and-free-time/）.

Zuboff, Shoshana（2019）*The Age of Surveillance Capitalism: The Fight for a Human Future at the New Frontier of Power*, London: Profile Books.（野中香方子訳『監視資本主義――人類の未来を賭けた闘い――』東洋経済新報社，2021年）．

東浩紀（2023）『訂正可能性の哲学』ゲンロン．

ウルドリッジ, マイケル（神林靖訳）（2022）『AI 技術史——考える機会への道とディープラーニング——』インプレス.

大屋雄裕（2021）「Society 5.0 と人格なき統治」『情報通信政策研究』第 5 巻第 1 号, pp. 1-14.

落合陽一（2018）『デジタルネイチャー——生態系を為す汎神化した計算機による侘と寂——』Planets.

河島茂生（2020）『未来技術の倫理——人工知能・ロボット・サイボーグ』勁草書房.

グリック, ジェイムズ（楡井浩一訳）（2013）『インフォメーション——情報技術の人類史——』新潮社.

鈴木健（2022）『なめらかな社会とその敵——PICSY・分人民主主義・構成的社会契約論——』筑摩書房.

スティグレール, ベルナール（石田英敬監修, 西兼志訳）（2009）『技術と時間　1 ——エピメテウスの過失——』法政大学出版局.

―――（石田英敬監修, 西兼志訳）（2010）『技術と時間　2 ——方向喪失——』法政大学出版局.

荘子（福永光司・興膳宏訳）（2013）『荘子』筑摩書房.

大黒岳彦（2016）『情報社会の〈哲学〉——グーグル・ビッグデータ・人工知能——』勁草書房.

中沢新一（2018）『レンマ学』講談社.

成田悠輔（2022）『22 世紀の民主主義——選挙はアルゴリズムになり, 政治家はネコになる——』SB クリエイティブ.

西田幾多郎（1979）「実践哲学序論」, 『西田幾多郎全集 10 巻』岩波書店.

ニーダム, ジョセフ（橋本敬造訳）（1974）『文明の滴定——科学技術と中国の社会——』法政大学出版局.

ニーチェ, フリードリヒ原佑訳（1993）『権力への意志　ニーチェ全集 12』筑摩書房.

ハイデッガー, マルティン（関口浩訳）（2013）『技術への問い』平凡社.

フロリディ, ルチアーノ（先端社会科学技術研究所訳）（2017）『第四の革命——情報圏が現実をつくりかえる——』新曜社.

マルクス, カール（高木幸二郎監訳）（1958-1965）『経済学批判要綱（草案）——1857-1858 年——』大月書店.

山内得立（1974）『ロゴスとレンマ』岩波書店.

ユク, ホイ（原島大輔訳）（2022a）『再帰性と偶然性』青土社.

―――（伊勢康平訳）（2022b）『中国における技術への問い』ゲンロン.

リオタール, ジャン＝フランソワ（管啓次郎訳）（1998）『こどもたちに語るポストモダン』筑摩書房.

ルソー, ジャン＝ジャック（桑原武夫・前川貞次郎訳）（1954）『社会契約論』岩波書店.

第3章
グローバルリスクとしての偽情報
——EU 及び日本における課題とアプローチ——

ガジェヴァ・ナデジュダ

はじめに

　偽情報とは害を及ぼす意図で広められる虚偽情報をいい，現代世界に深刻な脅威をもたらす存在である．偽情報は国家及び非国家主体によって拡散され，その狙いとしては，個人を操り混乱させる，民主的制度や伝統的メディアに対する信用を失墜させる，選挙を妨害する，世論操作による政策決定プロセスに影響を与える，といったことが挙げられる．偽情報はまた，国内の治安，経済，教育，科学，健康及びその他の領域にさまざまなリスクをもたらす．さらに表現の自由，思想・良心の自由，参政権，プライバシーの権利，干渉されずに個人の意見を持つ権利など基本的人権に影響を及ぼす．

　現代の情報のエコシステムは，世界中に偽情報を拡散するあらゆる機会とチャンネルを提供しているが，こうした機会は，デジタル通信技術の急速な発展やインターネットへの容易なアクセス，人工知能（AI）の利用の拡大，そして人々の関心の希薄化を招くほど氾濫する情報によって著しく増大している．同時に，新型コロナウイルス感染症（COVID-19）のパンデミックやロシアとウクライナの紛争のような世界規模の危機も人々が偽情報の影響されやすくなる要因である．

　偽情報に対する今後の対応の強化のためには，国内外における緊密な連携と相互に関連した行動を構築しつつ多元的な対策を発展させることが重要であり，これらの対策が人権の保護及び人々の利害を代表することを確保することも極めて重要である．このような協力関係が構築されれば，有益な実践や研究成果，新たな課題についての情報交換，そして偽情報に対抗するための共同メカニズムの開発が可能となり，さらに人権や人々の利益を保障するという点において

も極めて有効である．また，これらの対策は表現の自由，報道の自由，多元主義という基本的原則を遵守せねばならず，同時に，将来も使い続けられるものであり，社会的被害を効率的に回避できるものでなければならない（HLEG, 2018: 35）．これと並行し，今後に向けて，これら対策を評価し，より良い対策を考案するために，さまざまな国家や国際機関による偽情報への対応を調査することが不可欠である．

　本章は３節から成る．まず偽情報の概念を概説したうえで，１節において偽情報を拡散する主体，手段，戦略及び動機を取り上げる．２節ではグローバルリスクとしての偽情報問題とそれに伴う深刻な脅威について論じ，人権及び民主主義に対する偽情報の影響を検討する．さらに，現代社会において偽情報によって生じるデジタル暴力，抑圧や深刻化する社会の分極化に注目する．３節では，ケーススタディとして欧州連合（EU）及び日本を取り上げ，これら二つの地域の偽情報に対抗する政策と手段について検証する．これらの事例に焦点を当てる理由は，両地域が共通の民主主義的価値と原則を共有し，さまざまな地球規模の問題に対し長期に及ぶ協力関係を有しつつも偽情報対策において異なるアプローチを取っていることから，当該分野における有益な実践と経験を共有できるためである．さらに，日本はEUに比べて偽情報に対する対抗措置の点で後れを取っているため，本研究は日本が政策を立案し，展開する上で新たな視点を与えるものである．最後に，偽情報に対処するうえでのEUと日本の将来的な課題に焦点を当て，これら地域政策をさらに強化するための提言をまとめた．

1．偽情報の概念

1）「偽情報」の定義

　偽情報に関する公式な定義は未だ存在せず，世界の学者や専門家によって多様な定義がなされている．例えば，Wardle & Derakhshan は，偽情報を「個人，社会団体，組織，または国に害を及ぼすために意図的に作られた虚偽情報」と定義し（Wardle & Derakhshan, 2017: 20），欧州委員会（European Commission）は「検証可能な虚偽または誤解を招く情報で，経済的利益を得るためまたは公共を欺くことを目的として生成，表示，拡散され，それによって公共への損害が生じうるもの」と定義している（European Commission, 2018a: 1）．また，フェイ

クニュース及びオンライン偽情報に対応する欧州委員会ハイレベル専門家グループは，偽情報を「虚偽の，不正確なまたは誤解を招くような情報で，公共に危害を与えることを意図しまたは利益を得るために，設計・表示・宣伝されたもの」と類似の定義をしている（HLEG, 2018: 10）．

　なお，偽情報の概念は，「誤情報」や「フェイクニュース」とは明確に区別することが不可欠である．誤情報とは，人を欺いたり危害を加えたりする意図なしに共有される，不正確で，虚偽の，あるいは誤解を招くような情報である．他方，「フェイクニュース」とは主に虚偽のニュースや情報を指すことから，偽情報の本質を捉えるには，あまりに曖昧で不十分であると考えられてきた．そして，偽情報はプロパガンダの同義語として理解されるべきではない．プロパガンダは「組織化されたキャンペーン」を意味するが，偽情報は必ずしもそうでない（Bontcheva & Possetti, 2020: 29）．その一方で，この二つの概念は相互に関連しており，通常は「特定の道徳的または政治的な大義や見解の推進」に関し，「情報共有が危害を引き起こすさまざまな方法」を指すために使用されることから重なることもある（Council of Europe, 2018）．

2）偽情報を拡散する行為主体，手段及び戦略

　偽情報は，政党，諜報機関や報道機関といった公的な行為主体のみならず非国家主体または市民グループなどの非公式な行為主体によって拡散される．これらの行為主体は国内の団体であったり，国外の団体であったりするが，標的にする聴衆や団体の行動の動機も異なる．偽情報は，さまざまな手段や戦略を通して拡散されるが，デジタルプラットフォームは，その一例である．ソーシャルメディアは政治ニュースを始め重要な情報源であるが，同時に偽情報を世界に向けて拡散するうえで非常に魅力的であり，多方面で取られる手段でもある．Colomina 他が強調するように，政治プロセス及び人権に対する脅威は，複数のソーシャルメディアのプラットフォームを越えて協調したキャンペーンを行うという組織的な試みから生じる（Colomina et al., 2021: 6）．

　さらに，偽情報を拡散する手段として有料・無料の広告が挙げられる．営利，非営利を問わず，広告主は幅広い視聴者と個人データを収集し，分析し，統合するメカニズムにアクセスできる．Ghosh & Scott によると，政治的な偽情報が成功するのは，それが構造的な論理に従い，製品から利益を獲得し，より広範なデジタル広告市場の戦略を完全なものにするためである（Ghosh & Scott,

2018: 4）.

　偽情報は，AIの急速な発達に伴い徐々に進歩してきた，いわゆるボットまたはソーシャルロボットによっても拡散されている．ボットは人間のように振る舞い，経歴やプロフィール写真を持ち，他のユーザーとつながることができる．さらに偽情報が掲載されているサイトにユーザーを誘導し，コンセンサスを製造する．つまり，実際の政治的な支持を構築するため多大な人気があるかのように錯覚させることで意思決定プロセスを操作できる（Woolley & Guilbeault, 2017: 3）.

　さらに，政府所有または政府後援の報道機関は国家主導による偽情報の拡散のための好都合なツールである．これらの報道機関は，カウンターメッセージ，立法，政策，選挙，規範的介入について国家及び政治主体によって，しばしば使用されてきた（Bontcheva & Possetti, 2020: 21）．他方で，独立系メディアはアジェンダを設定するという公的な役割及び正当性を有することから偽情報拡散の重要な標的となってきた．Bontcheva & Possetti が強調するように，組織化された偽情報キャンペーンにおいては偽情報の拡大とより大きな目的のために全体的な戦略を視野に入れ，ハッキング，混乱，その他の脅迫や監視といった戦術を通じて，信頼できるメディアやジャーナリストといった正当で権威のある情報源に対して頻繁に攻撃が展開されている（Bontcheva & Possetti, 2020: 21）.

3）偽情報拡散の動機

　さまざまな形で拡散されている偽情報をより良く理解し，対抗するためには，偽情報を拡散する行為主体の動機と目的を探ることが極めて重要である．まず，政治的動機は多くの行為主体が偽情報キャンペーンを行う最も一般的な理由の一つである．それは，ある政治的アジェンダ（例えば，移民と犯罪とを結び付けること）を推進することから，ある国家（例えば失敗した西側民主主義国家と対極にある非自由主義的民主主義国家）の地政学的イメージをより良く見せる物語を押し付けることまである（Colomina et al., 2021: 8）.

　第二に，偽情報は経済的動機のため拡散される．Colomina 他が強調するように，経済的動機はクリックベイト（ユーザーに対し注意を引く見出しによりクリックを促す誘導手法）によって利益を得るソーシャルプラットフォームの経済モデルと関連しており，「興味をそそられるが，嘘」のコンテンツでユーザーを惹きつける（Colomina et al., 2021: 8-9）．このような動機を持つ行為主体は，PR

会社，捏造された報道機関，さらには全ての企業でさえあり得る（Wardle & Derakhshan, 2017: 34）．

　第三に，偽情報は社会的，心理的動機によって拡散される．例えば，拡散する主体は，娯楽目的や問題を起こすために虚偽情報を拡散することがある．

2．グローバルリスクとしての偽情報

　ドイツ人社会学者 Ulrich Beck によれば，グローバルリスクは，新しい形のグローバルな相互依存の表れであり，国政や現在利用可能な国際協力の形では十分に対処できない．さらに，過去から現在まで，人間が不確実性に対処してきた実践的経験のすべてが，結果として生じる問題に対して解決策を提示することなく並存している（Beck, 2006: 336）．偽情報も，その例外ではない．偽情報は複雑な現象であり，世界中で国内外を問わずさまざまな対応が取られている．

　偽情報は現代社会において深刻な脅威をもたらしている．世界経済フォーラムによる 2024 年版の『グローバルリスク報告書』において，偽情報は今後 2 年間の最も深刻な短期的グローバルリスクとして選ばれている（World Economic Forum, 2024: 8）．偽情報は民主的な制度，デジタルメディア及び伝統的なメディアに対する信頼を失墜させるだけでなく，選挙プロセスを歪め，オンラインにおいて不公平さや偏向を助長する（Colomina et al., 2021: 9）．さらに，偽情報は表現の自由，プライバシー権，公務への参加や選挙で投票する権利，思想の自由や干渉を受けずに自己の意見をもつ権利といった基本的人権に影響を与え，国内の治安，経済，教育，科学，健康及びその他の領域においてさまざまなリスクをもたらす．

1）偽情報及び人権

　世界人権宣言（UDHR）は，世界各国のすべての人々の保護の保障をうたったものであるが，本宣言に法的拘束力はない．同時に，「市民的及び政治的権利に関する国際規約（ICCPR）」や「経済的，社会的，文化的権利に関する国際規約（ICESCR）」のような，法的拘束力を持つが，すべての国が適用しているわけではない，いくつかの条約を通じて人権が保障されている．また，「ビジネスと人権に関する指導原則」に示されるとおり，国家は，その領域及び／または管轄内で生じた，企業を含む第三者による人権侵害から保護しなければな

らない（United Nations Human Rights Office of the High Commissioner, 2011: 3）.

　このように利用可能な保護措置はあるものの，偽情報は依然人権問題のリスクを抱えており，さらなる取り組みが求められる．偽情報はさまざまな形であらゆる人権に影響を与える可能性がある．表現の自由はその一例であるが，これは「民主主義の中核となる価値」であり，報道の自由やアクセス権を包含する（Colomina et al., 2021: 10）．偽情報は，この権利に対する深刻な脅威となり，公共圏における信頼に影響を及ぼす．その結果，ある者はオンラインハラスメントや偽情報キャンペーンの標的となることを恐れ，自己の考えを安心して表現することができなくなり，またある者は情報公害によって生じた困惑や不穏によって麻痺し，沈黙を感じ，公共の利益に関わる重大な問題についての公的な議論から遠ざかる（Association for Progressive Communications, 2021: 6）．Barendt の道具説（市民が公的な議論や政治に参加する能力を重視する説）に従えば，表現の自由は，個人が公的な議論に参加し，それにより地域社会の統治に参加することを可能にすることから不可欠な権利である（Barendt, 2005: 19-20）．Dworkin や Bayer 他もまた，構成的正当化根拠に従い，表現の自由によって人々は自己の能力を開発し，自己を表現することを通じて自らの可能性と自律性を実現することや公正な政治社会の責任ある道徳的主体となることを可能にするため，この権利は極めて重要であると強調している（Dworkin, 1999: 200; Bayer et al., 2019: 76）．

　偽情報の有害な影響や虚偽の内容は深刻な問題ではあるが，何が偽情報に当たり，何がそれに該当しないのか，また偽情報は表現の自由とみなすことができるのかについての議論があることは確認しなければならない．UDHR 第19条は，「すべて人は，意見及び表現の自由に対する権利を有する．この権利は，干渉を受けることなく自己の意見をもつ自由並びにあらゆる手段により，また，国境を越えると否とにかかわりなく，情報及び思想を求め，受け，及び伝える自由を含む」と規定し，表現の自由に対する権利の保護を謳っている．また，国連人権理事会も「個人はオフラインと同様にオンラインでも同様の権利を享受する」と述べている（United Nations Human Rights Council, 2016: 4）．思想の自由は，各人に自己の意見を不用意に操作されたり，不本意に影響を受けたりしない権利を与えている．しかし，Colomina 他が強調するように，合法的な政治的説得と非合法な操作との境界は依然不明瞭であり，インフルエンス・キャンペーンはこの権利を侵害する可能性が十分にある（Colomina et al., 2021: 10）.

さらに，Bayer 他は，すべてのメディアチャンネルがある政治権力の統制下に支配されるといった，偽情報が公共の言説・世論に大きな影響を与える水準に達すると，市民の政治的権利の行使が抑圧されると主張する（Bayer et al., 2019: 77）．

ICCPR の下，国家は表現の自由に対する制限を採用することが認められているが，それは第 19 条第（3）項で認められるものに限られる．すなわち第 19 条第（3）項に基づき，表現の自由に対する制限が許されるのは，「他人の権利や評判を尊重するため」，「国家の安全や公の秩序（公序良俗），公衆衛生や道徳を保護するため」に必要な場合である．Nuñez が指摘するとおり，このような制限は比例性と必要性の厳格な検証に適合していることが不可欠であり，比例性は制限が特定の目的を対象とし，対象となる人物の権利が不当に侵害されないことを保証する必要がある（Nuñez 2020: 791）．

2017 年の「表現の自由とフェイクニュース，誤報，プロパガンダ」に関する共同宣言において，「意見及び表現の自由」に関する国連特別報告者，「メディアの自由」に関する欧州安全保障協力機構（OSCE）代表及びその他の専門家は，「偽のニュース」や「客観的でない情報」を含む，曖昧で漠然とした考えに基づく情報発信についての一般禁止は表現の自由の制限に関する国際基準と相容れず，（……中略……）廃止されるべきである」と述べている．同共同宣言が示すように，曖昧で漠然とした基準に基づき民間団体に対し特定のコンテンツを検閲や削除を求める法律や規制は表現の自由に対する脅威である．その理由は，民間団体にはそのようなコンテンツを監視し，規制するための十分な設備がなく，高額な罰金や運営能力の喪失に直面する可能性があることから，プラットフォームは過剰な規制を余儀なくされ，許容される幅広いコンテンツを不釣り合いに検閲する可能性があるためである（Nuñez, 2020: 791）．

偽情報の拡散は二つの方法でプライバシーの権利にも影響を及ぼす．一つは特定の状況において，その情報が関係する人物の個人的な評判やプライバシーを傷つけることによって，もう一つは，その情報発信の標的となる個人のプライバシーを尊重しないことによって，である（Colomina et al., 2021: 11）．さらに，デジタル時代において，プライバシーの権利は，ソーシャルメディアからの個人攻撃やマイクロターゲティングメッセージのためのオンライン上での個人データの収集や使用といった新たな問題によって脅かされている．これらの問題に関して，国連人権高等弁務官は，国家，企業，その他の民間の行為主体に

第3章 グローバルリスクとしての偽情報 *155*

よる個人データの処理を規定すべき最低基準について，世界的なコンセンサスが高まっていると指摘している．これらの最低基準は，プライバシーや評判を傷つける可能性のある偽情報から個人を保護するために，個人データの処理は公正，合法かつ透明であることを保証するものでなければならない（United Nations High Commissioner for Human Rights, 2018: 9）．

　上記の人権とは別に，偽情報は教育や健康，文化生活や社会コミュニティへの参加といった個人の権利に影響を及ぼす可能性がある．Colomina 他が強調するように，偽情報は分極化を助長し，組織内やコミュニティ間の信頼を損ねる（Colomina et al., 2021: 12）．保健分野において，これらの権利へ影響を及ぼした例として，COVID-19 の世界的な流行時の偽情報の拡散が挙げられる．

２）偽情報と民主主義

　民主的プロセス，人権及び法の支配は密接に関連しており，自由民主主義を維持し，権力者を含む全ての勢力が法を遵守し，恣意性が防止されるように機能する（Bayer et al., 2019: 61）．Carrera 他が強調するとおり，これら三つの価値は，本質かつ不可分に相互に関連し，他のそれぞれの価値に依存しているため，全体に深刻なダメージを与え，本質的な形と構成を変えない限り切り離すことはできない（Carrera et al., 2013: 4）．

　偽情報は，民主的プロセスの信頼性にも影響を及ぼす．それは，政府機関に対する信頼を低下させるだけでなく，集団的意思決定プロセスのような重要な政治的・社会的機能にも影響を与える可能性がある．UDHR 第 21 条第 1 項に基づき，「すべて人は，直接または自由に選出された代表者を通じて，自国の政治に参加する権利を有する」．また，UDHR 第 21 条第 3 項において，「人民の意思は，統治の権力の基礎とならなければならない．この意思は，定期のかつ真正な選挙によって表明されなければならない．この選挙は，平等の普通選挙によるものでなければならず，また，秘密投票またはこれと同等の自由が保障される投票手続によって行われなければならない」とされている．さらに，国連人権委員会（1996）によれば，有権者は暴力，暴力の脅威，強制，誘導，操作的な干渉なく独立して意見を形成することができなければならない．したがって，選挙プロセスへのいかなる干渉も，有権者の意思決定や考え方に影響を与える非合法かつ不当な方法とみなされ，それによって個人の政治的権利の行使能力が制限されることになる（Colomina et al., 2021: 15）．投票権はプライバ

シー権，思想・意見表明の自由を侵害することなく，またヘイトスピーチなしに行使されねばならない．しかし，Colomina 他が指摘するように，多くの政府による偽情報の利用は，この禁止命令に反するものである．その結果，偽情報の利用による選挙操作は民主主義を損ない，民主主義制度に対する信頼に影響を与える（Colomina et al., 2021: 15）．

3）偽情報と抑圧

　特定の情報通信技術を用いることで，国家は潜在的及び既存の課題をコントロールするためにデジタル抑圧を行使することができる．デジタル抑圧は，AI の使用などさまざまな戦術によって実行され，大規模な監視，高度な生体認証，国家によるサイバー攻撃，情報歪曲技術などをもって市民の行動を観察し制限する（Feldstein, 2019: 40-52）．これらの行為は，表現の自由やプライバシーの権利といった民主主義の基本的権利を侵害する．

4）偽情報と社会の分極化

　偽情報と社会の分極化は，グローバルリスク・ネットワークの中で「最も強く結びついたリスク」であり，互いに増幅し合う可能性が最も高いと考えられている（World Economic Forum, 2024: 20）．分極化した社会では，真偽を問わず自己の信念に沿った情報を信頼する傾向が強くなる．さらに，世界経済フォーラムが指摘するとおり，虚偽の情報報源としての政府やメディアに対する不信感を考慮すると，操作されたコンテンツは必ずしも必要ではなく，情報が捏造されたかどうかという疑問を提起するだけで関連する目的を達成するには十分であるかもしれない（World Economic Forum, 2024: 20）．そして，これが分極化を助長する．

　偽情報が社会の分断に与える影響は深刻である．偽情報は政治的帰属や現実認識の分極化を引き起こし，精神衛生や社会的結束に影響を及ぼす可能性がある．世界経済フォーラムが強調するとおり，感情やイデオロギーが事実を覆い隠し，公衆衛生から社会正義，教育，環境に至るまで，さまざまな問題について操作的な物語が公的言説に浸透する可能性がある（World Economic Forum, 2024: 20）．さらに，偽情報はテロリズムや抗議活動，職場における差別を助長する恐れもある．

3．偽情報への対処
——EU と日本での実践——

1）偽情報への対処に関する EU の政策的枠組みと手段

　前節で確認したとおり，偽情報は複雑な世界的現象となっている．そのため EU は，偽情報に取り組むための多面的なアプローチを確立し，実施された具体的な措置の効果を定期的に評価してきた．偽情報に対処するために実施される全ての行動が，表現の自由やプライバシーの権利といった基本的人権の保護に準拠することを保証することは非常に重要である．さらに，オンライン上での監視や検閲，その他の誤った慣行など，偽情報に対する対応の正当性を失わせ，短期的にも長期的にも逆効果となる対策を防ぐことも極めて重要である（HLEG, 2018: 14）．

　これまで EU は域内外においてさまざまな手段を通じて偽情報の問題に対処し，市民の権利と自由を保護するために取り組んできた．欧州対外行動庁（EEAS）の活動は，その一例である．同庁は，外国による偽情報キャンペーンに対する EU の対外的行動を担当するとともに，偽情報対策行動規範及び緊急警報システム（RAS）の実施を担い，世界 140 カ所の EU 代表部や事務所を巻き込みつつ広報外交，戦略的コミュニケーション，監視，分析などさまざまな活動を通じて，「EU の偽情報対策戦略における中心的な調整役」として位置付けられている（Colomina et al., 2021: 32）．EEAS が推進する RAS は情報共有を管理し，偽情報をリアルタイムで明らかにし，NATO，欧州議会，G7 緊急対応メカニズムといった既存のネットワークと緊密に連携することを目的として 2019 年に設立された．しかし，これらの対策は欧州委員会による「孤立したサイバー攻撃，データ保護，その他の選挙関連の苦情」との報告が示すように，効率的ではない（Colomina et al., 2021: 32）．

　2018 年，欧州委員会は偽情報に対抗するための行動計画を策定した．この行動計画は次の四本柱から成る．すなわち，①偽情報を探知し，分析し，摘発する加盟国の機関の能力向上，②偽情報への協調的及び共同的対応の強化，③偽情報に対処するための民間部門の動員，④偽情報がもたらす脅威に対する社会の回復力向上のための一般市民の意識向上，である（European Commission, 2018a: 5-11）．

EUによるもう一つの主要な政策は，2018年に制定された「偽情報に関する行動規範」である．この行動規範については，「オンラインプラットフォーム，大手テック企業，広告業界の代表者により合意がなされた自発的で自主規制的なメカニズム」と説明されている（Kuczerawy, 2019: 291-308）．この行動規範は「技術的には合法であると主張される言論の自由に対する制限を理論的に許容し，さらには奨励さえしている」として，ある市民社会団体から批判された（Colomina et al., 2021: 32）．Kuczerawy が指摘するように，この規範は，意図的に欺瞞的であったり，公共に危害を与えたりする可能性もあるが，違法性とイコールではないため，それ自体は合法である言論に対する制限を許可（及び奨励）する．他方で，この規範はコンテンツの削除といった検閲措置を直接提唱するものではなく，その代わりに署名者に対して，関連性があり，信憑性があり，正確で権威のある情報を優先するための技術的手段に投資することを奨励している点は評価できる（Kuczerawy, 2019: 291-308）．

2021年5月，欧州委員会は2018年の「偽情報に関する行動規範」の欠点に対処するための詳細なガイダンスを公表し，その効率性を高めるための解決策を提案した．これに続いて2022年，さまざまな分野におけるオンラインの偽情報に対処するため，より広範な対策と公約を盛り込み，強化された「偽情報に関する行動規範」への署名がなされた．その内容の例として，偽情報拡散の非収益化，政治広告の透明性の確保，ファクトチェッカーとの協力の強化，ユーザーの権限拡大，研究者のデータへのアクセスの改善が挙げられる．

欧州委員会による他の二つの戦略は，2020年の欧州民主主義行動計画（EDAP）とデジタルサービス法（DSA）である．これらの取り組みはEUの民主主義の強靱化や規制ツールボックスの強化を目的としており，特にデジタルプラットフォームの説明責任と透明性に関する法的拘束力のあるツールの導入の提案により，デジタル規制政策に焦点を当てたものである（Colomina, et al., 2021: 33）．

また，欧州委員会は2018年に政策文書「オンラインの偽情報への取組——欧州のアプローチ——」を公表した．この政策文書では偽情報の課題について議論するとともに，これら課題に対応するための公的及び民間の利害関係者向けの具体的な行動を概説している．提示された対策は，特に信頼の向上，透明性，メディアと情報リテラシーの促進に重点を置いている．この政策文書において，オンライン上の偽情報への取り組みに関する第一の行動予定は，より透

明性が高く説明責任のあるオンラインエコシステムを確立することである．まず，欧州委員会はオンラインプラットフォーム，広告主，広告業界に対し，オンラインプラットフォームの偽情報に関する行動規範の策定を要請している．その目的は，スポンサードコンテンツ，特に政治や問題に基づく広告についての透明性を確保すること，設計上，オンラインサービスが偽情報に対する予防手段を確実に含むこと，ユーザーのプライバシー，企業秘密，知的財産を尊重し，信頼できるファクトチェック機関や学術機関がプラットフォームデータにアクセスできるようにすることである（European Commission, 2018b: 7-8）．

　この第一の行動予定は，偽情報に関する，ファクトチェック，集合知及び監視能力の強化に重点を置いている．これは共通の作業方法を確立し，ベストプラクティスを交換し，EU 全域を可能な限り広くカバーし，ファクトチェック及び関連活動に共同で参加するための独立した欧州のファクトチェッカーのネットワーク構築を含む（European Commission, 2018b: 9）．さらに第一の行動予定には，プラットフォームと協力して情報提供者の追跡可能性と識別を改善するための自発的なオンライン識別システムの推進や AI，ブロックチェーン，認知アルゴリズムなど先端技術を動員するための EU の研究・イノベーション枠組みプログラム「Horizon Europe」の活用が含まれる．

　次に，第二の行動予定では，選挙プロセスで採用される偽情報戦略を取り上げている．安全で回復力のある選挙プロセスを確保することを目的とし，サイバー攻撃や偽情報に起因する民主的な選挙プロセスへのリスク管理において加盟国を支援するために継続的な対話を開始することを提案している．

　第三の行動予定は，教育とメディアリテラシーの育成に焦点を当てている．これは，独立したファクトチェッカーや市民社会団体による学校や教育者への教材資料の提供を支援する取り組み，OECD が国際学生評価の比較報告書で使用する基準にメディアリテラシーを加える可能性の分析，欧州メディアリテラシー週間の開催，教育，デジタルスキル，研修に関する継続的な活動の促進などで構成される．

　四つ目の行動予定は，民主主義社会の不可欠な要素としての質の高いジャーナリズムへの支援に焦点を当てている．加盟国に対し，質の高いジャーナリズムの持続可能性を妨げている市場の失敗に対処するための水平スキーム支援やジャーナリストの研修，サービスと製品のイノベーションといった特定の活動への支援を検討することを奨励している（European Commission, 2018b: 14-15）．

160   第2部　科学技術に関連したリスクの現れ

　本政策文書の五つ目の行動予定は，戦略的コミュニケーションを通じ，内外の偽情報の脅威に対抗することに重点を置いている．強靱性を構築し，EUの市民や団体に対する外国政府による組織的な偽情報キャンペーンやハイブリッド干渉に対抗するために，欧州委員会とEEASが他のEU機関や加盟国と連携を強化し，さらなる戦略的コミュニケーション対応の研究開発を行うことを強調している（European Commission, 2018b: 16）．

　偽情報対策における人権に対するEUの取り組みについては，さまざまな戦略が実施されてきた．例えば，2014年に外務理事会は「オンライン・オフライン上の表現の自由に関する人権ガイドライン」を採択した．このガイドラインは，意見表明の自由や表現の自由の侵害の防止に貢献する方法について職員やスタッフに実践的なアドバイスを紹介している．このガイドラインは，次の六つの優先行動から成る．すなわち，①表現の自由の権利を行使するジャーナリストやその他のメディア関係者を含む個人に対する暴力，迫害，ハラスメント，脅迫と闘うとともに，そのような犯罪の免責と闘う，②意見表明の自由と表現の自由を保護する法律と慣行を推進する，③報道の自由及び多元主義を推進するとともに，公平で批判的な報道への不当な干渉による危険性についての公的機関の理解を深める．④サイバー空間及びその他の情報通信技術における人権を尊重し，促進する，⑤企業によるベストプラクティスを促進する，⑥オンライン・オフライン上でのデータ保護とプライバシーの強化を目的とした法改正と実践を推進する，である（Colomina et al., 2021: 33-34）．

　別の重要な政策として，EU理事会が2020年に採択した「人権と民主主義に関するEU行動計画（2020〜2024年）」がある．その優先事項のなかでこの行動計画は，全ての基本的自由を守りながらオンラインメディアリテラシーやデジタルスキルを育成することを含め，偽情報，ヘイトスピーチ，暴力的過激派及びテロリストのコンテンツに対抗する取り組みの推進と地方レベルを含む，独立した信頼できるファクトチェック，調査，調査報道，そしてジャーナリズムの支援を強調している（EEAS, 2020: 20-21）．

２）偽情報への対応に関する日本の現状と政策

　EUと比較して日本は，ソーシャル・ネットワーキング・サービス（SNS）の利用率が比較的低く，伝統的メディアへの信頼が厚いため偽情報の影響を受けにくい（Ichihara, 2022: 36）．また，日本における外国メディアの存在感は小さい．

その理由は，日本には五つのメディア・コングロマリットが支配的であるためである．すなわち，日本テレビ―読売新聞，テレビ朝日―朝日新聞，TBS ―毎日新聞，フジテレビ―産経新聞，テレビ東京―日経新聞，加えて NHK（日本放送協会）である（Kuwahara, 2021: 5）．このため，日本の情報分野に外国が介入する余地はあまりなかった．

　他方で，日本においても偽情報とその害悪についての認識は徐々に高まっている．世界的危機，自然災害，選挙の際に偽情報の事例は増加傾向にあり，特にソーシャルメディアを介した偽情報の拡散が多い．総務省の調査によれば，2021 年現在，日本国民の約 30％が少なくとも週に一回は偽情報に接している．そして，そのうちの 50％以上が偽情報攻撃を経験した主な情報源としてソーシャルメディアを挙げている（Ministry of Internal Affairs and Communications, 2023: 24）．次に多いのは，テレビとポータルサイトやソーシャルメディアを介したニュース配信である．特に日本ではソーシャルメディアを通じた違法な，または有害な情報の流通が以前から問題となっている．2022 年，法務省の人権擁護機関は，インターネット上の情報に関連する 1721 件の人権侵害に対し救済手続きを開始し，1600 件の人権侵害の対応が完了した（Ministry of Internal Affairs and Communications, 2023: 23）．しかし，いずれも依然高い水準で推移している．

　日本には，さまざまな行為主体と偽情報キャンペーンの例がある．中国はその好例であり，日本国内の世論に影響を与えることを目的とした偽情報の多くで，中国は中核となってきた．その目的は，日本国内で自国の好意的なイメージを確立するとともに日米同盟を弱体化させることである（Kuwahara, 2021: 4）．また，中国のオンラインニュースサイトでは，日韓関係を悪化させることを目的として，日本語の記事が掲載されてきた（Suzuki, 2023: 18）．

　別の例として，昨今のロシア・ウクライナ戦争に関して日本国内で展開された偽情報キャンペーンが挙げられる．これらのキャンペーンは，日本の言説空間において「予期せぬ」レベルの混乱をもたらしたと考えられている．例えば，日本の評論家たちは，さまざまな記事において，ロシアが本当に侵略を引き起こした唯一の国なのかを問いかけ，これにより日本国内では，「お前だって論法」が展開され，ロシアの侵略にはウクライナや欧米諸国も責任の一端を担ったのではないかと示唆された（Ichihara, 2022: 36-37）．EU と比較し，日本では選挙の際に外国から偽の情報キャンペーンを仕掛けられることは多くないものの，

162 第2部 科学技術に関連したリスクの現れ

日米関係の弱体化を狙った沖縄選挙中の偽情報の拡散が例として挙げられる．また，他の例として 2011 年の東北地方太平洋沖地震（東日本大震災）や 2016 年の熊本地震でも偽情報が拡散された．このように，日本における災害時の噂のほとんどは国内で政治的あるいは経済的利益のために意図的に拡散されるものではない（Kuwahara, 2021: 4）．

EU と比較すると，日本では未だ偽情報に対して十分な措置が講じられておらず，偽情報の分析が政府レベルで広がり始めたのは最近のことである（Ichihara, 2022: 40）．2022 年，防衛省に偽情報の分析を担当するグローバル戦略情報官が新設されたほか，防衛省は情報戦に対抗するために日本語，英語，中国語，韓国語の資料の公開を開始した．ただし，この業務に携わる人材はまだ十分とはいえない．

これと並行して，日本政府はファクトチェック，SNS，メディアリテラシーの向上など，偽情報に対する具体的な対策についての議論を始めた．しかし，表現の自由を維持する観点から偽情報に対する確固たる対策を打ち出せていないのが実情である（Suzuki, 2023: 18）．一方，内閣官房は近年アクティブ・サイバー・ディフェンスの導入のための法的枠組みを策定する担当部署を創設し，さらに外務省広報文化外交戦略課には偽情報拡散への対策を担当するポストが設置された．さらに，日本政府は対策の一環として偽情報に関する教育用教材の開発・普及に取り組んでいる．例えば，総務省は若者から成人層の幅広い年齢層を対象に偽・誤情報についての意識を高めることを目的として，「インターネットとの向き合い方～ニセ・誤情報に騙されないために～」と題するガイドラインを 2022 年に公開した．また総務省は，大学，高等専門学校，中学校，専門学校，関連省庁，地方自治体，一般社団法人，報道機関，オンラインメディア，病院，民間企業に対しても各種教材を提供しているほか，インターネットトラブル防止法など，若者が ICT 利用に伴うリスクを回避することを促すことを目的とし，特に若者の ICT リテラシーの向上に向けた取り組みを推進している（G7, 2023: 15）．

日本では大手マスメディア，オンラインメディア，非営利団体などがファクトチェック活動を行っている．その例として，2022 年に設立された日本ファクトチェックセンター（JFC）があり，同センターはインターネット上で流れる偽情報についてのファクトチェックを行うほか，自社のウェブサイトやSNS，ニュースサイトなどを通じてファクトチェック記事を公表している．た

だし，日本でファクトチェックを担う人材が不足している点は強調すべきである．各メディアは人材不足のなか，手作業でファクトチェックを行っているため，チェックできる疑わしい言説の量が限られる（Ichihara, 2022: 40）．さらに，実施体制，資金調達，認知度と信頼性の向上，国際協力に関する問題もある（Suzuki, 2023: 18）．

　偽情報の問題に対処するため，ソーシャルメディアプラットフォームも日本国内でさまざまな活動を行っている．その一例がポータルサイトの Yahoo! JAPAN であり，偽情報に関する意識の向上を目指し，専門家による記事など具体的なコンテンツを公開している．もう一つの例は，LINE みらい財団であり，情報活用スキルの向上のための教材である「GIGA ワークブック」を開発した．さらに，メタ・プラットフォームズは，日本の干渉防止，有害コンテンツと誤報の削除，透明性の向上を目的とし，日本における公平な選挙プロセスの支援に取り組んでいる．さらに同社は選挙や政治関連の広告を掲載する個人や団体の信頼性と正当性について検証するための認証プロセスを確立した（G7, 2023: 14）．

おわりに
　──今後の課題と政策提言──

　上述のとおり，EU は域内外において偽情報に対処するための一連の手段と実践を徐々に開発してきた．権利に基づく文化は EU 域内における人権アプローチに役立っている（Colomina et al., 2021: 46）．同時に，偽情報に対処するため，EU はその対外的活動において人権と民主主義の保護をより重視し始めた．

　EU は進歩しているものの，EU 域外における偽情報対策活動において，より人権に重点を置く必要がある．Colomina 他が指摘するとおり，偽情報に対する戦略を，国際的な人権に対する EU の包括的なアプローチの中に完全に組み込む方法を見出すことが基本的課題として残っている（Colomina et al., 2021: 46）．EU は，国際関係において主に地政学的問題として偽情報問題を扱っている．つまり，第三国内の人権への影響に焦点を当てず，EU を弱体化させることを目的とした行為主体が拡散する偽情報に取り組んできた．

　欧州議会は EU の法律，第三国協定，外部調達資金に対する強い影響力により，EU 域外の偽情報対策活動における人権保護の確保において重要な役割を

担っている．今後，欧州議会による偽情報に関する政治的議論の機会をより多く持つことが重要であろう．また，パブリック・ディプロマシー（国際関係や相互信頼を強化する目的で一般市民と直接的に関与する政策）の活用により，欧州議会はより多くの聴衆に働きかけ，世界の他の議会と偽情報対策を共有できる．これと並行して，EU はデジタルプラットフォームが民主的権利に与える影響について，より説明責任を果たすことで偽情報に対処することが不可欠である．さらに EU は，その外交的影響力を活用してこのようなプラットフォームや他の政府に対し，第三国における説明責任と透明性の基準の適用について協力するよう促すべきである（Colomina et al., 2021: 47）．

EU の将来的な政策は，メディアに対する信頼の柱を強化することにも重点を置くべきである．例えば，ジャーナリスト協会がファクトチェックに参加できるように支援すべきである．また，独立した信頼できる報道機関が容易にアクセスでき，かつ定期的に更新されるデータベースを活用できるよう，推奨・支援するプログラムを実施すべきである．

前節で確認したように，世界規模の危機，自然災害，選挙の際には日本でも偽情報が拡散される事例が徐々に増えている．近年の COVID-19 とロシア・ウクライナ戦争はその好例である．また，EU に比べて日本は偽情報対策が著しく遅れており，さらなる改善が必要である．Kuwahara が指摘するとおり，経験が少なく対策が不十分な日本は，同様の偽情報の脅威に直面している G7諸国をはじめ他の民主主義国家から学ぶべきことは多い（Kuwahara, 2021: 8）．

まず，日本は EU を含む他の行為主体と偽情報対策の実践を共有する国際的な協力関係を強化することが重要である．次に，政府の戦略と国内における他の行為主体との協力を推進すべきである．例えば，大学，メディア，その他の公的及び民間の行為主体が協力し，これら主体のファクトチェック情報を公開，監視，比較するファクトチェックプラットフォームを設立することができる．さらに，この分野における資金と人材の拡充が重要である．第三に，国民のメディアリテラシーや偽情報の問題に対する意識向上を目的とした教育プログラムや活動の活発化が不可欠である．例えば，メディアリテラシーを高めるための特定のプログラムを日本の小中学校で導入することもできる．また，大学は偽情報や AI，サイバーセキュリティなどの現代の問題に焦点を当てたコースを設立することが可能である．これと並行して，日本におけるメディアに対する厚い信頼とその影響力を考えれば，これらの主体は啓発活動やファクト

チェック結果の公開をより強化する必要がある．同時に，発揮されるイニシアチブにおいては，国民の年齢や学歴を考慮して，偽情報問題を分かりやすく説明する必要がある．第四に，偽情報対策において，日本の公的機関や民間の行為主体が広範なパブリック・ディプロマシーを実施することが可能である．こうした活動は，さまざまな世代の幅広い聴衆に働きかけるためにも，またEUや世界中の行為主体と有益な実践を共有するうえで不可欠である．最後に，前節で述べたとおり，偽情報への対抗活動のなかには人権や民主主義に対するリスクを伴うものもある．したがって，EUと日本の双方にとって今後の対策が表現の自由やプライバシーなど基本的人権が損なわれないようにすることが重要である．

　これらと並行して，定期的なモニタリングのシステムの開発と活動の効率性を評価することも非常に重要である．問題の規模，範囲，正確な特質に対する理解を最新の証拠に基づきつつ確実なものにし，それらを考慮した上で可能な対応を図ることが重要である（HLEG, 2018: 12-35）．なぜなら，偽情報のさまざまな形態とそれらが社会にもたらす脅威は，デジタルメディアの急速な発展と深く結びついており，その一方でオンライン上での拡散を増幅させるために用いられる戦略と技法は進化し続けるためである．

参考文献

Association for Progressive Communications (2021) "Disinformation and freedom of expression: Submission in response to the call by the UN Special Rapporteur on the promotion and protection of the right to freedom of opinion and expression." (https://www.apc.org/sites/default/files/APCSubmissionDisinformationFebruary2021.pdf) 2025 年 1 月 28 日取得.

Barendt, E. (2005) *Freedom of Speech*, Oxford University Press.

Bayer, J., N. Bitiukova, P. Bárd, J. Szakács, A. Alemanno and E. Uszkiewicz (2019) *Disinformation and propaganda – Impact on the Functioning of the Rule of Law in the EU and Its Member States*, European Parliament.

Beck, U. (2006) "Living in the world risk society," *Economy and Society*, Vol. 35, No. 3, pp. 329-345.

Bontcheva, K. and J. Possetti (2020) "Introduction," Bontcheva K. and J. Possetti (eds.), *Balancing Act: Countering Digital Disinformation While Respecting Freedom of Expression: Broadband Commission Research Report on 'Freedom of Expression and Addressing Disinformation on the Internet,'* UNESCO and

International Telecommunication Union (ITU), pp. 9-35.

Carrera, S., E. Guild and N. Hernanz (2013) *The Triangular Relationship between Fundamental Rights, Democracy and Rule of Law in the EU – Towards an EU Copenhagen Mechanism*, European Parliament.

Council of Europe (2018) "Dealing with propaganda, misinformation and fake news." (https://www.coe.int/en/web/campaign-free-to-speak-safe-to-learn/dealing-with-propaganda-misinformation-and-fake-news) 2024 年 9 月 5 日取得.

Dworkin, R. (1999) *Freedom's Law: The Moral Reading of the American Constitution*, Oxford University Press.

European Commission (2018a) *Action Plan against Disinformation: European Commission contribution to the European Council*, Publications Office of the European Union.

European Commission (2018b) "Communication from the Commission to the European Parliament, the Council, the European Economic and Social Committee and the Committee of the Regions: Tackling online disinformation: a European Approach," Publications Office of the European Union.

European External Action Service (2020) *EU Action Plan on Human Rights and Democracy 2020 – 2024*, Publications Office of the European Union.

European Parliament: Directorate-General for External Policies of the Union, C. Colomina, H. S. Margalef and R. Youngs (2021) *The Impact of Disinformation on Democratic Processes and Human Rights in the World*, European Parliament.

Feldstein, S. (2019) "The Road to Digital Unfreedom: How Artificial Intelligence is Reshaping Repression," *Journal of Democracy*, Vol. 30, No. 1, pp. 40-52.

Ghosh, D. and B. Scott (2018) *Digital Deceit: The Technologies Behind Precision Propaganda on the Internet*, New America.

G7 (2023) "Existing Practices against Disinformation (EPaD)," G7 2023 Hiroshima Summit. (https://www.soumu.go.jp/main_content/000905620.pdf) 2024 年 9 月 2 日取得.

High Level Expert Group on Fake News and Online Disinformation (HLEG) (2018) *A Multi-dimensional Approach to Disinformation*, Publications Office of the European Union.

Ichihara, M. (2022) "How to tackle disinformation in Japan: Lessons from the Russia-Ukraine War," Hass R. and P. M. Kim (eds.), *Democracy in Asia*, Brookings Institution Press, pp. 36-43.

Kuczerawy, A. (2020) "Fighting Online Disinformation: Did the EU Code of Practice Forget about Freedom of Expression?," Terzis G., D. Kloza, E. Kużelewska and D. Trottier (eds.), *Disinformation and Digital Media as a Challenge for Democracy*,

第 3 章　グローバルリスクとしての偽情報　*167*

Intersentia, pp. 291-308.

Kuwahara, K. (2021) "Fighting Disinformation: Japan's Unique Situation and the Future of Canada-Japan Cooperation," *Commentary*, Macdonald-Laurier Institute, pp. 1-11.

Ministry of Internal Affairs and Communications (2023) "Spreading Disinformation and Misinformation on the Internet," *Information and Communications in Japan: White Paper 2023*.

Nuñez, F. (2020) "Disinformation Legislation and Freedom of Expression," *UC Irvine Law Review*, Vol. 10, No. 2, pp. 783-798.

Suzuki, R. (2023) "A Proposal for Countermeasures against Disinformation: Utilization of NHK as a Public Broadcaster," York R. and A. Igata (eds.), "The United States & Japan: Allied Against Disinformation — Next Generation Voices Speak," *Issues & Insights*, Vol. 23, No. 9, Pacific Forum International, pp. 17-22.

UN Committee on Human Rights (1996) "General Comment 25, 'The Right to Participate in Public Affairs, Voting Rights and the Right to Equal Access to Public Service'," United Nations.

UN General Assembly (1948) "Universal Declaration of Human Rights (UDHR) (217 (III) A)," New York.

UN General Assembly (1966) "International Covenant on Civil and Political Rights," *Treaty Series*, Vol. 999, p. 171.

United Nations Human Rights Council (2016) "Report of the Special Rapporteur on the promotion and protection of the right to freedom of opinion and expression," United Nations.

United Nations Human Rights Council (2018) "The right to privacy in the digital age: Report of the United Nations High Commissioner for Human Rights", United Nations.

United Nations Human Rights Office of the High Commissioner (2011) Guiding Principles on Business and Human Rights: Implementing the United Nations "Protect, Respect and Remedy" Framework, United Nations.

United Nations Special Rapporteur on Freedom of Opinion and Expression, Organization for Security and Co-operation in Europe (OSCE) Representative on Freedom of the Media, Organization of American States (OAS) Special Rapporteur on Freedom of Expression, African Commission on Human and Peoples' Rights (ACHPR) Special Rapporteur on Freedom of Expression and Access to Information (2017) "Joint Declaration on Freedom of Expression and 'Fake News', Disinformation and Propaganda."

Wardle, C. and H. Derakhshan (2017) *Information Disorder: Toward an interdisciplinary framework for research and policy making*, Council of Europe.

Woolley, S. C. and D. R. Guilbeault (2017) "Computational Propaganda in the United States of America: Manufacturing Consensus Online," Working Paper No. 2017.5, University of Oxford.

World Economic Forum (2024) *The Global Risks Report 2024, 19th Edition*, World Economic Forum.

第4章
AI のリスクとグローバル・ガバナンスの展望

北　和樹

は じ め に

　人工知能（Artificial Intelligence: AI）は人類の課題を解決に導く可能性を有する強力な道具である．AI とは，アルゴリズムあるいは機械によって示され，あるいはシミュレートされる，人工的に作られた，知的な振る舞いをするシステムである[1]．大規模なデータ収集と高度な分析，情報処理速度の向上，自動化といった AI の機能は，それが人間の利益のために使用されるならば社会をより良い方向へ変革するために重要な役割を果たす．とりわけ AI の役割が期待される分野には，例えば，科学的知識を集積し学際性や関連性を発見するといった科学的研究における新分野の開拓，発電や電力供給網の効率化のためのエネルギーグリッドの最適化[2]，公衆衛生や農業・食料問題への対処，気候変動の監視，さまざまなセクターにおける生産性の向上や業務の軽減，イノベーション支援などの経済の促進があげられる（the multi-stakeholder High-level Advisory Body on Artificial Intelligence, 2024: 24）．COVID-19 では，病気の地理的な広がりを予測し，コンピュータ断層撮影スキャンによって感染を診断し，ウイルスに対する最初のワクチンと薬を開発することに AI が役立てられた（European Commission, 2021: 1）．また，難問であるとされるタンパク質の立体構造を高精度に予測することを AI を用いて成功させた研究者が 2024 年度のノーベル化学賞を受賞するなど，AI への期待が高まっている（the Nobel Prizes, 2024）．
　その一方で，AI には重大なリスクがあるとされる．例えば，AI の悪用や誤用である．テロや犯罪を目的とする使用は悲惨で大規模な死，破壊，トラウマを引き起こす可能性がある．また，AI を用いたインフラへのサイバー攻撃は多大な人的被害をもたらすだろう．偽情報やヘイトスピーチの拡散，情報操作やディープフェイク（deepfake）[3]への使用は，真実や事実を毀損し，偏見を増

幅させ，差別を強め，憎悪や暴力を煽り，人の行動を新たな次元で操作することが懸念されている．実際に，2016 年のアメリカ大統領選の選挙運動やイギリスにおける欧州連合 (European Union: EU) 離脱を問う 2016 年の国民投票の選挙運動において，ソーシャル・ネットワーキング・サービス (SNS) 上の個人情報が不正利用されたケンブリッジ・アナリティカ事件では，AI や AI によって推論されたデータの使用が SNS のプラットフォームを通じて人々の投票行動に影響を与え，選挙を脅かしたとされる (川西，2020: 58)．このような AI の使用は民主主義や政府の信頼性に対するリスクである．さらに，AI を統治の道具とする不適切な使用や国民統制のための使用は権威主義者による新たなレベルの監視を可能にする．人の自由な生活や行動の監視は統治構造を固定化する基本的権利に関わるリスクである．例えば，オランダ政府が社会保障の手当の不正受給対策のために 2014 年に導入した詐欺防止のための AI 予測システム (「リスク表示システム (SyRI)」) が低所得者や移民が多く住む地域の人々を危険度が高いと判断していたことから政府は批判・提訴された．2020 年にハーグ地方裁判所は SyRI には透明性が欠如しており「意図しない偏見や差別的影響」につながるとして，欧州人権条約違反であると判決し，SyRI の使用は差し止められた (ECLI: NL: RBDHA: 2020: 1878)．AI の使用に加えて，AI 自体の誤作動・不具合・誤判断，使用者である人間の不注意や無関心も懸念の一つである．例えば，2021 年のオランダの「前代未聞の不正義」事件では，税務当局が AI の不適切で誤った判断を根拠に約 1 万世帯の育児手当受給者を詐欺容疑で告発し，不当に返還させた．対象となった多くの世帯は民族的出自や重国籍を理由に告発されており，失業，破産，離婚に至ったケースもあったことから，当時のルッチ内閣は責任を認め，政府は謝罪し，内閣総辞職した (Stephanie Van Den Berg, 2021)．今こそ「リスクに対処するための行動を起こさなければ，私たちは現在および将来世代に対する責任を放棄することになる」(国連広報センター，2023)．

　AI をどのようにガバナンスするかという問題は国際社会で活発に議論が行われている．ガバナンスとは，さまざまな行為主体 (アクター) が交渉と審議により相互に満足のいく拘束力を有する決定に到達するための問題・紛争を扱うメカニズムである (Schmitter, 2001: 5)．ガバメントとは異なり，ガバナンスは統治者と被統治者が同時的に同一であり，自らが決定して自らにその決定を課すため，協議とコンセンサス重視の傾向がある (龍澤，2009: 126)．世界政府

をもたない国際社会における AI 規制の議論はガバナンスの問題である．AI のガバナンスが複雑であるのは，まず，AI ツールが核物質や化学・生物兵器とは異なり，ほとんど痕跡を残さずに世界中を移動させることができるという規制や管理のむずかしさにある．次に，アクターの多様さとその性質があげられる．専門家でなくても多少の知識があれば誰でも AI を開発したり，使用したりすることができるという身近さが AI にはあり，既に多くの AI ツールやアプリケーション，モデルを一般市民が広範に利用している．さらに，AI において主導的役割を果たしているのが民間セクター，とりわけ，多国籍企業やビッグテック（GAFAM 等の大手テクノロジー企業）であるという点がある．AI の開発と実装に必須である原材料は世界中から調達されており，AI のサプライチェーン，使用者，リスクや実害の対象者はグローバルである．これらのことから，AI に関わるアクターは全人類であるといえる．AI のリスクや課題に対処するためには，国家は当然のこと，民間も含むグローバルなガバナンスが必要不可欠なのである．

　AI に関する国際的な規制のための試みは積極的に行われており，本章で見るように AI の倫理や原則については合意が形成されつつある．2023 年 7 月 18 日には，国際連合（国連）安全保障理事会で AI をテーマとした初の会合が開かれた．それにもかかわらず，いまだに包括的でグローバルな AI ガバナンスは形成されていない（the multi-stakeholder High-level Advisory Body on Artificial Intelligence, 2024: 37）．民間セクターが技術的に主導的役割を果たし，急速な発展で人や社会への影響力を増す AI のリスクに対しては，倫理や原則だけでは規制効果を十分に発揮することはできない．したがって，国際的な規制のための制度の形成が必要である．ここでの制度には，国際社会において，国際機構などの組織としての制度と協定やレジームなどの形であらわれるメカニズムとしての制度という二つの形態がある（Bergel, 1985: 200-204）．メカニズムとしての制度とは，「社会生活の一つの要素の発達のために与えられた法的枠組みをなす法規則の総体」である（龍澤，1993: 15）．AI を国際的に規制するために新たな国際組織を作るだけでなく，既存の制度の機能をうまく連携させていく方法についても模索する必要がある．

　そこで本章では，どのようなグローバル・ガバナンスが AI の規制効果を十分に発揮することができるのかを明らかにしたい．そのために，1 節では，現在行われている AI 規制に向けた国際協力の形成過程について概観する．2 節

では，まず，法規則化された多国間 AI ガバナンスとそこで規定されるリスクについて，EU 並びに欧州評議会（Council of Europe）で合意された法規制を事例として，検討する．次に，規制効果がうまく発揮されるグローバルな AI ガバナンスについて制度的側面から検討する．

1．AI 規制のための国際協力

1）AI 規制のための国際協力の形成

　AI を規制するための初歩的手段は，AI のリスク特定と特定されたリスクに対する直接的な規制・制限である．規制対象となる技術や製品，行為が明らかである場合，このアプローチは有効である．そのような試みの一つが比較的早くから国際社会で検討されてきた AI を搭載した殺傷兵器であるキラー・ロボットのガバナンスである．2014 年以来，特定通常兵器使用禁止制限条約の締約国会議において，人間の関与なしに攻撃目標や方法を判断して攻撃する自律型致死兵器システム（Lethal Autonomous Weapons System: LAWS）を規制することが検討されてきた．2023 年 12 月 22 日には国連総会で初めて LAWS の具体的な規制に向けて取り組むことが決議された（A/RES/78/241）．決議を受けて，2024 年 7 月 1 日にはグテーレス事務総長は報告書を発表し，2026 年までに LAWS の禁止や規制に向けた法的拘束力のある文書を締結するよう各国に求めた（A/79/88: 18）．10 年以上の議論を経て LAWS の規制が難航している理由の一つは規制対象とすべき AI の定義に関する議論である．規制対象を明確化し，既存の法や制度で対応することが可能かどうかを判断するために定義は重要である（川村・龍澤，2022: 237）．例えば，カメラやセンサを搭載し AI を用いて制御されるドローン（無人航空機）は，既存の航空法の一部改正を行うことで航空機として定義され，規制された（平成 27 年法律第 67 号）．LAWS については国際的に合意された定義はまだなく，特定の禁止事項を策定するために定義や一般的な特徴に関する合意が必要とされる．一方で，そもそも正確な定義は必要なく，LAWS に AI が使用されている必要さえもないという見解がある（A/79/88: 6）．確かに，従来のミサイル防衛システムにおいても標的の探知や攻撃などにコンピュータ技術とアルゴリズムが用いられ，既に特定の自律性や自動性を有している．そこで，LAWS の定義と並行して，LAWS に対する人間による制御または関与を維持することの重要性が指摘されている（A/79/88: 6）．

これは国際法（とりわけ国際人道法）や説明責任の遵守を確保するために人間の制御可能性が重要となるためである．LAWS の例のように規制対象が明確であっても，AI の定義や AI が引き起こすリスクについて各国の合意が得られないことにより規制に至らないことがある．

　そこで AI 規制に対しては，対象やリスクの特定と規制の試みと並行して，AI に関する倫理原則を共有するというアプローチが採られてきた．倫理原則や指導原則についての共通認識は広範囲に機能するだけでなく，法的拘束力を有する合意をするために必要な土台ともなる．倫理規範の原則が効果的であるためには，倫理原則が明確に定義され，非常に目立ち，制裁によって強制されなければならない（Mittelstadt, 2019: 8）．AI に関する倫理原則について合意形成するための多国間ガバナンスは 2019 年頃からさかんに行われるようになった．EU では，2018 年 6 月に EU 委員会の下に，学者・業界人・市民社会のメンバーで構成される AI 上級専門家グループが設置され，2019 年 4 月 8 日に「信頼できる AI のための倫理ガイドライン」（Ethics guidelines for trustworthy AI）が公表された[6]．このガイドラインでは，AI は信頼できるものでなければならず，法律と倫理原則を遵守し，堅牢でなければならないとされた．そして，そのような AI を設計するための枠組みとなる基本的要件，技術及び非技術的要件，評価リストが提示された．AI が信頼できると見なすための要件として ① 人間の主体性と監督，② 技術的な堅牢性と安全性，③ プライバシーとデータガバナンス，④ 透明性，⑤ 多様性・無差別・公平性，⑥ 社会的及び環境的配慮，⑦ 説明責任という 7 項目があげられている．経済協力開発機構（OECD）では，2016 年の AI に関する技術予測フォーラム（Technology Foresight Forum on AI）や 2017 年の AI に関する国際会議（International Conference on AI: Intelligent Machines, Smart Policies）における検討を経て，2019 年 5 月 22 日に「AI に関する理事会勧告」（Recommendation of the Council on Artificial Intelligence: OECD 勧告）が採択された．OECD 勧告は，AI に関する政府間基準を設定することによって信頼できる AI の責任ある管理を推進し，人権や民主主義といった価値を尊重しつつ，AI のイノベーションを促進することを目的としている（OECD, 2019: 3）．この目的を達成するために AI アクターが推進し履行すべき既存の価値観に基づく原則として ① 包摂的成長・持続可能な開発及びウェルビーイング，② 人間中心の価値観及び公平性，③ 透明性及び説明可能性，④ 堅牢性・セキュリティ及び安全性，⑤ 説明責任の五つの原則が提示された．2019 年の

G20 大阪サミットは，OECD 勧告を追承認し，「G20 AI 原則」(G20 AI Principles) として，首脳宣言を採択した．国連教育科学文化機関 (UNESCO) では，2021 年 11 月 23 日に「AI の倫理に関する勧告」(Recommendation on the Ethics of Artificial Intelligence: UNESCO 勧告) が採択された．以上の AI の倫理原則に関する国際的な合意への参加国数は，EU が 27 カ国，OECD が 42 カ国である．これに対して，UNESCO 勧告への参加国は 193 カ国であり，現在最も多くの国が参加する倫理原則である．UNESCO 勧告の目的は「AI システムが人類，個人，社会，環境，生態系の利益のために機能し，また危害を防止するための基礎を提供すること」及び「AI システムの平和的利用を促進すること」である (UNESCO, 2021: 14)．AI システムがそのように機能するためには信頼性と完全性を備えている必要があり，それらは AI システムが必要に応じて関連する利害関係者によって，そのライフサイクル全体を通じて徹底的に監視されていることが要件である (UNESCO, 2021: 18)．そして，信頼性を促進するために原則を運用しなければならないとして，① 比例性と無害，② 安全とセキュリティ，③ 公平性と差別禁止，④ 持続可能性，⑤ プライバシーの権利とデータ保護，⑥ 人間の監視と決定，⑦ 透明性と説明可能性，⑧ 責任と説明責任，⑨ 理解促進とリテラシー，⑩ マルチステークホルダーと適応型ガバナンスとコラボレーションの 10 項目の原則を提示している (UNESCO, 2021: 20-23)．これらの原則の根底には，人権・基本的自由・人間の尊厳の尊重・保護・促進，環境と生態系の繁栄，多様性と包摂性の確保，平和で公平で相互連携した社会で生きることといった価値観がある (UNESCO, 2021: 18-20)．上記三つのガイドラインや勧告は現在 AI に関する国際的な会議や文書で基本的に参照されるものとなっている．

2) チャット GPT 以後の国際協力の促進

　2022 年 11 月に発表された「チャット GPT」(ChatGPT) は，AI 規制のための国際協力を促進させる大きな契機となった．チャット GPT は，GPT という自然言語（人間の言葉）を処理する技術モデルを用いた会話型 AI サービスであり，「生成 AI」(Generative AI) と呼ばれるものである．生成 AI は，与えられたデータを基に新たな画像，動画，文章，音声などのデータを作り出すことができる AI 技術であり，インターネット上の膨大な情報を学習していることから複雑な語彙や表現を理解することができる．チャット GPT は，まるで本当

の人間のように自然な文章で質問に回答したり，文章の作成や要約，翻訳なども行ったりする．そのため，個人だけでなく企業や地方自治体においても使用する動きが急速に高まった．しかし，主にインターネット上のデータを利用していることから，偽情報の流布，著作権侵害，個人情報の無断使用や漏洩，誤用といった懸念がある．また，ディープフェイクの作成やなりすましといった悪用も懸念される．こうした懸念から，イタリアでは，チャット GPT へのアクセスを停止する措置が一時採られた（ロイター，2023）．

　以前に増して AI に対処することの緊急性が意識されたためか，チャット GPT の発表以降に多国間で合意された AI に関する宣言や国際文書は九つにも及び，AI に関する国際会議が定期的に開催されるようになった．AI に関して地域レベルでの国際協力を促進するための合意として，まず，東南アジア諸国連合（ASEAN）では「AI ガバナンスと倫理に関する ASEAN ガイド」（ASEAN Guide on AI Governance and Ethics）が 2023 年 2 月に採択された．これは ASEAN において，AI のガバナンスに対する共通のアプローチを形成し，責任ある倫理的配慮について共通の理解の基盤を構築するものである．次に，アフリカ連合（AU）では，2024 年 7 月の第 45 回執行理事会において「大陸 AI 戦略：アフリカの発展と繁栄のための AI 利用」（Continental Artificial Intelligence Strategy）が採択された．この戦略は，AI 主導の変革に伴う社会的，倫理的，セキュリティ及び法的課題に対処するための政策介入について，アフリカ大陸の共通ビジョンを提示し，AI のメリットの活用，AI 機能の構築，リスクの最小化，投資の促進，協力の促進という五つの重点分野を中心にアフリカ中心で開発志向の包括的なアプローチを提唱する．そのために，AU は実施計画の策定，AI リスク評価，加盟国の協力強化，AI の安全性とセキュリティに関する会議の主催，専門家グループの設置を行う（Continental Artificial Intelligence Strategy, p. 6）．また，加盟国は AI を国家の優先課題として国内資源を動員するとともに，AI リスクに対処しメリットを最大化するためのガバナンスメカニズムの開発や公共政策の推進を行うこととしている（Continental Artificial Intelligence Strategy, p. 7）．ラテンアメリカ・カリブ海地域においては，2023 年 10 月に AI の倫理に関する初の閣僚級・高官サミットがチリのサンティアゴで開催され，「サンティアゴ宣言：ラテンアメリカとカリブ海地域で倫理的な AI を促進するために」（DECLARACIÓN DE SANTIAGO）が採択された．この宣言では UNESCO 勧告の実施を推進するとともに，ラテンアメリカ・カリブ海地

域に AI に関する地域評議会を設立することが合意された（DECLARACIÓN DE SANTIAGO, p. 4）．

　他方，AI の安全性や倫理原則に関する合意としては，例えば，2023 年 11 月の AI 安全性サミット（AI Safety Summit）があげられる．これはイギリスのブレッチリーパークで開催された AI の安全性に関する初のサミットであり，アメリカ，中国，EU など AI 先進国が中心として参加した．サミットでは，成果文書として AI の安全性に関する初の国際的な合意である「ブレッチリー宣言」（Bletchley Declaration）が採択された．この宣言では，AI に起因するリスクの多くが本質的に国際的な性質であることから，国際協力を通じて対処する必要性があることを強調し，協働して AI の安全性に関するリスクの特定とその対処を行うことが示された（Bletchley Declaration）．また，AI の開発原則に関する合意としては，2023 年 5 月の G 7 における生成 AI に関する議論のための広島 AI プロセスの創設ならびに同年 10 月 30 日の「広島 AI プロセスに関する G 7 首脳声明」，「高度な AI システムを開発する組織向けの広島プロセス国際指針」，及び同「国際行動規範」がある．広島 AI プロセスでは，高度な AI，とりわけ基盤モデルや生成 AI のリスクを管理し，人間中心で，共有された原則を守るために包摂的なガバナンスが必要であるとされた（G7, 2023: 1）．

　以上のように，多国間の AI ガバナンス形成の試みは，対象となる AI の技術や製品または行為に対する制限の策定と AI リスク評価や技術協力を行うための国際協力体制の構築，そして，国際的な AI に関する共通の理解や倫理原則についての合意が，同時並行で行われている．それぞれのガバナンスにおいて合意された原則やリスクに対する考え方はガバナンス間で相互に参照され，特に AI リスクに対処するにあたっては人間を中心に据えるといった点が国際社会で共通の指針となっていることがうかがえる．

2．AI リスクに対するグローバル・ガバナンス

1）法規則化された多国間 AI ガバナンス

　前節では，AI に関するグローバル・ガバナンスの形成において，倫理，開発，指導といった原則に関する合意が進められ，国際的または地域的な共通の原則が形成されていることを明らかにした．しかし，AI を規制するには倫理等の原則のみでは不十分である．なぜなら，倫理原則は AI を設計，構築，配

布，使用する人々の良心に訴え，特定の事項を考慮するように求めるものであり，強制できるものではないためである（Guihot, 2010: 322）．また，違反に対する実効的または法的な帰結や罰則もない．人の基本的権利を保護するために特定のAIリスクに対しては法的拘束力を有する規制が有効であり，また必須である．AIのような新技術ではすべての規制がイノベーションに反するわけではない．法律や規制は，新しい活動を制限するのではなく，促進するために使用されることもある．例えば，規制はプライバシー保護，データ分析，エネルギー効率等の分野でイノベーションを刺激するとされている（Guihot, 2010: 322）．また，ここには将来的に規制が行われるリスクが減る結果として投資が促進されるという側面も含む．AIの規制はAIのリスクがグローバルである以上，国際的なレベルで行われる必要がある．

　現在，国際的なレベルで法的拘束力を有する規制は二つある．一つは，2024年8月1日に発効したEUのAI規制に関する世界初の包括的な法律「AI法」（Artificial Intelligence Act）（EUAI法）である．EUAI法は，2025年2月2日から徐々に適用が開始され，EU加盟27カ国に直接適用される，罰則規定を有する法律である[7]．もう一つは，2024年5月17日に採択され，同年9月5日に正式署名が開放された，欧州評議会によるAIに関する世界初の国際条約「AIと人権，民主主義，法の支配に関する欧州評議会枠組条約」（Council of Europe Framework Convention on Artificial Intelligence and Human Rights, Democracy and the Rule of Law）（AI条約）である．AI条約は，参加国による批准後に発効する予定である．

　EUAI法の特徴は，AIの実用化リスクに対する規制とAIによるイノベーションの両立である．すなわち，AIの導入促進のためのガバナンスとAIのリスクから健康，安全，基本的権利，民主主義，法の支配及び環境を高い水準で保護するための規制のガバナンスが併存するという特殊性を有している．EUAI法の目的は，「連合内においてAIシステムの有害な影響から健康，安全，基本的権利，民主主義，法の支配及び環境を高い水準で保護し，イノベーションを支援しながら，人間中心で信頼できるAIの導入を促進すること」（第1条）である．AIの定義は，AIシステム（Artificial Intelligence System）として定義される．すなわち，「さまざまな水準の自律性で動作するように設計され，配備後に適応性を示す可能性を有し，明示的または暗黙的な目的のために，受信した入力から，物理的または仮想的環境に影響を与える可能性のある予測，

コンテンツ，推奨，決定などの出力を生成する方法を推論するマシンベースの
システム」（第3条第1項）である．AIのリスクに対処する方法としては，リス
クベースアプローチが採用されている．リスクベースアプローチとは，AIシ
ステムに比例的かつ効果的な一連の拘束力あるルールを導入するために，AI
システムが生成する可能性のあるリスクの程度と範囲に応じて，ルールの種類
と内容を調整するアプローチである．EUAI法の適用範囲はEU域内だけでな
く域外にも適用されることが特徴である．その規制対象はAIのプロバイダー
（提供者），デプロイヤー（配備者），ユーザー（使用者）であり，EUの域内市場
に接点を有する限り第三国のそれらにも適用されるのである．

　リスクベースアプローチに基づき，EUAI法ではAIシステムが引き起こす
可能性のあるリスクを，①許容できないリスク，②高リスク，③低リスクま
たは最小限のリスクの三つに分類し，それぞれのリスクに対して，特定の許容
できないAIの実行に対しては禁止を，高リスクAIシステムに対してはその
要件と関連するオペレーターの義務を，その他の特定のAIシステムに対して
は透明性の義務を定めている．ここでのリスクとは，「危害が発生する蓋然性
及びその危害の重大さの組み合わせ」（第3条第2項）を意味する．特定の許容
できないAIの実行のリスクの内容としては，人間の行動を実質的に歪め，人
が本来有する自律性や自己決定に関わる権利を侵害すること，統治構造の固定
化，差別の助長などが言及されている．つまり，民主主義の価値や差別撤廃に
取り組んできた人類の価値を侵害することがそのようなリスクであるといえる．
具体的には，サブリミナル技術，脆弱性の悪用，生体認証分類システム，ソー
シャルスコアリング，「リアルタイム」遠隔生体認証システム，プロファイリ
ングまたは犯罪リスク評価，顔認証データベースの作成及び拡張，感情推測，
「事後」遠隔生体認証システムの九つの実行が禁止される．

　高リスクAIは，AI製品の安全装置や特定分野において使用されるAIが対
象である．特定分野としては，生体認証及び生体認証ベースのシステム，重要
インフラの管理と運用，教育・職業訓練，雇用・労働者の管理及び自営業への
アクセス，不可欠な私的及び公的なサービス及び給付へのアクセス及び享受，
法執行機関，移住，庇護及び出入国管理，司法と民主的手続きの管理があげら
れる．これら8分類のリスト及び安全装置に使用されるAIは，自然人の健康，
安全，または基本的権利に有害となる重大なリスクを引き起こす場合，または，
それが環境に有害となる重大なリスクを引き起こす場合にリスクを有するもの

と考えられる．EUAI法における高リスクは，AIのリスクとAIによってもたらされる利益のバランスやトレードオフを考慮の前提とした経済的な枠組みであると考えられる．なぜなら，EUAI法は域内市場の確立及び運営を目的として起草されており，AIシステムが商品やサービスの自由な流通を妨げ，また加盟国によって異なる法的枠組みがデジタル単一市場を断片化させている現状を改善することが目標だからである．高リスクAIシステムのプロバイダーやデプロイヤーは，高リスクAIシステムの要件を遵守することを確保する義務を負っており，リスク管理システム，データ及びデータガバナンス，技術文書，記録保持，透明性及び利用者への情報提供，人間による適宜監視，正確性，堅牢性及びサイバーセキュリティといった要件と事前の適合性評価の準拠が課されている．

　低リスクまたは最小限のリスクには，AIシステムが使用されていることを人に知らせる透明性義務が規定される．そのようなAIシステムとしては，人と交流することを目的としたAIシステム，感情を認識するために使用されたり，生体認証データに基づいて社会的なカテゴリとの関係性を判断したりするシステム，あるいはディープフェイクが言及されている．透明性義務の対象となるAIは，AIの課題とされるブラックボックスや自律性，あるいはAIシステムの使用の蓄積やAIに使用されるデータセットの傾向といったバイアスが差別を助長する可能性があるものである．上記の規制を監視する機関として，EUAI法では四つの機関が設置される．すなわち，「AI局」（AI Office），「欧州AI委員会」，「アドバイザリー・フォーラム」，「独立した専門家による科学パネル」（Scientific panel of independent experts）である．

　EUとは異なり，欧州評議会ではAI時代の人権の保護という観点から，2019年9月にAIに関するアドホック会合（Ad hoc Committee on Artificial Intelligence: CAHAI）が発足した．2022年4月には，AIに関する委員会（Committee on Artificial Intelligence: CAI）が発足し，AIの開発，設計，運用に関する法的文書を作成することが任務として定められた．その成果物たるAI条約の目的は，「AIシステムのライフサイクル内の活動が人権，民主主義及び法の支配と完全に一致することを確保すること」（第1条）である．そのために，AI条約では締約国による規定の効果的な実施を確保するためのフォローアップの仕組みの確立と国際協力について規定する．対象となるAIの定義はEUAI法とほとんど同じである．すなわち，「明示的または暗黙的な目的のために，受信した入

力から，物理的または仮想的環境に影響を与える可能性のある予測，コンテンツ，推奨，決定などの出力を生成する方法を推論するマシンベースのシステム」である．AI条約の規制範囲は，「公的機関または公的機関に代わって行動する民間主体が行うAIシステムのライフサイクル内の活動」であり，これ以外の民間主体の活動については各締約国が国内法で定めることができる．また，安全保障や国防に関する活動には適用されない．AI条約の締約国には人権保護と民主的プロセスの完全性及び法の支配の尊重のための措置を採用し維持する義務がある．そのために実施すべき一般的な共通原則として，人間の尊厳と個人の自律，透明性と監視，説明責任と責任，平等と差別の禁止，プライバシーと個人データの保護，信頼性，安全なイノベーションという七つの項目において原則が提示されている．AI条約ではリスクの定義はしないものの，各締約国がAIに起因するリスクを特定，評価，防止，及び軽減するための措置を採ることを規定する．また，枠組条約としてのフォローアップメカニズムとして，AI条約は締約国会議の定期的な開催，各締約国による規定実施に関する報告書提出義務を規定している．AI条約は，EUAI法とは異なり，世界中に開かれている．また，AIのリスクのなかでも特に人権と，人権保障を確保するための前提としての民主主義や法の支配についてのみ締約国に措置を取らせるという点が，将来のAIのグローバル・ガバナンスの第一歩として評価できる．

2）効果的なAIのグローバル・ガバナンスへ向けて

このように，国際社会においてAIの倫理等の原則に合意が形成され，EUAI法やAI条約といった法的拘束力を有する国際文書において，それらの原則が成文化ないし実用化やリスク評価の前提として適合性評価や認可の条件となるなど，AIのリスクに対するグローバル・ガバナンスが形成されつつある．以上を踏まえた上で，AIのグローバル・ガバナンスが効果的であるために以下の三つのガバナンスを考えることができる．第一は，民間主体を包摂したガバナンスの構築である．例えば，AI条約では民間主体に対する直接の規制は行われない．このような例外は，AIのリスクに対処するためには不十分なものである．なぜなら，AIのリスクマネジメントは，直接的な因果関係を証明することができる原因行為の責任追及と並行して，AIの潜在的なリスクが適切に対処されなかったことによって現実化してしまう場合に対しても行わ

れる必要があるためである．したがって，民間主体の行為であっても，その主体の社会的な役割が大きい場合には，その役割に見合った公的な責任が企業の社会的責任として強調されなければならないだろう．その意味では，AI条約が定める目的や原則を具体的に実施することになる民間主体に対する国内法の法規制が重要な役割を果たすこととなる．そうであれば，AIのグローバル・ガバナンスは，AI条約のような枠組条約における目的や原則が，適切に国内法として転換されているか，また，適切に実施されているかについて監視・監督するメカニズムが必要である．さらに，有害なAIに対する規制は，禁止，モラトリアム，公開及び，または商用リリースに適していることを実証する負担を企業に課すといった規制が行われる必要がある（Kak & Myers West, 2023 34-42）．なぜなら，例えばEUAI法が規定している監査，影響評価，企業データへのアクセス義務といった規制では，監査基準や方法論が明確ではなく，リスクと損害の定義やその因果関係の証明についての社会的な合意が得られていないだけでなく，監査を行う主体がAIの製品やサービスを提供する主体と同一であるためである．人間社会の社会的，倫理的価値に照らして既に有害であると判明している有害なAIやその慣行については，AI製品やサービスを提供し，同時にそのリスクを監視・監督する主体であるビッグテックに代表される民間企業と市民の間の力関係の不均衡にあらかじめ対処する政策が必要であるだろう．

　第二に，AIの実用化段階の規制においては，EUAI法が許容できないリスクを有するとして禁止したAIの実行を世界規模で禁止することである．なぜなら，AIのリスクは，グローバルな性質を有しているだけでなく，世界中の人間にとって同じリスクだからである．確かに，多くの場合，リスクには全人類に対して同じように平等な重大さで危害を与えるわけではないという不均等性がある．しかし，EUAI法において人間から自律性や主体性を奪うことから許容できないリスクとして実行が禁止されるのは，人の基本的権利を侵害することといった国際社会で既に普遍的であるとされる価値に反することである．このようなAIのリスクは，グローバルなリスクであり，かつ，均等性を有している．また，ある国において人権侵害を容認する，あるいは人権保障を否定することは，他の国における人権の価値をも毀損することである．さらに，ある国において禁止される行為が他の国において禁止されない場合，行為地が移動するだけであり，規制効果は失われてしまう．許容できないリスクに対して

は，気候変動リスクに対する国際的な取り組みと同様にグローバルに画一的な対処をすべきであろう．許容できないリスクに対しては，AI 条約のような各国の安全保障上の国益に関わる部分についての裁量が各国に委ねられるガバナンスでは規制効果が十分に発揮されない．この意味で民間主体を規制対象とし，特定の AI については禁止するという EUAI 法は先駆的な内容を含んでおり，将来の国際的な AI 規制のモデルとなる可能性を有している．ただし，EU の特殊性についての考慮も忘れてはならない．例えば，リスクベースアプローチにおけるリスクの考え方は，ヨーロッパ諸国及び EU という地域的な枠組みの中における AI の使用のされ方や EU の科学技術的・経済的・商業的戦略に基づいて規定されている．しかし，AI は国や文化によって使用のされ方や社会での受容のされ方が異なり，既に国家間で AI 関連の技術的・経済的格差が存在する．そのため，EUAI 法が国際社会一般に適用可能なものとなるためには，国連のような国際的な合意形成の場における更なる議論が必要である．

　第三に，国連と枠組条約及び議定書による補完的 AI ガバナンスの可能性である．このようなガバナンスは，オゾン層の保護のための国際的な枠組みを定めた 1985 年のウィーン条約とオゾン層を破壊する物質の生産・消費を規制する 1987 年のモントリオール議定書ならびに国連の気候変動政府間パネル（IPCC）と気候変動枠組条約といった国際環境分野のグローバル・ガバナンスにおいて行われている．すなわち，まず，国連においては AI の倫理原則について国家間の合意を形成し，AI 原則宣言条約を策定・締結することである．国連における議論が重要であるのは各国の AI に対する考え方の違いがあるからである．例えば，地域的なガバナンスにおいても，EU のように重い罰則規定と厳格な要件で AI の実用化を規制することが域内市場の発展に直結すると考える場合と AU のように AI のリスクは最小限に抑えながらも AI を国内資源として開発し，公共政策において積極的に社会実装しようとする戦略のために協力するガバナンスが必要であると考える場合がある．AI の使用によって人間の受ける影響が少ない，リスクが低いとされる AI については，透明性義務によって開発段階から規制することの合意は容易であるが，EUAI 法の高リスクの分野における厳格な要件や実施規定については，より多くのアクターが参加する国連のような場で議論される必要がある．そこで，次に国連に期待されるのは，「国際 AI 機関」というような国連の AI 専門機関の設立である．これが AI のリスクに関する情報提供の国際的なセンターとなるのである．AI

専門機関では，例えば，世界中の科学者の協力の下，AIの技術やリスクに関する最新の科学的，技術的，経済的，社会的な知見の情報を検討し，定期的に報告書を作成し，社会的影響評価を提供する．また，AIのリスク評価手法の開発と技術に関する標準化促進の役割を担う．AIの使用のされ方やリスクが国や文化によって異なる点については，主要な構成員を政府代表だけでなく市民参加型のものとすることによって補うことができる．例えば，国連経済社会理事会は，各国の政策決定者，議会議員，アカデミック，財団，ビジネス，若者，非政府機関による対話において実績があるため，既存のメカニズムを応用することができると考えられる．他方で，人権規定に留まらないAIに関する枠組条約においてAIのリスクを規制し，AIが人類全体の利益となるように目的や原則を定め，共同でAIの開発・監視・管理及びリスク評価の実施・監視を行う．例えば，各国における取り組みが原則やガイドラインを満たしているかどうかについての継続的な監督の制度やAI技術先進国とAI技術開発途上国との間の必要な技術移転や情報提供が考えられる．枠組条約ではAIの技術的発展と新たなリスクや影響の発見に即して締約国会議における合意形成や，必要に応じて議定書の作成を通じて柔軟にAIの課題に対処していくことが可能である．そこでは，先進国と途上国，AI技術先進国とAI技術開発途上国との格差是正についても考慮すべきである．途上国支援や技術移転については，途上国への海外直接投資や技術移転に取り組む国連工業開発機関（UNIDO）や貧困や格差の課題に取り組む国連開発計画（UNDP），世界銀行や国際通貨基金（IMF）等の既存のメカニズムをAI分野に応用することが可能である．

　以上のように，AIが人間の自律性や主体性に与える影響や，AIのライフサイクルや技術的特性，AIに関わる主体といった観点から，AIのグローバル・ガバナンスが効果的であるためには，民間主体との協力によるガバナンスの構築が必須であり，そこには民間主体に対する規制が含まれるべきであること，特定のリスクについては例外なく禁止する必要があること，そして，合意形成やリスク評価，規制の実施に関する監督的役割に関して国連や枠組条約及び議定書の組み合わせによる補完型AIガバナンスを採用することが考えられる．

おわりに

　本章では，どのようなグローバル・ガバナンスがAIのリスクに対して規制

効果を十分に発揮することができるのかを明らかにするために，1節では，現在行われている AI 規制に向けた国際協力の形成過程について概観し，2節において，EU と欧州評議会を事例として法規則化された多国間 AI ガバナンスとそこで規定されるリスクについて概説した上で，規制効果がうまく発揮されるグローバルな AI ガバナンスについて制度的側面から検討した．

　現在，国連においても AI に関する取り組みが行われ始めている．2023 年 10 月には事務総長の諮問機関として AI 上級諮問委員会が設置され，2024 年 9 月 20 日には最終報告書「人類のための AI ガバナンス」(Governing AI for Humanity: Final Report) が公表された．また，総会においても，アメリカが主導し 120 以上の国と地域が共同提案した「持続可能な開発のための安全，安心で信頼できる AI システムに係る機会確保に関する国連総会決議」が 2024 年 3 月 21 日に採択されている．加えて，同年 7 月 1 日には，中国が主導し 28 の国と地域が共同提案した「AI に係る国際協力の強化に関する国連総会決議」が採択されている．どちらの決議においても人権と基本的自由の尊重，先進国と途上国の間の AI 格差やデジタル格差の解消，AI の利益への公平なアクセスが謳われている（A/RES/78/265: A/RES/78/311）．さらに，2024 年 9 月 22 日の国連未来サミットでは，「未来のための協定」が採択され，付属文書「グローバル・デジタル・コンパクト」において，国連内に AI に関する独立の国際科学パネルを設置することが合意された．本章で見たように，AI のグローバル・ガバナンスは多中心的なガバナンスが多層的に同時並行で行われている．枠組条約では，具体的なルールの詳細については国による差異を認めて国内法の実施に委ねることになるため地域的ないし各国際機構におけるガバナンスはよりよい実施に向けて有効である．しかし，AI の性質を考えれば，これと並行して，すべての国家とアクターによる AI のグローバル・ガバナンスを形成することが重要であり，そのために国連に期待される役割は大きいと考えられる．

　注
　1 ）アルゴリズムとは，一つの作業をどのように成し遂げるかを論理的に示したルールであり，AI のシステムはアルゴリズムがプログラミングによって構築される．AI のアルゴリズムでは，ルールに基づいたアルゴリズムと機械学習（Machine Learning）アルゴリズムの二つのアプローチがある．AI の機能と出力の多くは，人間が理解し，監視し，特定の入力にまでさかのぼって追跡することが難しい抽象的な数学的関係に

基づいており，たとえ AI の判断について熟考する時間があったとしても，人間がその振る舞いを完全に説明することが不可能であるというブラックボックスと呼ばれる性質を有している．AI の定義は AI のガバナンスにおいて重要な論点の一つである．

2）　一例として，リアルタイムで電力の需要と供給を把握し，IT や AI の技術を利用して供給側と需要側の双方から電力やデータの流れを最適化するエネルギー分配技術とデジタルコミュニケーション技術を統合したネットワークであるスマートグリッド（Smart Grid: 次世代送電網）が注目される．

3）　実在の人・モノ・場所・その他の存在またはイベントに酷似し，本物または真実であると見誤らせる AI．

4）　Google, Apple, Facebook, Amazon, Microsoft の超巨大 IT 企業 5 社．

5）　AI はコンピュータ科学における技術である．AI が機能するための環境としてのコンピュータの製造に必要な半導体などの貴重な金属や鉱物および AI の機械学習に使用される大量のデータセットは AI の原材料であるといえる．

6）　EU ではロボットに関する政策議論が AI 政策以前から行われている．2012 年からEU の助成を受けて行われたロボットの社会科学的側面を研究する「RoboLaw プロジェクト」は 2014 年 9 月に「ロボット工学規制のガイドライン」（Guidelines on Regulation Robotics）を公表している．これを機に，EU 議会（European Parliament）では「ロボット工学と AI に関するワーキンググループ」が設置され，2016 年には「ロボット憲章」（Charter on Robotics）を付帯した報告書が提出された．2017 年 2 月16 日には，EU 議会において「ロボットの民事法規定に係る EU 議会決議」が採択されている．本章では扱わないが，高度に自律したロボット（EU 議会の報告書では「スマート・ロボット」（Smart Robots））については，人間と同程度の「知能」を出力するとされる汎用 AI（Artificial General Intelligence: AGI）の規制の問題と併せて議論が必要である．

7）　EUAI 法の全面適用は 2026 年 8 月 2 日からであるが，その一部は順に適用が開始される．具体的には，第 1 章および第 2 章は 2025 年 2 月 2 日から，第 3 章セクション 4，第 5 章，第 7 章，第 12 章および第 78 条は，第 101 条を除いて，2025 年 8 月 2 日から，第 6 条第 1 項およびこれに対応する義務は 2027 年 8 月 2 日から，適用される．

参考文献
公文書
A/79/88.

A/RES/78/265.

A/RES/78/311.

ASEAN Guide on AI Governance and Ethics, Association of Southeast Asian Nations, 2024.

Bletchley Declaration.

C/09/550982 / HA ZA 18-388, Judgment of 5 February 2020, ECLI: NL: RBDHA: 2020: 1878.（https://uitspraken.rechtspraak.nl/details?id=ECLI:NL:RBDHA:2020:1878）2024 年 10 月 17 日取得.

CCW/CONF.V/7, 18 November 2016.

Continental Artificial Intelligence Strategy: Harnessing AI for Africa's Development and Prosperity, African Union, July 2024.

Council of Europe Framework Convention on Artificial Intelligence and Human Rights, Democracy and the Rule of Law.

DECLARACIÓN DE SANTIAGO.

Draft report with recommendations to the Commission on Civil Law Rules on Robotics, European Parliament, Committee on Legal Affairs, 2015/2103（INL）, A8-0005/2017, 27 January 2017.

Ethics guidelines for trustworthy AI, European Commission, High-Level Expert Group on Artificial Intelligence, 8 April 2019.

European Parliament resolution of 16 February 2017 with recommendations to the Commission on Civil Law Rules on Robotics, 2015/2103（INL）, P8/TA（2017） 0051, 16 February 2017.

Fostering a European Approach to Artificial Intelligence, European Commission, COM（2021）205 final, 21 April 2021.

G7 Leaders' Statement on the Hiroshima AI Process, 30/10/2023.

G20 AI Principles.

Governing AI for Humanity, United Nations, the multi-stakeholder High-level Advisory Body on Artificial Intelligence, Final Report, September 2024.

Hiroshima Process International Code of Conduct for Organizations Developing Advanced AI Systems.

Hiroshima Process International Guiding Principles for Organizations Developing Advanced AI System.

Recommendation of the Council on Artificial Intelligence, OECD, OECD/LEGAL/0449, 22/05/2019.

Recommendation on the Ethics of Artificial Intelligence, UNESCO, SHS/BIO/PI/2021/1.

Regulation（EU）2024/1689 of the European Parliament and of the Council of 13 June 2024 laying down harmonised rules on artificial intelligence and amending Regulations（EC）No 300/2008,（EU）No 167/2013,（EU）No 168/2013,（EU） 2018/858,（EU）2018/1139 and（EU）2019/2144 and Directives 2014/90/EU,（EU） 2016/797 and（EU）2020/1828（Artificial Intelligence Act）.

ScuolaSuperioreSant AnnadiStudiUniversitarie di Perfezionamento di Pisa 2014.

平成 27 年法律第 67 号.

文献・記事

Bergel, J. - L.. (1985) *Théorie générale du droit*, Dalloz.

Guihot, M and Lyria Bennett Moses (2010) *Artificial Intelligence, Robots and the Law*, LexisNexis.

Kak, Amba and Sarah Myers West, "AI Now 2023 Landscape: Confronting Tech Power," AI Now Institute, April 11, 2023, pp. 34-42, (https://www.ainowinstitute. org/2023-landscape) 2024 年 9 月 28 日取得.

Mittelstadt, B. (2019) *Principles alone cannot guarantee ethical AI*, Nature Machine Intelligence, 1, pp. 501-507.

Schmitter, Philippe C. (2001) *What Is There to Legitimize in the European Union and How Might This Be Accomplished ?*, the Jean Monnet Working Paper No.6/01.

The NOBEL PRIZES (2024) 'NOBEL PRIZES 2024' (https://www.nobelprize.org/all-nobel-prizes-2024/) 2024 年 10 月 16 日取得.

Van Den Berg, Stephanie (2021) 'Dutch government quits over 'colossal stain' of tax subsidy scandal', Reuters, January 16, 2021. (https://www.reuters.com/article/us-netherlands-politics-resignation-idUSKBN29K1IO/) 2024 年 10 月 17 日取得.

川西晶大 (2020)「SNS における個人情報の不正利用――ケンブリッジ・アナリティカ事件――」国立国会図書館『ソーシャルメディアの動向と課題――科学技術に関する調査プロジェクト報告書――』pp. 57-71.

川村仁子・龍澤邦彦 (2022)『グローバル秩序論――国境を越えた思想・制度・規範の共鳴――』晃洋書房.

クーケルバーク，M.（直江清隆・久木田水生・鈴木俊洋・金光秀和・佐藤駿・菅原宏道訳）(2020)『AI の倫理学』丸善出版.

国際連合広報センター「人工知能（AI）に関する安全保障理事会公開討論におけるアントニオ・グテーレス国連事務総長発言」（ニューヨーク，2023 年 7 月 18 日）(https://www.unic.or.jp/news_press/messages_speeches/sg/48543/) 2024 年 9 月 30 日取得.

龍澤邦彦 (1993)『宇宙法上の国際協力と商業化』興仁舎.

――――― (2009)「グローバル法とトランスナショナル（民際的な）憲法主義」『憲法研究』第 41 巻，pp. 113-131.

フライ，ハンナ（森嶋マリ）(2021)『アルゴリズムの時代――機械が決定する世界をどう生きるか――』文藝春秋.

ロイター (2023)「イタリア，チャット GPT 使用禁止　欧米初　個人情報収集を懸念」(https://jp.reuters.com/article/world/-idUSKBN2VX1UU/) 2024 年 8 月 28 日取得.

第5章
宇宙資源開発をめぐるリスクと法

山口達也

はじめに

　宇宙資源開発は21世紀の新たなフロンティア事業として注目されている．月や小惑星などの天体には鉱物資源や水が存在するとされる．このような宇宙資源の実際的利用が可能になれば，探査活動の持続可能性の向上や天体上での居住の促進のみならず，地球上の資源問題の解決に役立つ可能性もある．

　他方で，宇宙資源開発には不確実性に由来するさまざまなリスクが伴う．かかるリスクは，法，政治，経済，科学・技術，環境，倫理・道徳という機能的観点から認識・区別することが可能であるが，それぞれのリスクはグローバルに波及するものであり，かつ，機能的に影響を与え合う関係にあるため，特定のシステム内において立ち現れるグローバルリスクは，同システム内のみならず，他のシステムにおけるグローバルリスクへと波及する．

　天体を含む宇宙空間及び宇宙活動の国際性並びにそのグローバルな波及的効果に鑑みても，宇宙資源開発をめぐるリスクへの対応は，国際的な共通ルールに従い主体間相互の協力の下で行われるべき事項である．各国及びその主体の行動を規律する共通ルールは，無秩序な開発，国際的な紛争・対立，巨大な経済的損失，宇宙環境の悪化，技術的干渉，生命・身体への危険等の低減，さらには国際宇宙協力や持続可能な宇宙開発の促進に必要不可欠である．

　にもかかわらず，現状において，宇宙資源活動に関する国際的な共通ルールは不足している．このような制度的状況は不確実性を縮減できず，むしろ増大させる可能性が高い．そしてそのような事態は法システムそれ自体のリスクであるのみならず，他のシステムのリスクの要因となる．かかる状況の克服を目的として，新たなルール形成の動きが国際的な支持を得つつあるが，他方でそのことが国際政治上の深刻な対立を呼び起こす原因にもなりかねない．

それでも，宇宙空間及び宇宙活動の国際的及びグローバル的性格からも明らかなとおり，新たなルールを含む国際的な制度的枠組みの整備は不可欠であって，その確立に向けて国家間で調整を行っていく必要がある．そこで本論文では，宇宙資源開発におけるリスクへの対応に関する国際的な共通ルールの必要性を踏まえ，国際法上の制度的不備，そして制度的枠組みの形成動向について検討し，あるべき制度化の在り方を模索する．

1．宇宙資源開発とリスク

1）宇宙資源開発の動向

地球外の天体には多様な資源が含まれているとされ，特に小惑星には，ニッケルや金などの貴金属や水資源が豊富に埋蔵しているとされる．そして月には，核融合エネルギーの重要な燃料となり得るヘリウム3が存在するとされ，また，その表面に存在するレゴリスは建材として月基地の建設に利用することなどが期待される．火星でも水氷の存在が確認されている．

これら宇宙資源開発の目的は，探査を通じた利用，さらにいえば科学的研究を通じた経済的な利益を含む実際的利用にある．宇宙探査によって得られる知見を活かし，宇宙資源の月，火星，さらなる深宇宙における消費が可能になれば，宇宙探査の持続可能性の向上や天体上での居住の促進につながる可能性もある．さらに資源の一部は地球上の限られた資源に代わる重要な要素となる可能性もある．特に宇宙からの資源の供給には，地球の資源枯渇や環境負荷の問題を背景に，大きな期待がかけられている．

このような宇宙資源開発は探査技術や採掘技術などの科学・技術の進展に支えられている．リモートセンシング技術を含む探査技術は自動化技術やロボティクスの進化により飛躍的に向上しており，遠隔地にある天体への探査や資源の詳細な調査が可能となっている．採掘技術についても民間企業を中心に開発が進んでいる．また，宇宙機の再利用技術は宇宙輸送コストを削減する可能性を秘めており，これが宇宙資源開発をめぐる経済合理性に影響を与えると考えられる．今後の技術革新についても資源開発の進展速度と効率性をさらに高める可能性を秘めている．

以上の科学・技術の発展によって，近年，宇宙資源開発の市場は拡大の一途を辿っている．特にスペースXやブルーオリジンなどの民間企業は宇宙産業

に革新をもたらしており，商業打上げや宇宙旅行の市場を開拓するのみならず，宇宙資源開発のビジネスモデルをも構築しつつある．これにより，資源の探査や採掘に関する競争が激化しつつあるとともに，技術のさらなる革新が促進されている．さらに，各国が宇宙開発戦略を強化し，資源開発に向けた政策を打ち出している．このような状況下では，競争と協力のバランスが今後の宇宙資源開発における主要テーマとなるだろう．

２）宇宙資源開発に伴うリスク

　宇宙資源開発は，このように注目を集める分野であるが，そのような「機会」の一方で，不確実性に由来するさまざまな「リスク」を伴う．かかるリスクは，法，政治，経済，科学・技術，環境，倫理という機能的観点から認識・区別することが可能であるが，より詳細に細分化することも可能であろう．いずれにせよ，それぞれのリスクはグローバルに波及するものであり，かつ，機能的に相互に影響・共鳴し合う関係にあるため，特定のシステム内において立ち現れるグローバルリスクは，同システム内のみならず，他のシステムにおけるグローバルリスクへと波及し，宇宙資源開発の持続可能性を脅かす可能性がある．さらに中・長期的には，かかるリスクは，後述のとおり，宇宙資源の採取及び利用に係るオペレーション上のリスクにとどまらない．無秩序な開発，国際的な紛争・対立，巨大な経済的損失，宇宙・地球環境の悪化，技術的干渉，生命・身体に対する損害など，多岐にわたる．

　グローバルリスクへの対応にはまずもって妥当な共通ルールの下で各国及びその主体の行動を規律することが必要となる（なお，かかる妥当性はリスクに関する認識に依存している）．また，後述するように，国際宇宙法の基本原則上，天体を含む宇宙空間は，いかなる国の主権も及ばず，すべての国の自由な探査と利用に開かれた国際公域であって（したがって「共有物」とみなされる場合もある），そこで行われる活動は人類の活動分野としてすべての国のために行われるものとなっている（宇宙条約１・２条）．このような天体を含む宇宙空間及び宇宙活動の国際性，並びにリスクのグローバルな波及的効果に鑑みても，持続可能な宇宙資源開発は，国際的な共通ルールに従い，主体間相互の協力の下で行われる必要がある．そこでここでは，宇宙資源開発に伴うさまざまなリスクについて，法規則の不足ないし制度化の不備という側面に焦点を当てつつ，概観していく．

　なお，本章執筆に当たって，リスク概念についてはベック（2010: 24-34）や

ルーマン（2014），宇宙資源開発の問題点については寺園（2022: 23-51）などの見解を参照した．

　さて，宇宙法学におけるリスクの議論では，宇宙での遭難と救助，あるいは宇宙損害と賠償責任といった技術利用によって生じる個別具体的な不測の事態すなわちリスクとみなされ得る事象を想定しつつ，実定法学（法解釈学）の視座から合法／不法，あるいは責任あり／責任なしといった基準の解明が主題となることが通常である．高度な科学・技術性と「極端な危険性（ultra-hazardous）」（事故が生じた場合に甚大な被害や損害を招く）という性格が宇宙活動に内在する以上，オペレーション上のリスクに関する法的議論は社会的な需要に対応している．しかし，法システムが社会的にリスクとみなされる事象をいかに評価・判断するかということと，法システム固有の意味でのリスクは区別されねばならない．

　本章の中核的な主題には，人間の選択的な意思決定によって行われ，かつ，不確実性に由来するさまざまなグローバルリスクを招来しかねない宇宙資源開発を眼前にして，宇宙法が社会内で妥当性と作動を維持するためにはいかなる条件を充たす必要があるかということが含まれる．したがって，リスク概念についても機能主義的観点から広く捉えることにする．例えば，法システムの場合，法規則の曖昧性に由来する解釈の対立や具体的かつ明確な法規則の不足などの制度化の不備によって，法システムが不確実性を低減できず，規範的予期の安定化という社会的機能を担うことができない状態がシステム固有の意味でのリスクとなる．

　宇宙資源開発につき，法的側面においては，既述のとおり，同開発に関する規範的予期が不安定となる事態がリスクとなる．そしてかかる理解によって認識される個別的リスクは，他の社会システムに波及し，更なる社会的なリスクの温床となり得る．宇宙資源開発においては，宇宙資源の採取・利用に特化した明確な法規則からなる特別な制度ないし国際レジームはなく，民間企業に対する国際的な監視機関や宇宙資源活動によって生じた紛争解決や損害賠償のメカニズムも整備されていない．また，整備された制度が，先端的な科学・技術分野の特性上，長期間にわたって作動し続けられる保証もない．さらに制度整備そのものが法の断片化（後述）を招く可能性もある．そのような現実は，国際的な紛争の回避または解決，資源に対する所有権や利用から得られる経済的な利益の保障あるいは分配，環境の保護，通信に関する技術的な干渉の回避の

方法，国際協力に基づく救助などについての不確実性の増大をもたらす．

政治的側面においては，集合的な意思決定をめぐる不確実性，すなわち制度化をめぐる国際的な対立，共通ルール形成の困難とそれによる法体系の断片化を通じた，紛争処理の政治化と解決の困難などがリスクとなる．既に一部の国及び国家グループが資源開発の法制度化を進めているが，それによる国家間とりわけ大国間及び国家グループ間の対立，そして各主体が独自に制度化を行うことによる宇宙法の断片化が懸念されている（後述）．巨大な科学・技術力や経済力に基礎づけられた「スペース・パワー」を背景とする一方的な宇宙資源開発とその法制度化の動きについては，かかる開発において競合する他の主体や開発から利益を得る保証のない国との間で，政治的な紛争や対立を引き起こす要因となり得る．すなわち，宇宙資源開発及びその法制度化は科学・技術，経済，そして法の発展を招来するのみならず，むしろ，国家間の緊張，対立，紛争及びそれら解決不可能性に関するリスクを高める可能性がある．

経済的側面においては，投資費用の回収などの収益確保の不確実性が，第一義的なリスクとなろう．宇宙資源開発には巨額の資金が必要であり，特に初期投資は膨大であって，投資家からの資金調達には，当然ながら，企業側の明確なビジネスモデルや収益予測が必要となる．しかし，宇宙資源の採取・利用については科学・技術的にも未知数の部分が多く，市場メカニズムについても未成熟である．さらに，各国の企業が宇宙資源の開発に乗り出し競争が激化した場合，経済活動には資源の所有権に対する法的保障はもちろん，鉱区の優先権や安全区域等の設定など，いわゆる「交通整理」が必要になるが，それらの国際制度は未整備である．また，かかる不確実性の低減のために国内法の整備やソフト・ローの形成等を一国あるいは友好国間で行ったとしても，それがかえって国家間の緊張，対立，紛争，さらには宇宙法の断片化を招くことでむしろ経済的な不確実性が増大する可能性もある．加えて資源産出国，特に資源輸出からくる収益に対する経済社会的依存度が高い開発途上国の立場からは，地球で宇宙資源の実利用が可能になった場合の地球資源の需要や価格の極端な変動といった不確実性がリスクとなる．

科学・技術的側面においては，科学的知識及び技術の利用に関する不確実性並びにそれに起因する障害がリスクとなる．宇宙資源についての科学的知識には未だに不明確・不透明な部分も多く，ゆえに，開発活動が前提とする科学知の内容が変異する可能性は高い．すなわち，今日「真」あるいはそれに近似す

ると認識されていたことが，明日もそうであるとは限らない．また，過酷な宇宙環境に由来するさまざまな要因（例えば，宇宙放射線，隕石，スペース・デブリ）が技術に想定以上の負荷をかけ，その結果，探査機や採掘機などの機器が予期せぬ故障や不具合などの技術的な障害に見舞われる可能性もある．さらに，制度化の不備などもあって宇宙資源開発が無秩序に行われた場合，ミッションの遂行に深刻な影響をもたらす通信の混線や干渉が生じる可能性がある．このような技術的リスクは大規模な投資をめぐる経済的リスクの温床となり得る．そして何よりも，有人活動である場合には人の生命・身体に重大な支障を来す恐れがある．

環境的側面（自然環境的側面）においては，現状の科学知及び技術知とも深く関連するところ，宇宙空間や地球上の環境及び生態系の均衡に有害な影響を与える可能性がまずもってリスクと認識される．そして，月や小惑星の環境の破壊は，資源開発のみならず，将来にわたって科学研究，探査活動にも支障をきたす可能性がある．例えば，人間の排泄物中に存在する微生物ですら懸念される中で，原子力電源の利用が天体の生態系に有害な影響を与える可能性は少なくない．また，採掘によって発生する廃棄物などが宇宙空間に漂流し，他の探査機や宇宙基地に衝突する可能性もある．さらに，宇宙資源が地球資源の枯渇問題の解決に寄与する可能性がある一方で，かかる資源の持ち込みが地球環境に悪影響を及ぼす可能性もある．

倫理的ないし道徳的側面も無視できない．これは宇宙資源開発の市民社会的妥当性に関わるリスクである．既述のとおり，国際宇宙法上，宇宙活動は人類の活動分野であって国際社会全体に利益をもたらすために行わなければならない（宇宙条約1条1項）．この共同利益の原則の法的な意味合いについては争いがあるものの，宇宙活動から得られる経済的利益の平等な配分や宇宙技術の移転の義務までをも意味しないとされる．とはいえ，宇宙資源開発に関する決定が一部の国や企業などの特定の利害関係者によって行われ，それらの主体が資源の使用，収益，処分に関わる決定と利益を事実上独占し，またその一連のプロセスにおいて一般市民の意見や利益が無視された場合，さらには，生態系の均衡維持などの宇宙環境保護の側面や月など天体の歴史的・文化的な価値についても軽視した場合，それら主体に対する，ひいては宇宙条約体制そのものに対する市民社会側からの倫理・道徳的な反発を招来する可能性もある．宇宙資源開発をめぐる経済活動の合法性が，「ガラス細工」のような法解釈の下であ

るいは禁止規範の不存在を理由として主張されたとしても，それをもって社会的責任を十分に果たしていると市民社会において受け止められる保証はない．

　以上のリスクの認識に基づくと，宇宙資源開発が国際社会全体にとって真に有益なものなのか，ひいては持続可能なものかが疑問視されることになる．したがって，将来的にわたる宇宙資源活動の社会的有益性や持続可能性を確保するためには，まずもって，社会的に妥当な共通ルールを設立することが必要となる．

2．国際宇宙法上の制度的不備

　本節では，国際宇宙法上の制度的不備として，宇宙資源開発に関する実定国際法規則の不足と，一部の国によるルール形成の動きについて述べる．

1）実定国際法規則の不足

　宇宙秩序にとって第一義的に重要な法的枠組みは主に条約から成る国際宇宙法である．国際宇宙法は，国際公域としての月その他の天体を含む宇宙空間の探査及び利用いわゆる「宇宙活動（space activities）」に適用される国際法の一分野であり，国際連合（以下，国連）の国連宇宙空間平和利用委員会（United Nations Committee on the Peaceful Uses of Outer Space: COPUOS）によって作成された「宇宙条約」[1]をその根幹に据え発展してきた．

　宇宙条約は，1966 年に国連総会によって採択され，1967 年に発効した普遍的性格を持つ一般条約であって，宇宙空間の探査・利用一般に適用される法原則を規定する．かかる原則には，宇宙活動が人類の活動分野としてすべての国の利益の為に行われることを義務付ける「共同利益の原則」（1 条 1 項）と，すべての国の自由な宇宙空間の探査・利用の権利を認める「宇宙活動自由の原則（宇宙空間自由の原則）」（1 条 2 項）をはじめとして，国家による宇宙空間の専有（取得）を禁じる「専有禁止の原則」（2 条），大量破壊兵器の軌道上の配置や天体上の軍事的行動を禁じる宇宙空間の「平和利用の原則」（4 条）などがある．

　宇宙条約の成立後，それを拡充・補足する多国間条約として，1968 年「宇宙救助返還協定」[2]，1972 年「宇宙損害責任条約」[3]，1974 年「宇宙物体登録条約」[4]，1979 年「月協定」[5]が国連内で作成された．また，国連外でも，それら諸条約を踏まえ，国際電気通信連合（International Telecommunication Union: ITU）といっ

た通信衛星に関する国際機関の条約とその規則や，多国間協定，二国間協定などが作成されてきた．すなわち，宇宙条約に含まれる原則規定の多くは，抽象的で柔軟性に富む反面，具体性や明確性に乏しく，必然，解釈の幅も広がるところ，現実の活動状況を踏まえ，かかる原則を中核としつつ敷衍し，権利・義務関係を具体的かつ明確にするための制度化が必要とされてきたのである．

なお，月協定は，月をはじめとする太陽系内の天体及びそこでの活動に適用される原則を規定するところ，既存の宇宙法規範を再生した，または天体における活動に応じて技術的に詳細化したに過ぎない規定に加え，革新的な規定を持つ．特に，天体の完全かつ排他的な非軍事化に関する規定（3条）や，天体及びその資源を「人類の共同遺産（Common Heritage of Mankind: CHM）」とした将来の資源開発レジームの設立を約束する規定（11条）は，月協定とほぼ同時期に作成された，1982年採択の「国連海洋法条約[6)]」における深海底制度（11部）の諸規定と並び画期的であった．もっとも，月協定の規定と国連海洋法条約の規定の間には法的に異なる面も多いが，いずれにせよアポロ計画が実施されていた1970年代には，月協定を枠組みとする具体的かつ詳細な資源開発レジームの形成が大いに期待された．

しかしながら，アポロ計画の当事者であり，宇宙分野で圧倒的影響力を保持した米国は，CHM条項をはじめ月協定の作成に大きく寄与したものの，月協定の批准によって自由な宇宙活動が深海底活動の場合と同様に不当に制限されると主張するロビイストたちの活動の結果，議会では反対派が優勢となったこともあり，同協定への署名を回避することとなった（Gangale, 2008; 船尾，1987: 58）．なお，米国の一部政府機関や月協定批判者によるCHMの理解については，かなり多くの問題や誤解が多く含まれているとされるが（Gangale, 2008; Hobe（eds.），2013: 393-396），いずれにせよ，国務省や国家航空宇宙局（NASA）が議会側を説得することに失敗したことは事実である．このような経緯もあって，現在でも，主要な宇宙開発国である米国やロシア，中国，ドイツ，フランス，そして日本は月協定の締約国となっていない．月協定は，他の普遍性を志向する条約と比べても当事国が格段に少なく（2024年10月現在17カ国），実効性に疑問符が付けられている．

2）宇宙法の認識上の対立と断片化

国際社会全体の関心事項については，まずもってそれに対応する多国間条約

を国連の枠組みの下で新たに締結することが望ましい．しかしその遂行を中核的に担う COPUOS は，コンセンサス方式の議決システムやメンバー国の増加（2024 年 10 月現在 102 ヵ国）などによって，条約の形成という面で次第に機能不全に陥り，1979 年の月協定を最後に新たな条約を作成できずにいる．他方で，宇宙活動は急速に進展し，それに伴ってスペース・デブリなどの法的課題も山積してきた．かかる状況下において，宇宙資源開発の分野においてもいわゆる「ソフト・ロー（soft law）」や国内宇宙法が実定国際法の不足を補うものとして，宇宙活動の国際規律面における重要性を高めている．とりわけ，国際宇宙法では宇宙資源の採取や利用に関する具体的な規定が欠如しているため，実際の運用においては，ソフト・ローや国内宇宙法の社会的影響力は非常に大きいと思われるが，反面，それらが宇宙条約と真に整合的であるかが問われている．

国内法

国内宇宙法は，国際法の実現過程（国際法の国内法における実施及び適用）の中で，各国の国際宇宙法に対する認識を反映するとともに，その不足を補う機能がある．宇宙条約の諸規定，例えば，宇宙活動に対する許可及び継続的監督（第 6 条），宇宙物体による損害に対する打上げ国の一元的専属責任（第 7 条），宇宙物体に対する管轄権及び管理の権限（第 8 条）等にも示されるとおり，宇宙空間及び宇宙活動に関する秩序維持において国家に求められる国際的な役割は少なくない．また，宇宙活動をめぐる合法的利益の確保も国家にとり重要な関心事となる．ゆえに国家は自らの国際法認識に依拠しつつ，宇宙活動に対応し得る具体的な法整備を行ってきたし，かかる実行によって国際法の不足は事実上補完されてきた．

特に 2010 年代以降，各国ないし各地域で月面探査計画が進展する中，天体開発に関する制度ないしルールの形成がよりいっそう求められることとなり，後述のアルテミス合意（Artemis Accords）に先立つ形で，あるいは同合意と同時並行的に，各国が宇宙資源開発に関連する国内法を制定してきた．特に米国では，ベンチャー等の私企業による宇宙資源の採取及び利用を含む宇宙開発が現実味を帯びてきたことで，これらの活動を規律する法規則の整備が急務とされ，B・オバマ政権下では，2015 年に，採取された宇宙資源の私的所有権民間の利用を認める商業宇宙打上げ競争力法（2015 年宇宙法）が制定・施行された．

さらに，後継の D・トランプ政権下では，2020 年に，宇宙資源の商業採

取・利用と安全で持続可能な運用を可能にすべく，諸外国との共同宣言，二国間協定，多国間文書を策定するための取組みを主導するよう国務省に命じる大統領令第 13914 号（2020 年大統領令）が発出された．現在までに，宇宙資源の所有権を明示的に認めた国内法を持つ国としては米国のほかに，ルクセンブルク（2017 年），アラブ首長国連邦（以下，UAE）（2019 年），日本（2021 年）がある（山口，2023: 260）．このような国内法の整備によって天体開発への民間企業の参入を促進することが期待されてきた．

　一方で，宇宙条約に宇宙資源の採取・利用に関する明示的な規定はないため，これらの法律が宇宙条約との間で真に整合性が取れているのかということが問題となる．日本の「宇宙資源法」[7]についても，宇宙資源の採取に当たっては国際約束の誠実な履行に留意することを求める（第 6 条）が，そもそも国際約束が不足しているのが現状であって，履行すべき内容についても不明確な部分も多い．そこで，同法にあるとおり，国際的な制度の構築及び連携の確保等（第 7 条）が必要となる．

ソフト・ロー

　ソフト・ローは，実質的には法的な意義や効果を持っていると認識され得る，あるいは将来的に名実を兼ね備えた法規範に移行し得る規範を指す．宣言，指針，勧告，行動基準等の名称で作成されるソフト・ローは厳格な法的拘束力を持たないため，利害関係が錯綜する国際社会においても相対的に採択されやすく，また，時代状況や専門的知見を迅速に反映しやすいといった利点がある．グローバル化によって急速に変動・複雑化する現代国際社会では，実質的な法源としてその重要性は一層向上している（青木，2007: 56-57）．

　宇宙分野でも，国内法や二国間協定への受容等に示されるように，ソフト・ローは行為規範ないし行動規範としての規制力が見込めることから，それを国際宇宙法の枠内に位置付ける見方が既に一般化している．もっとも，一括りにソフト・ローといっても，それに該当する規範の性格は一様でない（普遍的・一般的／特殊的，抽象的／具体的，技術的／政治的等）ことに注意を要する．

　現状の宇宙資源開発分野においてこのソフト・ローに該当すると解されるものの一つに，既述の「アルテミス合意」がある（Byrd, 2022: 821-824）．本合意は米国が主導し，その他各国の宇宙機関，国際宇宙機関，民間主体等がパートナーとして参加する「アルテミス計画（Artemis Program）」を踏まえ，2020 年

に米国政府内の NASA や国務省等によって作成された規範文書であって，天体を含む宇宙空間の平和的目的のための探査・利用（民間主体の商業利用を含む）において遵守すべき原則を規定する（NASA, 2022）．

　なお，ここにいうアルテミス計画とは，NASA が提案・主導する月面探査計画の総称である．同計画は，アポロ計画以来の人類の月面着陸（女性による世界初の着陸等）や，火星への有人探査への道を切り開こうとするものであって，国際宇宙基地（ISS）に関する協力計画の後継に当たる月の周回有人拠点（「ゲートウェイ（Gateway）」）や，恒久的な月面基地の構築計画を含んでいる（NASA, 2020）．同計画は，各国や商業的なパートナーとの協力の下で進められており，既に 2022 年に実施段階に移行している．

　本合意は，既述の 2015 年宇宙法及び 2020 年大統領令を踏まえて起草され，米国政府とパートナーとの間の二国間チャネルを通じて策定された．そして，2020 年 5 月 15 日に当時の NASA 長官によって発表され，同年 10 月 13 日（日本時間 14 日），オンラインにて開催された国際宇宙会議（International Astronautical Congress: IAC）内の式典で，米国，日本，ルクセンブルク，UAE の他，豪州，カナダ，イタリア，英国の計 8 カ国の担当政府機関によって署名された．その後も署名国数は増加を続け，2024 年 10 月現在，署名国数は 45 を数えている．署名国の多くはいわゆる西側諸国であるが，「全方位外交」を方針としているとされるインドや，2024 年現在もロシアとの間で武力紛争状態にあるウクライナのなどの国々も含まれる．

　本合意の対象事項は，平和目的での活動，透明性の確保，相互運用性，宇宙遺産の保護，宇宙資源，宇宙活動の衝突回避など，多岐にわたっており，さらに，一部に革新的な規範を含んでいる．なお，ISS 計画とアルテミス計画は共に国際協力によって実施されてきたという点で軌を一にするが，他方で，前者が単一の多国間条約（国際宇宙基地協力協定）によって包括的にカバーされていたのに対し，後者は米国と参加国の二国間合意（了解覚書など）を通じて取り決められる点で異なっている．

　本合意は，その第 1 部が「政治的なコミットメント」とするとおり，形式的には法的拘束力はないとされ，特定の目的の達成に向けた手段的必要性に応じて遵守すべき原則が規定された政治規範文書として枠づけられているが，他方で，「その（筆者注：原則の）多くは，宇宙条約やその他の文書に含まれる重要な義務の運用上の実施に向けられたもの」と定めるとおり，宇宙条約をはじめ

とする既存の国際宇宙法を詳細化・精緻化させた外観を持つ．ゆえに，署名国間において，そこに含まれる規範の遵守は，既存の宇宙法特に宇宙条約の遵守と関係づけて把握され得る．

また第2部が「協力活動」は政府間協定における実施取極等の「適切な文書を通じて実施することができる」としつつ，「かかる文書は――中略――ここに含まれる原則を実施するために適切な規定を含むべき」(c)，「各署名国は，自国に代わり行動する主体が本合意の原則に従うことを確保するために，適切な措置を講じることを約束する」(d) などと定めるとおり，本合意の遵守に関わる実効性の保証を署名国に求めている．

本合意のうち宇宙資源との関係で特に問題となっているのが，第10部の宇宙資源と第11部の宇宙活動の衝突回避に関する規定である．前者については，宇宙資源の採取及び所有権並びに利用及び利益が，後者については他国の宇宙活動との間で衝突や干渉を回避すべく設定される安全区域が規定されるところ，それらが宇宙条約，特にその1条の共同利益の原則及び宇宙活動自由の原則並びに2条の専有禁止の原則によって真に正当化されるかが議論されている．

第10部の2項は「宇宙資源の採取及び利用が，宇宙条約を遵守する方法で，かつ，安全で持続可能な宇宙活動を支援するために行われるべきことを強調」し，「宇宙資源の採取が本質的に宇宙条約2条の国家による取得を構成しないこと，及び，宇宙資源に関連する契約その他の法的文書が同条約に適合するものであるべきことを確認する」と定める．しかし，本合意は，宇宙資源の採取及び利用に関連する契約その他の法的文書が宇宙条約に適合するものであるべきことを確認するものの，宇宙資源の採取及び利用が同条約によって禁止される国家的専有を構成しないと単に述べているだけで，適合性や遵守に関わる具体的かつ明確な行為のモデルまでを示していない．

また，「宇宙条約への適合性」といっても，本合意に示される規範認識を宇宙条約の数ある解釈の一つに過ぎないとする見方からすれば，本合意における「宇宙条約への適合性の要求」は事実上「本合意への適合性の要求」と同義となる．さらに，本合意の規範認識を反映した署名国間の協定における具体的な取極または取決めを宇宙条約の解釈及び合法性の決定材料とみなすのであれば，論点先取の循環論法となり得る (Deplano, 2021: 807-808)．本合意を媒介とする宇宙資源の採取及び利用の制度化にあたっては，国際宇宙法の性格上，大多数の国家が受入れ可能な原則の解釈及び諸規則を提示できるかはもちろん，そのよ

うな論理的問題をいかに回避・克服し得るかが重要な課題となろう.

　第11部の6項から12項までは,関連主体間での有害な干渉を回避するための「安全区域 (safety zone)」の概念が示され,その性格が詳細に記述されている.6項は「署名国は,安全区域及び有害な干渉の定義及び決定に適用される国際的な慣行,基準及び規則をさらに発展させるための多国間の取組みに貢献するために,この協定の下での経験を活かすことを意図する」とするとし,7項は「署名国は,有害な干渉を回避する目的で,活動の通知を行う意図があり,関連主体との調整を行うことを約束し」「有害な干渉を避けるためにこの通知及び調整を行う領域」を「安全区域」と呼ぶとする.安全区域とは,「関連する活動の通常の作業または異常事態が有害な干渉を引き起こすと合理的に予測される地域」を指す.このような安全区域の設定の必要性は従来から指摘されているが,その反面,宇宙条約上の他国の自由や利益を侵害し,かつ,専有禁止原則に抵触する恐れもある (龍澤, 2000: 158, 328).そのため,宇宙条約の遵守及びそれに関する透明性と信頼性の確保の観点からすると,安全区域の規模・範囲,通知・調整,期間に関する規制と情報の登録・共有に関する詳細かつ具体的なメカニズムが必要となる.

　NASA長官 (2020年当時) によれば,本合意への署名はアルテミス計画への事実上の参加条件である (REUTERS, 2020).事実,本合意は同計画の実施ないし遂行に不可欠な行為規範を含んでいる.そして本合意が行為に関する正当化根拠あるいは規制根拠として用いられるならば,それはルール形成上の指針に留まるものとは言い難く,行為規範性を認める必要がある.したがって,同計画に参加する署名国の間で本合意が実効性ないし規制力を獲得することは想像に難くないし,宇宙空間内の探査・利用上に関するオペレーショナルな指針として機能することで,宇宙法における規範の不足を解消する可能性がある.例えば,本合意の署名及び遵守によって生ずる先例が国際宇宙法の空白ないし沈黙を埋める素材を提供する,あるいは米国と他の署名国との間の二国間協定の規範的基礎として利用され,さらには,かかる二国間合意網を通じて国際的にドミナントな規範的モデルの形成を促進するといったことがある.

　一方で,本合意に対する批判は少なくない.既に一部の国は本合意を否定的に捉えており,特にロシアは米国に有利な国際宇宙法を一方的に創出する試みと強く批判した (Scientific American, 2020).また,このような二国間関係を重視する米国の外交政策アプローチについては,欧州の利害関係者が一般的に好む,

多国間の枠組みを通じて宇宙規範を発展させるアプローチとは対照的と評されている（ESPI, 2020）．NASA は本合意が，国家間の相互理解を強化し，誤解を減らすことを通じて，宇宙空間内及び地球上の紛争を回避することに役立つとするが，必ずしもそのように楽観視することはできない．

　昨今では，独自の法秩序の形成による国際宇宙法の「断片化（fragmentation）」の可能性が主張されている．例えば，Bartóki-Gönczy & Nagy（2023）は，「合意は，米国の専有禁止原則の解釈を支持しつつ，既存の条約枠組みで定義されている宇宙の探査及び利用に関する法的レジームの発展を促す可能性がある一方で，多国間主義を放棄することで宇宙空間の既存の法的レジームを覆し，その断片化につながる可能性がある」(888) としつつ，「合意はガラテアやゴーレムに似通っているかもしれない．すなわち，この重要な分野における法整備の触媒として機能するか，あるいは宇宙法の断片化につながるかのどちらかであろう」(891) と結論付けている．

　現代の宇宙秩序において国内法やソフト・ローの有用性は否定し得ない．とはいえ，国際的に開かれた手続きやコンセンサスを前提としない国家間合意の形成や国内法の制定が既存の国際宇宙法の動揺をもたらす場合，かかる規範は国際化された宇宙空間の在り方を特定の国家ないし国家グループが一方的に決定・方向づけるものとして認識・把握され，ときに国家間の深刻な政治的対立を招き，ひいては国際的な共通ルールの構築をさらに困難にさせる恐れもあるものと思われる．

3．リスクをめぐるルール形成の動向

　現在の宇宙分野では，国際機関や NGO などが中心となり指針（ガイドライン）を策定することが求められる中で，天体利用に関する事項についても官民両面から制度的枠組みの形成に向けた取組みが進められている．その中で述べられるリスク対応に関する見解については，参考とすべきものも非常に多い．そこで本節ではリスクをめぐる法形成の指針として，宇宙資源活動に関する国際的な枠組みに関する提案を取り上げ，さらに，枠組みの持続性の観点から言及される「順応性（adaptability）」の概念について取り上げることとする．

1）制度的枠組み構築の提案

2014 年にグローバル・ジャスティス・ハーグ研究所において設立され，各国の政府，宇宙機関，関連企業，研究機関等から構成される「ハーグ国際宇宙資源ガバナンス・ワーキンググループ」は，2019 年に「宇宙資源活動に関する国際的枠組みの開発のためのビルディング・ブロック」（以下，BB）を発表した．BB は，利潤追求を目的とする民間主体によって行われるものを含む宇宙資源活動につき，国家や国際機関に適用されるべき制度的枠組みの設立を促すことを意図して作成された文書である．なお，ここにいう「宇宙資源活動（Spase resource activity）」とは宇宙資源の探査，採取，抽出のために宇宙空間で実施される活動であり，輸送システムの構築と運用などのオペレーションに関連する工程やフェーズが含まれる（第 2 ブロック 3）．

BB において，リスクに関連性のない規定はほぼ無い．事実，目的規定である第 1 ブロックは「国際的枠組みは，すべての国及び人類の利益を考慮に入れて，宇宙資源活動を可能とする環境を作り出すべき」とするところ，そのコメンタリーは「宇宙資源活動に関する限り，それを可能とする環境は，リスクを最小限に抑え，かつ，管理しながら，最適な結果を生み出すことができる一連の規則，規制，手続，条件を含むものとして解される」としている（Bittencourt Neto et al., 2020: 17）．

第 4 ブロック（原則）はその 1 項において国際的枠組みは国際法に準拠すべきとしつつ，その 2 項において以下の点を考慮して設計されるべきとする．

　　ａ）適切な時期に宇宙資源活動を段階的に規制することによる，順応的ガバナンスの原則の遵守．

　　ｂ）国内的枠組み及び国際機関の対内的枠組みの適合性及び予測可能性の促進．

　　ｃ）持続可能な開発への貢献．

　　ｄ）宇宙資源活動から生じる紛争の防止．

　　ｅ）宇宙資源の秩序ある安全な利用の促進及び保障．

　　ｆ）持続可能，合理的，効率的及び経済的な，宇宙資源利用の促進．

　　ｇ）持続可能な技術利用の促進．

　　ｈ）事業者に対する法的安定性及び予測可能性の提供．

　　ｉ）開発途上国のニーズへの特別の考慮．

　　ｊ）科学のニーズへの特別の考慮．

k）先駆的事業者の貢献への特別の考慮

さらに，3項では同枠組みは次の事項を規定すべきものとする．

　　a）宇宙資源は専ら平和的目的に使用するものとする．

　　b）宇宙資源活動は，経済的及び科学的発展の程度にかかわりなく，すべての国及び人類の利益のために行われなければならない．

　　c）潜在的に有害な干渉を及ぼすおそれがあると信ずる理由があるときは，宇宙条約9条に従い，適切な国際協議を行うものとする．

　　d）宇宙資源活動における国際協力は，国際法に従って行われるものとする．

　これらは，1節でも述べた長期的なものも含む宇宙資源開発に関するリスク認識及びリスク管理の対象とすべき事項のカタログとして非常に有用である．さらに，冒頭で「順応的ガバナンスの原則（the principle of adaptive governance）」の遵守が推奨されていることは象徴的である．この順応性については後述する．

2）リスク管理に関する制度案

　宇宙資源開発のオペレーション上のリスクの管理に直接的に関わるものとして，第10ブロック，第11ブロック，第12ブロックがある．

　第10ブロック（宇宙資源活動に起因する潜在的に有害な影響の回避及び低減）は，「国際的枠組みは，現代の技術的水準を考慮し，宇宙資源活動の責任を有する国及び国際機関は，以下のものを含む潜在的に有害な影響を回避及び低減することを目的として，適当な措置を執るものと規定すべき」とし，その具体例として「人，環境または財産の安全に対するリスク」などを挙げている．この趣旨につき，コメンタリーは，現在の懸念事項や科学的進歩を踏まえた行動指針を通じて長期的な持続可能性を目指しているとしつつ，宇宙資源活動は技術的に複雑で「極端に危険」であって相応の配慮と適切な注意が求められるため，責任を持つ国や国際機関は，国際的枠組みに従い，潜在的に有害な影響を回避・軽減する措置を実施すべきとする（Bittencourt Neto et al., 2020: 59）．

　第11ブロック（宇宙資源活動に関する技術標準，事前評価及び安全区域）は第10ブロックと対応関係にある．その3項は「国際的枠組みは，宇宙条約2条における専有禁止の原則を考慮に入れて，宇宙資源活動の責任を有する国及び国際機関が，安全を確保するために，かつ，宇宙資源活動への有害な干渉を避けるために，宇宙資源活動のために識別される地域の周囲に，必要に応じて，安全区

204　第2部　科学技術に関連したリスクの現れ

域または地域に応じた他の安全措置を設定することを許可すべきものとする」
とする．この安全区域の趣旨につき，コメンタリーによれば，これらは宇宙資
源活動の安全を確保し，有害な干渉を回避するために特定の地域周囲に設定さ
れるもので，事前の公示に基づく十分な理由づけがあれば，区域に応じた安全
措置に従って他の主体のアクセスが制限されるとする．他方で，安全区域設定
の決定は，安全確保の必要性と専有禁止の原則，さらに天体の全地域への立入
り自由との間で注意深く均衡をとる必要があるとし，規範的な整合性を図って
いる（Bittencourt Neto et al., 2020: 66）．

　なお，第14ブロック（情報の登録と共有）において安全区域を含む安全対策の
情報は共有すべきものである．同ブロックは国際的枠組みは，国及び国際機関
が以下について行うことを規定すべきであるとし，その（b）にて「関連する
地域に応じた全ての安全対策を含む，自らが責任を負う宇宙資源活動を有する
ことを，国際的データベースを通じて事前に通告すること」を挙げている．コ
メンタリーによれば（b）が検討された理由は，有害な干渉のリスクを最小限
に抑えるために，進行中のすべての宇宙資源活動，とりわけ関連する地域に応
じた安全対策を確実に認識するためとする（Bittencourt Neto et al., 2020: 82）．

　第12ブロック（宇宙資源活動に起因する有害な影響の監視と是正）もまた第10ブ
ロックと対応関係にある．その第1項は「国際的枠組みは，国及び国際機関が
責任を有する宇宙資源活動に起因する，あらゆる有害な影響の監視を保証する
と規定すべきもの」とし，その第2項において「宇宙資源活動に起因する有害
な影響が発生した場合，または発生が合理的に予測可能な場合，国際的枠組み
は，宇宙資源活動の責任を有する国または国際機関が，そのような有害な影響
に対応するための措置（対応措置）を実施し，宇宙資源活動を修正または終了
すべきかどうかを考慮するもの（順応的管理）と規定すべき」とする．同ブロッ
クの趣旨につき，コメンタリーによれば次のとおりである．まず1項について
は宇宙資源活動から生じるリスクを低減し，宇宙活動の長期的な持続可能性を
促進するため，国や国際機関は，自ら許可した活動に対する実効的な監視を保
証する必要があるとする．次いで2項については，有害な影響が生じる，また
は合理的に予測可能な場合の適切な対応策として，責任を有する国または国際
機関は，その活動を修正または終了させる必要があるかを検討すべきであって，
この評価は，「順応的管理の原則」に基づく意思決定プロセスに従うべきとす
る（Bittencourt Neto et al., 2020: 71）．

さらに，宇宙資源活動に従事する人々の遭難の場合における援助の提供について，第15ブロックは，国際的枠組みは，通常，人類の使節としての宇宙飛行士に適用される宇宙条約5条及び宇宙救助返還協定の適用性を規定すべきものとする．また，宇宙資源活動から生じた損害について，第16ブロックは，国際的枠組みは，宇宙活動の責任を規定する宇宙条約6条及び7条に加え，通常，打ち上げられた宇宙物体によって生じた地上損害等を対象とする宇宙損害責任条約の適用性を検討すべきとする．

3）順応性—法システムの妥当性と作動の維持

ここでは，BB第4ブロック，第12ブロックの説明において触れた「順応性」の概念，特に順応的ガバナンスについて述べる．コメンタリーによれば，BBは適切な時期に宇宙資源活動を段階的に規制する必要があることを想定した順応的ガバナンスの原則の遵守を支持しているとし，さらに，順応的ガバナンスは，その起草過程を通じて，宇宙資源活動の自然な発展段階を通して国際的枠組の妥当性（relevance）を維持させることに役立つものとみなされた（Bittencourt Neto et al., 2020: 9）．また，第12ブロックでは，宇宙資源活動によって発生する有害な影響に対して，責任を有する国または国際機関が対応措置を実施し，活動を修正または終了するかどうかを考慮するための順応的管理（順応的マネジメント）が必要とする．さらに第20ブロックは「例えば国や国際機関の報告に基づき，国際的な枠組みの実施を監視するためのメカニズムや，順応的ガバナンスの原則に沿った見直しとさらなる発展のためのメカニズムが構築されるべきである」とする．このように順応性は，宇宙資源開発分野の制度化における最も重要な概念の一つであるといえよう．

順応的ガバナンスの意味合いにつき，BBのコメンタリーは「恒常的にイノベーションに適した環境を確保するため，宇宙資源活動の規制について定期的な見直しを導入すべきである（過去50年間，宇宙資源の利用に関する法整備が進まず，法が時代遅れになったという，現在のような状況を避けることを目的として）．本チームは，4年ごとの見直しを採用しているITUと同様の柔軟なモデルについて考えることを提案する」とし，また，「評価を担当する機関または組織は特定されるべき」とする（Bittencourt Neto et al., 2020: 129）．一方，順応的管理につき，コメンタリーは，国または国際機関が有害な影響に関わる活動の調整や中止の決定における評価の手法としての「順応的管理」を「経験や実際の変化に基づ

いて行動や意思決定を調整することを目的とした意思決定プロセス」とする（Bittencourt Neto et al., 2020: 71）.

　学術的に，特に環境保全の分野において，順応的ガバナンスは，不確実性のなかで価値や制度を柔軟に変化させながら試行錯誤していく協働の仕組みと定義され，そこでは市民参加や社会的合意形成が重視される（宮内，2017: 20）. 一方，順応的管理は，目標を設定しつつ，継続してモニタリングを行い，その結果によって目標や計画を柔軟に変化させていく管理手法である（宮内，2017: 18）. すなわち，当初の予測が外れる事態を事前にシステムに組み込み，常にモニタリングを行いながら，得られた結果に応じて対応を変えるフィードバックベースの管理手法であって，専門的なグループによる科学的な管理を重視し，具体的なデータや知見に基づいて活動を行うことである. 両者は「変化」に対する柔軟なアプローチを持つが，順応的ガバナンスによって順応的管理はその効果を高めることができるとされる.

　国際平面，特に空間規律の分野においては，近年では，2023 年に採択された国家管轄権外区域における海洋生物多様性協定（BBNJ 協定）に順応的管理の概念の導入が議論されてきた（薬師寺，2021: 38-39）. そして既述のとおり宇宙開発分野においても，商業的な宇宙資源活動が現実味を帯びてくる中，特に月の環境や生態系への影響などのリスク回避などの観点から，順応的ガバナンスの考え方を宇宙資源分野の国際ルールに実装することの必要性が活発に主張されている. もちろん BB のコメンタリーが宇宙通信の規律・管理を担う ITU の例を持ち出すように，順応性が必要なのは宇宙資源の分野に限ったことではない. 宇宙活動に関わる主体の多様化及び活動の複雑化かつ大規模化に伴う不確実性や複雑性の増大により，仮に国際的なルールが新たに設立されたとしても，その実効性が将来にわたって維持されるかは不透明であり，これに対する対応を誤ると，宇宙ガバナンス，特にオペレーション上のリスク管理に深刻な影響を及ぼす可能性がある. そのため，持続的かつ安定的な宇宙利用を実現するためには，宇宙ガバナンスにおいて状況の変化に対応する「順応性」が不可欠となるのである.

　宇宙世代諮問委員会（Space Generation Advisory Council: SGAC）の月ガバナンス報告書（SGAC, 2021: 9）にによれば，「順応的ガバナンスのレジームは，特に大量の不確実性とリスクの影響を受けやすいシステムを管理し，新しい情報が発見されるにつれて進化する学習の文化を育成する. 順応的ガバナンスのレ

ジームは，情報格差を認識し，関係者間の調整を可能にするネットワークを確立し，フィードバックループとレジリエンス（抗たん性）を構築する．月では，事前の現地学習なしに効果的なガバナンスは不可能である．月面の特徴や運用に関しては，包括的な基準や規制を策定するには未知の部分が多すぎる．そのため，順応的ガバナンスのレジームは，月の探査と利用に特に適している.」

　また，先行研究によると，宇宙ガバナンスに適用される順応的ガバナンスの基準は，「（1）資源に関する適切な情報，（2）諸価値，（3）人間と環境の相互作用，（4）資源利用者間の包括的対話，（5）複雑で，冗長性のある，重層的な制度」が含まれる．そしてその枠組みを採用することで，高い順応性（適応性）を持ち，フィードバックからルールを進化させることができ，宇宙環境とガバナンスの不確実性を適切に考慮した宇宙政策を開発できると指摘される (Migaud et al., 2021: 5-8).

　このように，順応性ないし順応的ガバナンスは，宇宙資源開発分野の法的メカニズムの持続的な作動の維持に必要な動的な概念であって，冒頭で述べた，規範的な予測可能性ないし規範的予期が不安定化する事態，すなわち法システム固有の意味でのリスクの克服に必要な概念である．順応性の概念は，不確実性の高い宇宙活動の持続可能性さらには，それを規律する宇宙法の作動上の持続可能性において不可欠であって，1節で述べたリスクへの対応を含め，今後の宇宙資源開発推進の鍵概念になると思われる．

おわりに

　ここまで述べてきた通り，宇宙資源開発はリスクと機会が共存する領域であり，適切なリスク管理と国際ルールの形成が必要である．宇宙資源開発に伴うリスクを軽減するためには，共通ルールと国際協力に基づく効果的なリスク管理のアプローチが必要である．しかし，現行の法的枠組みである宇宙条約や月協定は宇宙資源の利用に関する原則を示しているが，実際の採取や利用に関して適用される詳細なルールは不足しており，後者に至っては実効性に疑義が向けられている．結果として，現状において，国際宇宙法はこれらのリスクを低減・管理するための十分な制度化を果たせていない．他方で，各国が独自に宇宙資源開発に関する制度化を進めることで，国際的な共通ルールの形成を困難にさせ，普遍性を志向してきた宇宙法が断片化する可能性もある．

持続可能かつ安定的な宇宙資源開発のためには，国際法と国内法の整合性を図り，資源の商業利用に関する具体的な規定を設けることが必要となる．そして宇宙資源開発のリスクを低減させるためには順応的な国際ルールないし制度的枠組みの整備が不可欠である．宇宙ガバナンスが順応的であるためには，具体的で明確なだけでなく，ダイナミックで柔軟なメカニズムを含む規範システムが必要であって，さらに，このような規範システムが作動するためには，社会的（法的・倫理的）な「正しさ」や科学・技術的な「正しさ」について，定期的かつ統合的に検証する場が必要となる．もっとも，かかるメカニズムの構築においては，共通の理念の下でさまざまなアクターが協力を行うことが求められる．

注

1） 月その他の天体を含む宇宙空間の探査及び利用における国家活動を律する原則に関する条約（国際連合総会決議 2222 号）．
2） 宇宙飛行士の救助、送還並びに宇宙空間に打ち上げられた物体の返還に関する協定（国際連合総会決議 2345 号）．
3） 宇宙物体により引き起こされる損害についての国際責任に関する条約（国際連合総会決議 2277 号）．
4） 宇宙空間に打ち上げられた物体の登録に関する条約（国際連合総会決議 3235 号）．
5） 月その他の天体における国家活動を律する協定（国際連合総会決議 A/Res/34/68）．
6） 海洋法に関する国際連合条約．
7） 宇宙資源の探査及び開発に関する事業活動の促進に関する法律．

参考文献

Byrd, L. C. (2022) "Soft Law in Space: A Legal Framework for Extraterrestrial Mining," in the *Emory Law Journal*, Vol. 4 Iss. 4, pp. 801-840.

Bittencourt Neto, O., M. Hofmann, T. Masson-Zwaan and A. Stefoudi (eds.) (2020) *Building Blocks for the Development of an International Framework for the Governance of Space Resource Activities: A Commentary*, Eleven Intl Pub..

Bartóki-Gönczy, B. and B. Nagy (2023) "*Introductory Note to* The Artemis Accords," *International Legal Materials*, Vol. 62 Iss. 5, pp. 888-892.

Deplano, R. (2021) "The Artemis Accords: Evolution or Revolution in International Space Law?," *International and Comparative Law Quarterly*, Vol. 70, 2021, pp. 1-21.

ESPI (2021) "Artemis Accords: What Implications for Europe?," 23 November 2020. (https://www.espi.or.at/briefs/artemis-accords-what-implications-for-europe/) 2024 年 9 月 30 日取得.

Gangale, T. (2008) "Myths of the Moon Agreement," *Proceedings of the AIAA Space 2008 Conference and Exposition*, San Diego, 9-11 September 2008.

Hobe, S., B. Schmidt-Tedd and K-U Schrogl (eds.) (2013) *Cologne Commentary on Space Law Volume 2*, Heymanns.

NASA (2020) "ARTEMIS PLAN: NASA's Lunar Exploration Program Overview."

———— (2022) "Splashdown! NASA's Orion Returns to Earth After Historic Moon Mission," 12 December 2022. (https://www.nasa.gov/press-release/nasa286international-partners-advance-cooperation-with-first-signings-of-artemis-accords) 2024 年 9 月 30 日取得.

Migaud, M. M., R. A. and J. B. Bullock (2021) "Developing an Adaptive Space Governance Framework," *Space Policy*, Vol. 55, Aricle 101400.

Space Generation Advisory Council (2021) "Effective and Adaptive Governance for a Lunar Ecosystem Lunar Governance Report."

Scientific American (2020) "Do NASA's Lunar Exploration Rules Violate Space Law?," 12 November 2020. (https://www.scientificamerican.com/article/do-nasas-lunar-exploration-rules-violate-space-law) 2024 年 9 月 30 日取得.

REUTERS (2020) "Exclusive: Trump administration drafting 'Artemis Accords' pact for moon mining – sources," 6 May 2020. (https://jp.reuters.com/article/us-space-exploration-moon-mining-exclusi/exclusive-trumpadministration-drafting-artemis-accords-pact-for-moon-mining-sourcesidUSKBN22H2SB) 2024 年 9 月 30 日取得.

青木節子 (2006)『日本の宇宙戦略』慶應義塾大学出版会.

龍澤邦彦 (2000)『宇宙法システム』丸善プラネット.

寺園淳也 (2022)『宇宙開発の不都合な真実』彩図社.

船尾章子 (1987)「国際組織意思決定過程試論——国連宇宙平和利用委員会における月条約交渉を素材として——」『国際学論集』第 18 号, 上智大学, pp. 39-64.

ベック, U. (島村賢一訳) (2010)「世界リスク社会論　テロ, 戦争, 自然破壊」筑摩書房.

宮内泰介 (2017)「どうすれば環境保全はうまくいくのか——順応的なプロセスを動かし続ける——」宮内泰介編『どうすれば環境保全はうまくいくのか——現場から考える「順応的ガバナンス」の進め方——』新泉社, pp. 14-28.

薬師寺公夫 (2021)「BBNJ の保全および持続可能な利用を規律する原則／アプローチ条項の審議経過と意義」坂元茂樹ほか編『国家管轄権外区域に関する海洋法の新展開（日本海洋法研究会叢書　現代海洋法の潮流　第 4 巻）』有信堂, pp. 31-71.

山口達也 (2021)「宇宙空間専有禁止の原則の制度化」『立命館大学人文科学研所紀要』第 131 号, pp. 308-345.

———— (2023)「アルテミス合意の規範的評価」『立命館大学人文科学研究所紀要』第 138 号, pp. 251-292.

ルーマン, N. (小松丈晃訳) (2014)『リスクの社会学』新泉社.

第6章
宇宙開発リスクとしてのスペース・デブリ問題

田丸 幹

は じ め に

　人類が初の人工衛星の打ち上げを成功させてから既に半世紀以上が過ぎた．かつては一部の国家によりなされ，また他国に及ぼすハードパワー，ソフトパワーとしての色彩が強かった宇宙活動も（鈴木，2011: 3-13），次第に各国に広まっていき，現在では民間企業による活動が目立つまでに拡大してきている．これらは先端科学技術の発展によるものが非常に大きいということはいうまでもないが，一方で人文社会科学の貢献も見逃すことができない．宇宙関連条約[1]は，領域の利用に対して他の条約に比しても早い段階で人類の活動を律する法規範として確立されてきた（龍澤，2000: 8-9）．このような規範の形成があってこそ，宇宙活動には一定の秩序が保たれてきたのである．つまり，宇宙活動には自然科学による先端科学技術の発展と，人文社会科学による規範の形成という二つの車輪が欠けることなく機能していることが重要となるといえるだろう．

　スペース・デブリ（以下，デブリ）問題は，このことを非常によく表している事例だといえる．デブリ問題とは，端的にいえば宇宙空間におけるゴミ問題である．現在，地球近傍の宇宙空間は人類の宇宙活動により排出された廃棄物（デブリ）で覆いつくされている．これらはデブリに対する明確な規制がないまま宇宙活動が行われてきた結果であり，規範形成の重要性を物語る．デブリに対しては科学技術によって減少させようという試みもあるが，それらの活動にもまた規範が必要なのである．

　宇宙空間の利用は，もはや人類にとって欠かすことのできないものとなった．その宇宙空間の利用を脅かすデブリの存在は，明確なリスクであるということができる．本章では，宇宙開発に伴うリスクとしてデブリ問題を人文社会科学

第6章　宇宙開発リスクとしてのスペース・デブリ問題　*211*

の面から取り上げ，それがどのようなものであり，またどのような国際協力が
行われているのかを概観する．最後には，デブリ問題に対してどのような解決
策がありうるのかという検討を行うことで，今後の展望についても触れること
とする．

1．スペース・デブリ問題とはなにか

1）スペース・デブリとはなにか

　デブリ問題を語る上では，まずデブリとは何なのかを明確にする必要がある
が，デブリについてはまだ国際的に明確な定義がなされていないのが現状であ
る．デブリ（debris）とはそもそもフランス語の「残骸」や「破片」を意味す
る言葉に由来しているが，単に「宇宙空間に存在する残骸や破片」だけを指す
ものではない．国連宇宙空間平和利用委員会（United Nations Committee on the
Peaceful Uses of Outer Space: COPUOS）のレポートではデブリを「地球の軌道上
または大気圏に再突入する，機能していないすべての人工物体で，その破片や
要素を含む」ものとしている（COPUOS, 2007）．これは国際的に特別に合意され
た定義というわけではなく，デブリの詳細な定義については学説上さまざまな
ものがあるが[2]，およそそれらに共通する要素であるということはいうことはで
きるだろう．

　このようなデブリは，欧州宇宙機関（European Space Agency: ESA）による推
計では，2024 年 8 月現在，1 mm 以上のもので 1 億 3000 万個にのぼるとされ
ている（ESA, 2024b）[3]．宇宙空間でこれらは高速で移動するため，塩粒ほどの大
きさでも宇宙服を貫通しうる．また塗料の薄片がアメリカのスペースシャトル
の窓に衝突し亀裂が入ったという事故も実際に起きており，小さいデブリでも
侮ることはできない．さらに，デブリは天然に存在する岩石であるメテオロイ
ドとは異なり，地球軌道に限定的かつ半永久的に存在するものであり，何も対
策を打たなければ着実に増加していくものである（Baker, 1989: 3）．ケスラーシ
ンドロームと呼ばれる，デブリ同士の衝突により新たなデブリが発生する加速
的な自己増殖現象も懸念される．

　デブリの存在の危険性については，なにも宇宙空間という特殊な領域に限っ
たものではない．現在，我々は人工衛星から得られる情報に大きく依存してい
る．それは例えば GPS などの位置情報サービスであったり，気象情報の利用

や衛星放送の受信だったりする．衛星通信に関しては現在，民間企業の衛星コンステレーションの計画により国や地域を問わない利用が実現されようとしている．自治体や国家のレベルでみれば災害状況の確認や密漁の監視などにも役立てられ，これらは昨今注目されている SDGs の達成にも非常に重要な情報である．つまり，宇宙空間の利用はもはや一般の生活にも浸透しており，欠かすことのできないものだということができる．もしデブリがそれらの人工衛星に衝突するなどして情報を得ることができなくなれば，地上での混乱も免れることはできないであろう．デブリ問題は将来的に宇宙空間が利用できなくなるかもしれないといったものではなく，現在進行形の喫緊の課題なのである．

2）スペース・デブリに関する諸問題

デブリ問題は喫緊の課題である一方，解決が困難な問題でもある．それはデブリ対策の議論が進んでいないからというだけではなく，デブリそのものに関する問題が山積しているからでもあるといえるだろう．以下では，デブリに関する特に大きな問題であると考えられる三つ，すなわち 1）定義，2）過失と責任，3）排出元の特定をそれぞれ概観する．

定義の問題

デブリに関して国際的に合意された明確な定義がないことは既に述べた．規範に基づくデブリ対策を考える上で定義は重要であるが，合意がしづらい背景には宇宙活動に関する他の基本的な要素がまだ定義されていないことがある．まず，デブリは宇宙物体であるのかという問題が挙げられる．もちろん，「宇宙にある物体」という意味ではデブリは宇宙物体であるが，法的な意味での宇宙物体となると拘束力が発生するため，デブリを宇宙物体に含めてよいのか議論がある．例えば，宇宙損害責任条約第 1 条（d）は宇宙物体に「宇宙物体の構成部分並びに宇宙物体の打ち上げ機及びその部品を含む」と規定していることから少なくとも識別可能なデブリは宇宙物体であるとする主張がある（Lyall & Larsen, 2018: 272）．一方で，この条文にいう「構成部分」の定義は未確定であり，破片や微粒子もそこに含まれるのかという問題に決着はついていないとの見方もある（Jasentuliyana, 1998: 142）．デブリが宇宙物体であれば宇宙損害責任条約に基づいて一部のデブリ損害への対応ができるかもしれないが，この点が不明瞭なのである．さらに根本的には，宇宙物体自体の定義や宇宙空間の定義

も国際的な合意が存在しておらず，デブリを定義することの難しさがうかがえる[5]．

過失と責任の問題

　第二の問題点として挙げられるのは，デブリに対する過失と責任の問題である．宇宙損害責任条約は宇宙空間における損害に関して過失責任を採用しているため，もしデブリが宇宙物体とみなされるのであればデブリにより生じた損害の責任が追及される可能性がある．しかし，同条約にいう「過失」の基準は明確でなく（青木，2011: 40），デブリによる他の宇宙物体への損害やデブリを発生させたこと自体を過失と認定できるかは定かではない．地上損害については無過失責任を採用しているため被害者が救済されうるが，宇宙空間でのデブリ損害の責任をどう扱うのかは未確定のままである．

排出元の特定の問題

　他の宇宙物体とは異なるデブリ特有の問題も存在する．それはデブリの排出元の特定が現在のところ技術的に困難であるという問題である．デブリには使用済みロケットのステージという巨大なものから，浸食によって生じた破片といった微細なものまでさまざまなものが含まれうる（Pelton, 2015: 8）．デブリを含む宇宙物体についてはさまざまな組織が宇宙状況把握（Space Situational Awareness: SSA）を行っているが，これらすべてのものを個々に識別し追跡しきれているわけではない（加藤，2015）[6]．つまり，特に微細なデブリを中心としてその排出元の特定が困難な場合もあり，とあるデブリによって損害が発生したとしてもその責任を追及できない可能性が十分に考えられるのである．

　以上，デブリに関連する特に大きな三つの問題をみてきた．これらはあくまでも代表的なものでしかなく，デブリには軍事利用や所有権の問題など他の課題も山積している[7]．しかし，これらのすべての課題を解決できるまでデブリ対策の議論を待つというわけにはいかない．デブリ問題の喫緊性に鑑みて，デブリの課題を認識しつつも合意できるところから少しでも進めていくことがこの問題の解決には必要になってくるであろう．

3）実際の事例──コスモス954事件

本款では，実際にデブリによって引き起こされた大規模な事故であるコスモス954事件を取り上げる．コスモス954は，ソ連によって1977年にバイコヌール基地から打ち上げられた，ウランを燃料とする原子力電源を積む海洋偵察衛星であった．同機はそれからおよそ3カ月後に故障が生じ，また高度が急激に下がったことから，これを監視していたアメリカは問題が発生しうるとの懸念を表明していた（城戸，1999: 10）．しかしそのまま1978年に大気圏内に落下，崩壊しながらカナダ北西部の領空に侵入しグレートスレーブ湖上空で爆発したあと，放射能を帯びたものを含む4000以上もの破片を広範囲に渡ってばら撒いた．直接の人的・財産的損害は生じなかったが，カナダは落下した破片の捜索と回収，除染活動を行う「モーニングライト作戦」を実行し，総計約1400万ドル（本事件ではカナダドル）を費やすこととなった（城戸，1999）．

その後カナダは，放射性物質により領域が一時的に使用できなくなったことは宇宙損害責任条約にいう「財産の損傷」にあたるとして被害への対処にあてられた金額のうちおよそ600万ドルの請求をソ連に対し行った（Canada, 1979）．しかしソ連側が法的責任を明確に認めることはなく（Schwarz & Berlin, 1982），何回かの会合のあと最終的に300万ドルの見舞金をカナダが受け取るという形で決着した．

本件はデブリの落下事故であると考えられ，また現時点で宇宙関連条約を用いての解決が図られた唯一のものであるため，貴重な例であるといえる．カナダの主張がソ連に通用しなかった背景の一つには，宇宙損害責任条約にいう「損害」の範囲が明確でなかったことが挙げられるだろう．このためにソ連側は「落下地域は放射線レベルからみても安全である」という旨を主張でき（Canada, 1979），責任を認めなかった．また宇宙救助返還協定が落下国側の救済に十分な規定を有しているといえないことも一因である．同協定には所有が放棄された落下物の処分について打ち上げ国側に費用を支払わせるような義務がない．これらによって被害国であるカナダの主張が十分には通らなかったと考えられる．総じて，宇宙関連条約はデブリ損害の対応には不十分であった．該当する条約によらない外交的解決は予め考えられる手段ではあるものの，コスモス954事件はデブリを取り巻く課題が露出した事件だったといえるだろう．

2．スペース・デブリ問題に関するグローバル・ガバナンス

　1節ではデブリ問題とはなにかについて概観し，その課題を取り上げた．しかし，いくらデブリに関する問題が山積しているからといっても，それらに国際社会が全く対応できていないわけではない．本節ではグローバルな社会がデブリ問題に対してどのような協力を行っているのかをみていくが，それにはグローバル・ガバナンス自体がどのようなものかを知る必要がある．

　川村は，オートポイエーシスの理論に基づきグローバル・ガバナンスを分析している．それによれば，グローバル・ガバナンスは国家間政治システム，制度化された国際社会システム，そしてグローバル市民社会システムの三つのシステムにより形成されているという（川村，2016: 31-34）．本節ではこの三つのシステムの観点から，それぞれどのような協力をデブリ問題に対して行っているのかを分析していくこととする．

1）国家間政治システムによる協力

　国家間政治システムとは，主権国家間の政治による統治システムのことである（川村，2016: 33）．デブリ問題は地球温暖化などと同様に多くの国家が同時に対策を進めなくては解決できないと考えられる問題であるが，当初は二国間の協議から始まっている．

　そのきっかけとなったのは，1986年に発生したESAのアリアンロケットの一部が打ち上げから9カ月後に爆発を起こした事件である．これによって生成されたデブリについての情報をアメリカがESAへと通報し，翌年から始まるアメリカ航空宇宙局（National Aeronautics and Space Administration: NASA）−ESA間の実務レベルでの協議につながった（青木，2018: 66）．このような協議はアメリカ−ソ連，アメリカ−日本といったように各国の二者間協議へと次第に拡充されていくこととなる．これは後の宇宙機関間デブリ調整委員会（Inter-Agency Space Debris Coordination Committee: IADC）の結成にも結びついた（青木，2018: 66）．

2）制度化された国際社会システムによる協力

　制度化された国際社会システムでは，主権国家だけではない国際機構やレジームによる統治が行われている（川村，2016: 33-34）．しかしそれに該当する

COPUOS ではコンセンサス方式が採用されているため，議論が進みにくいという指摘がある（Reifarth, 1990: 306）．また詳しくは 3 節で述べるが，デブリ問題は既存の条約による解決も難しい．そこでそれらに依らない協力が IADC によって先駆けて行われてきた．

IADC は 1993 年に発足した．この IADC が 2002 年に採択したガイドラインはデブリの低減に向けた技術的な指針であり，参加機関にはそれに沿った宇宙機の設計や製造，運用，廃棄を行うことが求められる．具体的にはデブリ生成を防止するための設計や意図的な爆発の回避，また運用終了後のデオービットやリオービット[8]などが挙げられている．ただしこれらはあくまでも技術水準であるため法的な拘束力は有しない．しかしそれゆえに比較的容易に内容の修正を行うことが可能であり，実際に行われてきた．COPUOS もこれに追随するような形でガイドラインを作成している．ただし，それは IADC のガイドラインを基礎として行われた．COPUOS でのガイドラインの作成にあたってはさまざまな指摘や反対もあったが，2007 年に中国が実施した衛星攻撃兵器（Anti-Satellite weapon: ASAT）の実験によりデブリ問題に対する危機感が共有され，採択に至ったとみられる（青木, 2018: 68）．このガイドラインに関しては途上国などにも配慮して IADC ガイドラインよりも要求水準を下げたものとなっており，また COPUOS 科学技術小委員会の状況から国連総会決議としての採択は見送られた（中村, 2023: 165-166）．これらのデブリ低減ガイドラインは一見すると比較的弱い規範であるようにも思われるが，各国で受容されており国内法令の整序効果がみられるとの指摘もある（中村, 2023: 167-168）．ガイドライン策定後もそれに反するような事例は一部で見られるが，法的拘束力がないからといって決してその意義が否定されるわけではないだろう．

先述のような COPUOS での議論が進んでいないとの指摘がある一方で，同委員会は独自のガイドラインの策定に漕ぎつけている．長期持続可能性ガイドライン（Guidelines for the Long-term Sustainability of Outer Space Activities: LTS ガイドライン）は，2019 年に人類による宇宙活動の新たな状況を踏まえて地球軌道の持続可能性を念頭に作られた．全 21 の項目からなるこのガイドラインは合意におよそ 9 年を費やし，また決して詳細な内容であるとはいえないものの，国連の場でコンセンサスを得ることができたという点では意義があったであろう．またデブリ低減ガイドラインのように各国内の規範作成へと波及することも期待される．

また最近では ESA がゼロデブリ憲章を策定し企業を含むさまざまなアクターに参加を呼びかけるなど，この問題に関する制度化された国際社会システムの動きが活発になってきている．デブリ問題は同システムによる努力が大きな効果を発揮すると考えられることから，今後の動きが注目される．

3）グローバル市民社会システムによる協力

グローバル市民社会システムは，民間の行為主体による国境を変えたコミュニケーションから構成され，そこに単一の中心的な統治機構は存在しない．川村によれば，この多中心的な統治システムはグローバル化の進展により現在重要性を高めているという（川村，2016: 34）．デブリ問題においても，民間行為主体による宇宙活動の拡大が進むなかで同システムの役割は大きくなっていくと予想される．デブリ問題に対するグローバル市民社会システムによる協力に分類できるものは主に二つある．

まず一つ目は世界経済フォーラムによる宇宙活動事業者に対する格付け制度である．この宇宙持続可能性評価（Space Sustainability Rating: SSR）は，人工衛星製造者などの宇宙活動事業者がどの程度デブリ対策等の宇宙空間の持続可能性への貢献を行っているかを評価することでスコアリングをする制度となっている．もちろんこれによって法的拘束力が発生するわけではないが，事業の透明性を確保することにより事業者の資金調達や保険料などに影響を及ぼす可能性があるとされ（World Economic Forum: 2021），ガイドライン等の自主的な遵守が期待できる．また事業者に対して資金や保険サービスを提供する側にもそれらを判断する際の材料が得られるというメリットがあるため，宇宙ミッションに関わるアクター全体を巻きこんだ規範遵守の促進を図ることができるかもしれない．

二つ目のグローバル市民社会システムによる協力には，国際標準化機構（International Organization for Standardization: ISO）によるものがある．ISO は，1947 年に設立されジュネーブに本部を置く，各国内標準化団体によって構成される非営利の非政府機関である．ISO には製品やサービスの国際的な標準化を促進することで市場取引を円滑にする役割がある．この ISO はデブリに関連する規格も出しており，それには例えばデブリ生成の回避要求や宇宙機の衝突防止手順などがある．ISO 規格についても先述の SSR と同様に法的拘束力があるわけではないが，この規格の遵守により事業者の市場における評価へと

つながるため，自主的な遵守促進効果がある（中村，2023: 170）．

これら二つのグローバル市民社会システムによる協力は比較的最近に始まったものであり，今後さらに民間の宇宙活動が過熱した場合にどの程度の効果を発揮できるのかは定かではない．しかし，現状の経済構造の中においてハードな規範だけによらずに市場原理によって自主規制を促進するといった試みは決して小さくない意義を持つであろう．

3．スペース・デブリ問題の展望

ここまででデブリ問題の概要とデブリ問題に対して現在行われている国際協力を概観してきた．では，デブリ問題は今後どのように解決される可能性があり，またそれに際してどのような課題があるのか．本節ではデブリ問題を改めて問いなおすことでそれに対する認識の転換の必要性を示し，それを前提としてどのような解決案がありえるのかを事前措置と事後措置に分けて学説ベースで検討していくこととする．

1）スペース・デブリ問題の捉えなおしの必要性

ここまでで，デブリの存在の問題性について人類の宇宙活動の阻害という視点から主に説明してきた．実際にデブリの存在は地球軌道の混雑をもたらし，また一度事故が発生すれば宇宙空間だけではなく人工衛星からの情報に依存するところの多い地球上での一般の暮らしにも大きな影響が出る．しかし，デブリ問題をこのように人類が宇宙空間で活動できなくなるかもしれないという問題としてのみ捉えることは適切なのだろうか．確かに，宇宙空間を人類の「実験室」として捉えるような考え方もある（Baker, 1989: 87-89）．これに従えば，宇宙空間は人類の活動に支障が出ない程度に保護していけばよいということになるだろう．このような環境の保護論は主観論的環境保護論と呼ばれる．これは人間を環境保護の主体としてのみ捉え，あくまでも自然は人間に利用・開発されるものであるという西欧的価値観が反映されている考え方である（龍澤，1999: 2-3）．主観論的環境保護の論理は，これまで地球上で展開されてきたものであり，その結果として現在存在する数多の環境問題を引き起こしてきたことはいうまでもない．人類は地球でそのような経験をしてなお，宇宙空間でも同じ問題を繰り返すのであろうか．

これに対し，非西欧的な価値観も取り入れた保護論である客観論的環境保護論は自然全体の均衡に焦点を当てる（龍澤, 1999: 3-4）．これは人間を環境保護の主体であると同時に保護される客体でもあると考える論理であり，人類の活動というよりも環境の保護それ自体を目的とするものである．自然からの利益を享受しているのは人間だけではない．自然はあらゆる種にとって次世代に受け継がれるべき供託物であり，人類はそれを処分する権利を持たないのである（龍澤, 1999: 3）．これは宇宙空間においても同じことがいえるであろう．特に宇宙空間は人類にとって未知の領域であり，それが宇宙に存在するあらゆる種にとってどのようなものであるのかはわからない．デブリの存在は彼らにとって有害であるかもしれず，もしそうであるならば彼らを害することによって人類の将来に渡っての選択肢を狭めることにもなりかねない．よって，デブリ問題は客観論的環境保護論の立場から考えられなければならない．それが人類の利益を考えるうえでも結局要点となるのである．ただし韓が指摘するように，デブリ問題を単に環境問題としてのみ捉えることもできない（韓, 1996: 217-218）．それはデブリが法や政治，軍事，ビジネスなどのあらゆる側面から扱われる問題だからである．デブリ問題は，デブリによって既存の環境が破壊され平衡が破られることであると同時に人類の活動が制約されることでもあるというように，複合的な問題として捉える必要があるだろう．

　ところで，このように政策の根本理念を明確化しておくことは，特にデブリのようなグローバルな問題に対処していくにあたって非常に重要である．グローバル・ガバナンスにおいては統治／被統治の関係が必ずしも固定的でなく，同時に同一の主体となりうるからである（川村・龍澤, 2022: 155）．この場合，ガバナンスを先導していく者は自らその法や政策に服することが求められる．理念の明確化は，本来意図された目的が正しく継続的に実行されるのに不可欠なのだ．宇宙政策においてそのような理念が打ち立てられ，かつそれがデブリ問題だけでなく今後予測されるテラフォーミングなども射程に収めた包括的な理念であるならば，宇宙空間における持続可能性は維持できるであろう．

2）事前措置に関する案

　一般的に，ゴミ問題への対処方法としては①そもそもゴミを出さないこと，②既にあるゴミを除去すること，③ゴミの自然消滅を待つことが考えられる．このうちデブリに関しては全く消滅しないわけではないが，軌道上に半永久的

に留まってしまうため，また現状の宇宙開発の加速度的な拡大のために ③ の方法をとることは考えにくい．そのためデブリの削減に不可欠である排出規制と積極的な除去の二つの措置に関連する課題を検討する．

　まず，デブリの排出規制について考察する．宇宙条約第9条は，活動国が宇宙活動において「有害な汚染」を回避する義務を負う旨を規定している．しかし，この条文が宇宙環境の保護を目的としているのか，それとも他の宇宙活動への干渉を防ぐことを目的としているのかについては明確でない（松掛，2004: 378-381）．この点については，先述の客観論的環境保護論の立場に立つことで環境保護を目的としていると解釈することができるが，既存の国際環境法の原則でも説明が可能である．例えばストックホルム宣言の原則21などにみられる越境環境損害防止義務は，自国の活動が他国や国際領域に対して環境損害を及ぼさないようにする責任について規定しており，この義務は国際司法裁判所（International Court of Justice: ICJ）の核兵器の使用に関する勧告的意見においても慣習国際法として確認されている（ICJ, 1996）．よって宇宙空間という国家管轄外の領域におけるデブリの排出もこの責任が課される対象であり，条約当事国にはデブリの排出を防ぐ義務があると解釈することができる．

　しかしこのような，デブリの排出を宇宙条約第9条により規制しようとする議論は多くの学者が既に検討しており，賛成・反対のさまざまな結論を出している（中村，2023: 173-179）．したがって，第9条がデブリの排出規制に有効であるのかといった議論は慎重な検討が求められる．客観論的環境保護の立場や越境環境損害防止義務に依るとしても，その結論を得るにはそもそもデブリの存在が環境問題であるのかどうかといった根本的な部分から議論を出発させなければならないであろう．

　次に，デブリの積極的な除去（Active Debris Removal: ADR）に関してである．現行の宇宙関連条約には，デブリ除去に関する明確な規定は存在しない．しかし，少なくとも自国のデブリを除去する場合や他国のものであってもその所有国からの同意を得ている場合にはその除去の実行自体に関しては問題がないと考えられる．同意がない場合のサルベージについては，その同意を恣意的に拒否することは宇宙条約第1条にいう「自由」の乱用であり，許されないとの指摘もある一方で（Zannoni, 2022: 311），それについて国際的な合意が得られているわけではない．同意なしでのデブリ除去に関しては引き続き慎重な議論を要するであろうが，ADR技術が着実に進歩している中で議論の完全な決着まで

実行を待つというわけにはいかない．デブリ問題という危急の課題に対しては合意できる部分から着実に実行していくということが肝要であろう．ただし，既述の COPUOS での状況から条約の改正や新しい立法を早急に行うことは困難であるように思われるため，デブリの積極的な除去に関するガイドラインを作成し，除去を行う者と除去をしてもらう者との間で予め責任の所在と賠償方法に関する合意を推奨するというのが現実的な手法となるのではないか．この際，両者間の取り決めの中で除去中に第三者に損害を与えてしまった場合の責任の所在まで明確にしておくことが必要となる．宇宙損害責任条約では ADR を想定していないと考えられ，その際に生じた損害に関する過失の認定や賠償の分担を条約から導出し確定することは容易ではないからである．

3）事後措置に関する案

　デブリに関わる問題については事前措置の他にもう一つ事後措置に関するもの，つまり損害が発生した場合の責任や補償の問題がある．この問題の解決にまず考えられるのは新条約の制定であろう．デブリ損害が宇宙活動国や事業者だけでなく無辜の一般市民にも発生しうることを考えればよりハードな形で法的拘束力を持つ規範の制定をすることが好ましいからである．その新条約は例えば，デブリの排出元特定の困難性を考慮して加盟国全体で損害の補償を分担するといったような規定や，デブリの特定精度を上げるための国際協力の推進といった規定を含むことが考えられる．しかしこのような条約による解決にはいくつかの問題点がある．まず参加国が増加しさまざまな利害関係を有する COPUOS 内で，ハードな規範を作ることのコンセンサスが得られるかという問題である．単純に責任や補償方法を規定するだけの条約では参加することにメリットを感じる国は少ないかもしれない．もう一つの問題はそのような条約では民間のアクターを巻き込みづらいという点である．民間の宇宙活動が活発になっている現状を踏まえれば，損害の責任や補償に彼らを関わらせていくことは重要である．宇宙条約では民間の宇宙活動であっても国家に責任を集中させる原則を採用しているが，自国がデブリ損害の責任を追及する条約に参加してしまえば，それから逃れるために参加していない他国へ企業を移してしまうということが考えられる．いずれの場合にしても，ただ責任を追及するだけの条約では参加する国家にもその下にある民間アクターにもインセンティブが働かないのである．

222　第 2 部　科学技術に関連したリスクの現れ

　これらの問題は，国際基金の設立という方法であれば解決できる可能性がある．この国際基金は客観論的環境保護論の理念のもと，デブリ損害に対する責任の明確化や追及というよりも，元の環境状態への回復という点に焦点があてられる．さらに損害への一定の補償額を基金から拠出しつつ，ADR 事業の費用にも充てられるようにすることで宇宙活動を行う国家や民間アクターが将来に渡って持続的に活動を継続できるようにすれば基金へ参加するインセンティブも付与することができるのではないか．より具体的には，以下のような要素を含む基金を考えうる．第一に，損害が発生した場合の補償や原状回復は責任の明確化ができない場合にも先に行われる．責任が明確となった場合には宇宙損害責任条約に基づき賠償責任が生じる．これはアメリカにおける包括的環境対策・補償・責任法をモデルとすることができる (Kisiel, 2021: 233)．第二に，基金への拠出は国家だけでなく民間アクターからも行われる．そうすることで宇宙活動者全体へとデブリ問題への意識を高めることができるからである．これに関しては基金への拠出に民間事業者が対象となっている国際油濁補償基金が参考になるのではないか．一方で，このような基金にもいくつかの課題が考えられる．まず基金をどのような方法で設立するかということである．いきなり新条約を設立しようとするのであれば，先述したように COPUOS でコンセンサスを得るのは容易ではないかもしれない．また，基金への拠出の分担をどうするのか，また民間アクターをどのように参加させるのかも課題であろう．これらに対しては枠組み条約を設立することで合意できる部分から合意をしていくことや，拠出額を打ち上げ回数や市場規模に応じて配分すること，国内法の制定を促して企業にも拠出させることなどを考えうるが，現実的なものとするためにはより詳細な研究が必要となるであろう．いずれにしても，現在研究が進んでいるデブリ除去技術等による問題の解決への貢献は，デブリ問題に対応する制度を構築できてこそ軌道に乗せることができるのではないか．

おわりに

　本章では，宇宙開発に関わるグローバルリスクとしてデブリ問題をみてきた．人類が生存していくうえでゴミの排出は今のところ避けられない事象であり，宇宙進出が続く限りデブリ問題はつきまとい続ける．
　この問題の解決に向けては未だ多くの課題が山積していることを 1 節では概

観した．一方で2節において紹介したように，国際社会はデブリ問題に対して全く無力なわけではない．特に米ソ冷戦期から現在の多極的な世界情勢期にかけてなお人類の宇宙活動を律するための協力が続いてきたことは大いに注目すべき事実である．これを踏まえれば，3節においてみてきた新たな宇宙政策理念に基づく解決策の実現も，決して夢物語ではないということができる．

　デブリ問題は科学技術による解決が強く期待される一方で，それを実行するためには制度の構築が必要であるという，現代科学技術社会の特徴をよく表している．人類が存続するために必要なことは，科学技術の問題ですら科学技術が解決してくれるというような錯覚に陥ることなく，人文社会科学の面からもそれらの在り方を見つめていくことなのではないだろうか．

注

1）　本章では，「月その他の天体を含む宇宙空間の探査及び利用における国家活動を律する原則に関する条約（宇宙条約）」，「宇宙飛行士の救助及び送還並びに宇宙空間に打ち上げられた物体の返還に関する協定（宇宙救助返還協定）」，「宇宙物体により引き起こされる損害についての国際的責任に関する条約（宇宙損害責任条約）」，「宇宙空間に打ち上げられた物体の登録に関する条約（宇宙物体登録条約）」，「月その他の天体における国家活動を律する協定（月協定）」の五つの条約を「宇宙関連条約」と呼称する．

2）　機能を停止している宇宙物体にも軍事衛星のように重要性や機密性を有している場合があり，それらをデブリに含めてよいのかはおおいに疑問が残る．一例として，龍澤は宇宙物体の「目的の喪失」にも注目し，デブリを「地球周回軌道またはその外に打上げられた人工物体がその本来意図されたまたは運用開始後許可された機能を果たしておらず，かつ当該機能を維持しまたは回復することを合理的に期待できず，その大きさまたは状態に限らず，管理不可能かつ無用になっている場合のもの」と定義している（龍澤，2000: 88）．

3）　ESA は，デブリを「地球の軌道上にある，または地球の大気圏に再突入する，機能しない人工物体（破片や要素を含む）のすべて」と定義している（ESA，2024a）．

4）　衛星コンステレーションは，地球低軌道に数万機規模の小型人工衛星を配置する計画であり，これが実現すればさまざまな地域で地上通信施設に頼らない通信が可能となる．一方でウクライナ戦争に利用されているとの指摘や，数社が競合していることからデブリの急激な増加に繋がるといった懸念がある．

5）　宇宙空間の定義に関して，地球との境界を自然科学的につけることは無理があるため，人為的に線引きをする必要がある．これに関しては航空機の限界高度や人工衛星の近地点を目安にしようとする説があり，それによればだいたい海抜80〜100km付近が境界となる（龍澤，2000: 29-33）．ただし，この高度を超えること自体がすなわち

宇宙法が適用されることを意味しない．例えば，核兵器を搭載可能な大陸間弾道ミサイル（Intercontinental Ballistic Missile: ICBM）はこの高度を一時的に超えるが，宇宙空間への大量破壊兵器の配置を禁ずる宇宙条約の適用は受けていない．つまり，宇宙法の適用にはある物体の空間的な位置だけではなくその機能にも注目する必要があり，したがって宇宙物体の定義も困難なのである．

6）カウントされないデブリには，技術的に観測できないものだけではなく機密上公表できないものも含まれている（加藤，2015）．

7）偶然性という要素が高いものではあるが，デブリを故意に散乱させることによって他国の衛星の機能を邪魔することができるため，デブリは兵器として認識されうるとの指摘がある（齋藤，2004）．所有権については，例えばデブリを除去しようとするときにそのデブリをどこの国が所有しているのかという問題を考えうる．所有権がある限りは相手国の同意なしに勝手に処分をするわけにはいかないからである．

8）デオービットとは低軌道衛星などの大気圏再突入による軌道離脱，リオービットとは静止軌道衛星など高高度にある宇宙機の墓場軌道への再配置を指す．これらは運用後廃棄（Post Mission Disposal: PMD）と呼ばれる．

参考文献

Baker, H. A. (1989) *Space Debris: Legal and Policy Implications*, Martinus Nijhoff.

Canada (1979) "Claim against the Union of Soviet Socialist Republics for Damage Caused by Soviet Cosmos 954," International Legal Materials, Vol. 18 Issue 4, pp. 899-930.

Committee on the Peaceful Uses of Outer Space (2007) "Report of the Committee on the Peaceful Uses of Outer Space," A/62/20. (https://www.unoosa.org/pdf/gadocs/A_62_20E.pdf) 2024 年 8 月 20 日取得.

European Space Agency (2024a) "ESA's Annual Space Environment Report." (https://www.sdo.esoc.esa.int/environment_report/Space_Environment_Report_latest.pdf) 2024 年 9 月 9 日取得.

European Space Agency (2024b) "Space debris by the numbers," (https://www.esa.int/Space_Safety/Space_Debris/Space_debris_by_the_numbers) 2024 年 8 月 20 日取得.

International Court of Justice (1996) "Legality of the Threat or Use of Nuclear Weapons, Advisory Opinion," I.C.J. Reports 1996. (https://www.icj-cij.org/case/95/advisory-opinions) 2024 年 8 月 17 日取得.

Jasentuliyana, N. (1998) "Space Debris and International Law," *Journal of Space Law*, Vol. 26 No.2, pp. 139-162.

Kisiel, E. (2021) "Law as an instrument to solve the orbital debris problem," *Environmental Law*, Vol. 51, No 1, Lewis & Clark Law School, pp. 223-240.

Lyall, F. and P. B. Larsen (2018) *Space Law*, Routledge.

Pelton, J. N. (2015) *New Solutions for the Space Debris Problem*, Springer.

Reifarth, J. (1990) "An Appropriate Legal Format for the Discussion of the Problems of Space Debris," K. H. Böckstiegel (ed.) *Environmental Aspects of Activities in Outer Space*, Carl Heymanns Verlag, pp. 301-309.

Schwarz, B. and M. L. Berlin (1982) "After the Fall: An Analysis of Canadian Legal Claims for Damage Caused by Cosmos 954," *McGill Law Journal*, Vol. 27, No.4, pp. 676-720.

World Economic Forum (2021) "New Space Sustainability Rating Addresses Space Debris with Mission Certification System." (https://www.weforum.org/press/2021/06/new-space-sustainability-rating-addresses-space-debris-with-mission-certification-system) 2024 年 9 月 18 日取得.

Zannoni, D. (2022) "Out of sight, out of mind? The proliferation of space debris and international law," *Leiden Journal of International Law*, No. 35, Cambridge University Press, pp. 295-314.

青木節子 (2011)「宇宙の探査・利用をめぐる『国家責任』の課題」『国際法外交雑誌』第 110 巻第 2 号, pp. 25-49, 清水書店.

―――― (2018)「第 2 章宇宙活動の基本ルール」小塚壮一郎・佐藤雅彦編『宇宙ビジネスのための宇宙法入門』有斐閣, pp. 27-92

加藤明 (2015)『スペースデブリ』地人書館.

川村仁子 (2016)『グローバル・ガバナンスと共和主義』法律文化社.

川村仁子, 龍澤邦彦 (2022)『グローバル秩序論』晃洋書房.

城戸正彦 (1999)「コスモス 954 事件 (1978 年) の意義」『松山大学論集』第 11 巻第 4 号, pp. 9-46.

齋藤洋 (2004)「Space Debris の軍事利用と宇宙平和利用原則」『東洋法学』第 47 巻第 2 号, pp. 1-25.

鈴木一人 (2011)『宇宙開発と国際政治』岩波書店.

龍澤邦彦 (1999)「スペース・デブリによる宇宙空間の環境悪化への法・政策的対応」『法と行政』第 10 巻第 1 号, pp. 1-20.

龍澤邦彦 (2000)『宇宙法システム』丸善プラネット.

中村仁威 (2023)『宇宙法の形成』信山社.

韓相熙 (1996)「スペース・デブリの法的側面」『法学政治学論究』第 31 号 pp. 213-246.

松掛暢 (2004)「スペース・デブリに対する宇宙関連条約の適用可能性」『大阪市立大學法學雑誌』第 51 巻第 2 号, pp. 365-398.

結びに代えて

川村仁子・龍澤邦彦

　ルーマニア出身の哲学者であるエマニュエル・レヴィナスは『存在の彼方へ』において,「存在そのもの」を中心に据えてきた欧米の哲学を批判し,「存在そのもの」は他者との関係性のなかでのみ見出せるものと位置付けた (Lévinas, 1974; 邦訳, 1999). 本書が主題としたグローバルリスクも同様に, 単体で存在するものではなく, 地球環境の変化や科学技術の進歩, 政治的・経済的・社会的な制度や価値観の揺らぎといった, 関係性の中で見出されるものであると言える. 本書の第1部, 第2部において論じられてきたように, グローバルリスクに関するコミュニケーションは, 国境を越え, 領域を越え, 常に相互連関しながら現れている. 例えば, その新規性から科学技術のリスクのなかには蓋然性が認められていても科学的には未だ証明されていないものもあり, そのようなリスクを有する先端科学技術をどのように社会が受容し, また, そのリスクのどこまでを管理の対象とするかは, 結局は政治的・経済的・社会的な決定においてなされるものである. しかし, 科学技術の進歩がその一助となっている社会や人間の価値観の変化によって, そのような決定を形成する主体であった社会や国家, 決定の方法としてのデモクラシー, そして, 決定の際に指針とされる人権概念といった, これまで確固たる信念を持って認知されてきた対象に揺らぎが生じている.

　このような現れ方のリスクに対しては, リスクへのレジリエンスの高め方やリスクを管理する方法自体も, 国家, 国際組織, 民間 (研究機関, 企業, 専門家組織など), 個人といった多様な主体が互いに支え合うハイパーサイクルのなかで形成される必要がある. 本書が焦点の一つとした科学技術分野では, 科学技術が創造性と破壊性を併わせ持ち, 国境を越える甚大な損害を引き起こすリスクを有することや, 国際協力や官民パートナーシップ (Public Private Partnership) によって研究開発が行われていること, 先端科学技術を持てる国と持たざる国の格差への配慮が必要性であること, という特徴を有するがゆえに, その一部をグローバルなガバナンスの対象とすることが求められる. ただ, 昨今の国際

情勢を鑑みると，いずれの分野であれ科学技術ガバナンスのために国家間で条約あるいは組織としての制度を形成することは困難を極める．例えば宇宙関連諸条約は，1960年代および70年代の冷戦下において，国家間だけでなく人々の間での核戦争への危機意識の高まりによって合意に至ったが，その後は原則宣言やガイドラインなどのソフト・ローの合意にとどまっている[1]．また，AIを搭載した殺傷兵器いわゆるキラー・ロボット（Killer Robot）についての議論が2016年の「特定通常兵器使用禁止制限条約（CCW）」の第5回締約国会議で行われ，攻撃目標を自律的に決定したり，攻撃目標を発見するまで追跡したりするような自律型致死兵器システム（Lethal Autonomous Weapons System, LAWS）の分野の政府の専門家グループが設置され，自律性を持った致死兵器の開発，展開，使用によってもたらされる人道的および国際的な安全保障上の課題が検討されているが，こちらもガイドラインの合意にとどまっている（CCW/Conf. V/2, 2016）．

　このように，科学技術をめぐる国際的なガバナンスでは，条約や法人格を有する組織を中心とした制度から，原則宣言やガイドラインといったソフト・ローや，民間が作成する国際的な法規範であるグローバル法を積み重ねることで，メカニズムとしての制度の構築を目指す方向に移行している．そのなかで，これまでの制度の枠内で積み重ねられてきた原則や規則，EUのAI法のように地域的に確立されている法原則を，メカニズムとしての制度の原則として利用することは可能である．

　このようなリスクに対するハイパーサイクルメカニズムの核になる理念の一つとして想定できるのが，「人類の共同遺産（Common Heritage of Mankind, 以下CHM）」である（川村・龍澤, 2022: 147-149）．科学技術，特に先端科学技術は，そのリスクだけでなく，開発や利用についても人類すべてに大きな影響を与えうる．そのような先端科学技術のうち，特に全人類の「福祉と安寧」にかかわるものをCHMとして捉え，通常の競争の対象と別の扱いをし，その開発や利用において一部の国家や民間の行きすぎた独占を防ぐ必要がある．

　CHMは，1970年の深海底の開発の議論のなかで登場した概念である．1970年6月23日の国連宇宙空間平和利用委員会（United Nations Committee on the Peaceful Uses of Outer Space, COPUOS）による「月その他の天体の天然資源の利用における活動を律する原則に関する協定（月協定: Agreement governing the activities of states on the moon and other celestial bodies）草案」の第1条では，「月

その他の天体の天然資源は CHM である」と示され，開発途上国の圧倒的な支持を得た（A/AC. 105/C. 2/L/ 71 and Corr. 1）．1973 年の月協定のアルゼンチンの作業文書では，CHM について，以下の 9 点が考慮されなければならないと提案された．① すべての国家および人民による，彼らが宇宙空間および天体のために確立された原則と規範から生ずる利益に対する権利を与えられているということ，② 宇宙空間と天体の探査・利用に開発を組み合わせる必要があること，③ その結果を保証する試みによる利益の追求，④ 生じた利益の公平な配分，⑤ 開発途上国の必要と利益，⑥ 公平な配分のための活動の監視，⑦ 国際レジームによる制度の構築，⑧ そのようなレジームのための適当な手続きの確立，⑨ 表明されたすべての期待を実行するための国際マシーナリーもしくは国際組織の存在（A/AC. 105/C. 2/SR. 202）．そして，議論の末，第 11 条 1 項で「月およびその他の天然資源は CHM であり，この協定の規定，とりわけ本条の 5 の規定に表現されるものとする」と規定された月協定は，1979 年の国連総会のコンセンサスによって採択され，1984 年 7 月 11 日に発効した．

　この原則について明らかなのは，「未だ正確な定義を欠いているので，基本的に，問題の地域の天然資源の管理，開発および配分は，国際社会（あるいは単に月協定の締約国）によって決定される問題である」（Cheng, 1980: 337）ということである．しかし，CHM という概念に明瞭な定義が与えられておらずさまざまな解釈の可能性があるとして，多くの先進国は月協定への調印を躊躇した．確かに，月協定には CHM の具体的な内容についての規定はなく，現時点でその他の実定法のなかでも CHM の具体的な内容については規定されてはいない．また，学説もさまざまである．例えば，ハーナッペル（P. P. C. Haanappel）は，以下の 5 点を CHM の特徴としてあげる．① CHM 概念は，共有物に関わる原則の拡大である，② それは不必要な荒廃に対して，物理的環境を保護することにより，一般的に人類の利益のためになるように努める，③ 資源を現在および将来の世代のために保存するように努める，④ 国際的取り決めによって，最貧国の必要を特に考慮しながら，資源と利益の公平な分配の目標を達成するように努める，⑤ 先に識別された目的の実現のための規則を含む国際レジームの存在または形成を考える（Haanappel, 1981: 29）．これに対して，当時のソ連や東欧諸国の学者は，CHM の内容の分析よりもむしろ，主権概念との両立を強調した（Zhukov & Kolosov, 1984: 187）．

　CHM をめぐる学説的な議論から，人類という法律的であるよりもむしろ哲

学的な用語が持つ二つの意味を明らかにすることで，CHM を以下のように解釈できる．第一に，人類とは，国家，人種，性別などのいかなる差別および差異をも取り除いた単一性を有する人間の総体である（Dupuy & Vignes, 1985: 501）．このような面から CHM を考えるとき，それに対して，すべての人が差別なく共同所有権を与えられることを意味する．第二に，人類という語には，歴史的連続性が認められる．つまり，それは過去，現在そして未来の人間の総体である（Larba, 1976: 425）．このような観点から分析すると，CHM は以下の 3 点を意味するという結論に達する．① 上記の共同所有権の内容は，受益所有権である，② 現在の世代は，CHM の管理者にすぎない，③ 現在の世代は，将来世代に対して管理責任を有する．これらの分析から導き出される CHM 原則は，国際規範の持つ機能のうち，行為の決定機能，つまり，ある行為をして良いか否かを決定する機能ではなく，むしろ国際関係を組織化する機能（制度，構造，手続きを創設する機能）に重点を置いている．すなわち，それは月およびその他の天然資源の開発の国際レジームの指針を導き出すための開発政策の哲学的な表明であると考えられる（川村・龍澤, 2022: 147-148）．

　問題は，この概念を月や深海底といった物理的な天然資源以外の対象である科学技術に適用することができるかということである．それに対して，例えば途上国は，科学技術は発明された国の枠内に留まらず世界各地に伝えられて改良されていくのであり，それが人類全体の発展につながるという理由から，CHM であると主張する．実際，静止軌道と周波数スペクトラムの衡平な使用の確保に対しては類似の概念が適用された[2]．ただし，ここで重要なのは，CHM が柔軟性をもつ，ガバナンスのための指針として用いられることである．したがって，CHM の具体化は，それ自体不可能であるだけでなく，避けるべきものであるともいえる．月協定の成立に尽力したコッカ（A. A. Cocca）も，「月協定においてまさに生じつつある概念に含まれる原則を定義で具体化することは危険である．国際レジームが関係する限り，私はあえてそれを定義の問題ではないという．それは協定に規定されたガイドラインの履行の結果でなければならないと考える」（Bedjaoui, 1979: 228, 230）と述べている．CHM は，法的であると同時に非常に政治的な概念であるので，それ自体の詳細な定義よりも，むしろ将来的に確立されるべきグローバルな課題に向けた議論を収束させるための概念として用いることが有効である（龍澤, 2000: 33-39）．

　そのなかで多様な主体を含む国際公役務（International Public Service）として

一部の科学技術のガバナンスを検討することで，行政法上の公役務の原則である ① 無差別原則（差別なくすべての受益者に提供されねばならない），② 継続性の原則（いったん提供が開始されれば，継続的に提供されなければならない），③ 適応性の原則（社会や環境の変化に柔軟に適用されねばならない）を適用できる可能性がある．特に，科学技術を持てる国と持たざる国の格差への配慮にもかかわるため，① の原則を実現するための論理をどのように導くかが鍵となる．ただ，ここで別の課題として浮かび上がるのが，一部の科学技術が CHM とされることで，その分野の民間の研究・開発のインセンティブが低下する可能性があるということである．その課題に対応するために参考となる先行事例としてあげられるのが，国際電気通信衛星機構（Intelsat）の通信衛星業務の民営化である．Intelsat はかつて，管理理事会に民間企業の代表を含んでいた国際組織であった．それが，1980 年代末から始まる国際的な通信衛星業務の規制緩和による競争システムの導入により，公衆通信衛星業務を除いて民営化された．そして，公衆通信衛星業務は国際公役務として，新たに設立された国際電気通信衛星機構（International Telecommunications Satellite Organization, ITSO）による 公役務協定（Public Service Agreement）に基づく継続的監督の対象となっている．この協定は同企業による基本原則とその他の若干の義務，特に株取引当初株公開に関する持ち株会社の株の目録への記載，国際電気通信連合，国際海事機関（IMO），国際民間航空機関（ICAO）の規則，標準との適合性等の履行を監督するための規則などを定めている（龍澤, 1993: 63-104）．この民営化の過程から，一部の科学技術のどこまでの範囲を CHM あるいは公共の利益に当たるものとするのかという基準を導くことができるであろう．

いずれにせよ，これまでの方法では対応できないようなグローバルリスクを目の前にした今，我々は「息切れ」する前に，「別の在り方（autrement qu'être）」を模索しなければならない．

注

1） 例えば，1992 年には宇宙空間における原子力電源（NPS）の使用に関する原則が国連総会で採択され（UNGA/RES 47/68, adapted 1992 December 14），2007 年には COPUOS がスペース・デブリ低減ガイドラインを作成した（Space Debris Mitigation Guidelines of the Committee on the Peaceful Uses of Outer Space〈https://www.unoosa.org/documents/pdf/spacelaw/sd/COPUOS-GuidelinesE.pdf〉2024 年 9 月 28

日取得.

2) DECLARATION OF THE FIRST MEETING OF EQUATORIAL COUNTRIES（Adopted on December 3,1976).

参考文献

Bedjaoui, M.（1979）"Pour un nouvel ordre économique international" duns Politique étrangère, 41, 1, pp. 147-148.

CCW/Conf. V/2, June 10, 2016.

Cheng, Bin.（1980）*The Legal Regime of Airspace and Outer Space: The Boundary Problem. Functionalism versus Spatialism: The Major Premises*, V Annual Air & Space L. 232, 1980.

Dupuy, R. J., Vignes, D. dir.（1985）, *Iraité du Nouveau Droit de la mer*, Philippe Krisch.

Haanappel, P. P. C.（1981）"Article XI of the Moon Treaty", Proccedings of the Twenty-Third Colloquium on the IISL, pp. 29-33.

Larba, A.（1976）"Nouvelles notions et nouvëau droit la mer", Actes de Colloque international tenu à Alger du 11 au 14 octobre.

Lévinas, Emmanuel.（1974）*Autrement qu'être ou Au-delà de l'essence*, Martinus Nıjhott & La Haye.（合田正人訳『存在の彼方へ』講談社, 1999).

Luhmann, Niklas.（1991）*Soziologie des Riskos*, Walter de Gruyter.（小松丈晃訳『リスクの社会学』新泉社, 2014).

Rapport au Premier Ministre intitulé.（1999）"Le Principe de Précaution", présenté le Octobre 15.

Zhukov, Gennady., Kolosov, Yuri.（1984）*International Space Law*, Praeger.

川村仁子・龍澤邦彦（2022）『グローバル秩序論　国境を越えた思想・制度・規範の共鳴』晃洋書房.

龍澤邦彦（1993）『宇宙法上の国際協力と商業化』興仁舎.

―――――（2000）『宇宙法システム　宇宙開発のための法制度』丸善プラネット.

Web 資料

Space Debris Mitigation Guidelines of the Committee on the Peaceful Uses of Outer Space,（https://www.unoosa.org/documents/pdf/spacelaw/sd/COPUOS-GuidelinesE.pdf）2024 年 9 月 28 日取得.

人名索引

東浩紀　136-138
アリストテレス　73, 139
ウィーナー，ノーバート　131
ウィンタース　74
ウォルシュ，ザック　23, 24
エスコバル，アルトゥーロ　41-43
オジャラン，アブドゥッラー　32
落合陽一　135, 138-140, 143, 144, 146
オバマ，B.　197
カリッチマン，S. C.　118
カント　15
グテーレス　172
グテーレス，アントニオ　21
ケルゼン，ハンス　87
コタリ，アシシュ　26, 27, 31, 36, 37, 40, 47
コッカ　229
コリンズ，ハリー　123, 125
サンゴール　63, 64, 68
サントス，ボアベントゥーラ・デ・ソウザ
　29
シービンガー，L.　115, 116
シモンドン，ジルベール　141
シャノン，クロード　131
シュミット，カール　145
ジョコ＝マルフ　87
ジョコ・ウィドド　71, 75, 78-86
スカルノ　72, 74
鈴木健　136, 145
スティグレール，ベルナール　142
スハルト　71, 74, 86
チューリング，アラン　133

デイヴィス，トーマス　29, 30
デカルト　28, 132
デュースバーグ，P.　114
トランプ，D.　120, 197
成田悠輔　135, 138
ニーダム，ジョセフ　142
ニーチェ　134
西田幾多郎　145
ネグリ，アントニオ　16
ハート，マイケル　16
ハーナッペル　228
ハイデッガー　129
フォーク，リチャード　30
フォスター，ジョン・ベラミー　27
フロイト　133
プロクター，R.　115-117
フロリディ　132-134
ベック　191
ホッブズ　137
マッキンタイア，リー　110, 112, 120-123
マルクス　130
ムベキ，タボ　114, 115
ユージンスキ，J. E.　121
ユク・ホイ　130, 140, 141, 144
ラトゥール，ブルーノ　28
リオタール，ジャン＝フランソワ　142, 143
ルーマン　191
ルソー　87, 129, 136, 137
レヴィナス，エマニュエル　226
ロック　137
ロビンソン，ウィリアム・I.　22, 25

事 項 索 引

〈アルファベット〉

ADELANTE 47

AI 129, 131, 132, 135, 136, 144, 145, 151, 156, 164, 169-187, 228
──条約 179, 180
人工知能 137, 148

EU 6, 120, 148, 149, 157, 159, 160, 162, 163, 165, 172, 179, 182, 185, 228
──AI法 177-182, 228

G20 AI 原則 174

IMF 183

NASA 195, 198, 200

NATO 6

RoboLaw プロジェクト 185

Systemic Alternatives 36

UNESCO 174, 175

Vivir Bien (「よく生きる」) 27, 33, 34

〈あ 行〉

アグノトロジー (agnotology: 無知学) 115, 117, 118, 120, 126

アフリカ 56, 62-64
──統一機構 (OAU) 57, 62, 64, 66-68
──連合 (AU) 57, 68

アポロ計画 195, 198

アメリカ (米国, 合衆国) 3, 4, 6, 7, 9, 10, 12, 65, 74, 112, 119, 170, 184, 192, 195-197, 200, 214, 215, 222

アルゴリズム 130, 132, 135, 137, 169, 172, 184

アルテミス計画 (Artemis Program) 198, 200, 206

アルテミス合意 (Artemis Accords) 196, 197

イスラム 72, 75, 82, 84

一般意志 129, 134, 136, 138, 143, 144

インテリジェント・デザイン論 122

インドネシア 71-92

陰謀論 117, 121, 122

ヴィア・カンペシーナ 33

ウェブ 2.0 134, 136

ウクライナ 21, 23, 148, 161, 198

宇宙 97, 188-225, 229
──開発 210, 220, 222
──関連条約 210, 214, 220, 223, 228
──救助返還協定 194, 205, 214, 223
──資源 193, 199, 202-205
──資源開発 188-190, 192, 193, 196, 197, 203, 207
──資源法 197
──条約 190, 193, 194, 198, 203, 205, 207, 220, 221, 223
──損害責任条約 194, 212-214, 221, 223
──物体登録条約 194, 223
──法 192, 193, 199, 224
国際宇宙法 194, 197, 200, 207

エイズ 112-114, 117, 118, 122, 123

エコデモクラシー 27

エコノミクス・インテリジェンス・ユニット (EIU) 71, 88

エコロジカル・デモクラシー 26, 36, 37, 40, 48
──II 38
──III 39

縁起 138, 139

欧州宇宙機関 (European Space Agency: ESA) 211, 215, 217, 223

欧州評議会 179

オリガーキー 71
──政治 80

オリガーク 73, 74, 77

オルタナティブ・グローバリゼーション 29

〈か 行〉

懐疑主義 117

科学技術観 102

科学技術の倫理的・法制度的・社会的課題

（ELSI） ii
科学否定　124
科学否定論　121, 122
寡頭制　73
寡頭政治　73-75
ガバナンス（governance）　4, 5, 10, 11, 16,
　17, 20, 25, 26
ガバメント（government）　16
環境プロレタリアート　27
環境民主主義　49
監視資本主義　145
官民パートナーシップ（Public Private
　Partnership）　76, 227
危機対処　94, 96-98, 99, 101, 102
客観論的環境保護　220
　──論　219, 222
キラー・ロボット（Killer Robot）　172, 228
グローカル　40
グローバリゼーション　ii , 24, 38, 39, 41, 56,
　67, 109, 111, 112, 114
グローバル・ガバナンス　6, 7, 15, 28, 44, 61,
　62, 67, 169, 171, 176, 180, 183, 184, 215, 219
グローバル・タペストリー・オブ・オルタナ
　ティブ（the Global Tapestry of
　Alternatives: GTA）　29, 46
グローバル・デジタル・コンパクト　184
グローバル化　3, 6, 7, 8, 14, 18, 30, 31, 110,
　112, 197
グローバルサウス　3, 6, 29, 31, 45
グローバル市民社会　215, 217, 218
グローバル法　228
グローバル民主政　14, 15
グローバルリスク（Global Risk）　i , ii , 21,
　41, 47, 48, 60, 62, 66, 67, 109, 148, 181, 188,
　190, 191, 227, 231
『グローバルリスク報告書』（Global Risks
　Report）　i, 23
経済的，社会的及び文化的権利に関する国際規
　約（ICESCR）　58, 152
啓蒙（enlightenment）　109-111, 115
権威主義　5, 17, 47, 72, 74
　──政体　9
　──体制　71

　──的　48, 119
原子力電源（NPS）　193, 214, 231
権利　155
コーポラティズム　10, 11
　──型ガバナンス　12
国際海事機関　231
国際公役務（International Public Service）
　230
国際秩序　3, 5, 7, 9, 14, 58, 93, 95-97
国際電気通信衛星機構（Intelsat）　231
国際電気通信連合（International
　Telecommunication Union: ITU）　194,
　205, 231
国際民間航空機関　231
国内宇宙法　196
国民　5, 16, 72, 76, 85
　──（人民）主権　12
国民国家（国民−国家）　3, 5-7, 12-17, 22, 28,
　30, 31, 38, 40, 110
国連　6, 16, 21, 40, 58, 60, 61, 65, 78, 153, 155,
　172, 182-184, 194
　──宇宙空間平和利用委員会（United
　Nations Committee on the Peaceful Uses
　of Outer Space: COPUOS）　194, 196,
　211, 216, 221, 222, 228, 231
　──海洋法条約　195
　──憲章　57, 60, 63, 64
　──安全保障理事会　171
誤情報　150
コスモス 954 事件　214
コスモポリタン民主政　15
コスモロジー　129, 138, 140-142
国家主権　29
国家性（stateness）　4, 5

〈さ　行〉

サイバー攻撃　156, 169
サイバーセキュリティ　164, 179
サイバネティクス　131
参加型民主主義　29
参加民主政　14
　──論　14
システミック・オルタナティブ　22, 33, 34,

48

システミック・リスク　23, 24, 34

資本主義国家　9, 10, 14, 17

資本主義的　74

市民社会　17, 25, 31, 74, 87, 112, 173, 193, 217

市民的及び政治的権利に関する国際規約

　　（ICCPR）　58, 152, 154

社会民主主義　13

社会民主政　13

自由民主主義　49

自由民主政　8, 12

主観論的環境保護論　218

熟議民主政（deliberative democracy）　14

主権　4

　──国家　4

順応性（adaptability）　202, 203, 205

順応的ガバナンス　205, 206

情報　131, 132

食料主権　33

女性性の政治　42

自律型致死兵器システム（Lethal Autonomous

　　Weapons System: LAWS）　172, 228

深海底　195, 228, 230

人格なき統治　132, 135, 144

新型コロナウイルス感染症（COVID-19）

　　23, 81, 148, 194, 196, 216, 211, 221, 222, 227, 230

シンギュラリティ（技術的特異点）　131

人権　ii, 12, 56-58, 60-62, 64, 67, 149, 152, 160, 163, 165, 177, 227

　──外交　65

新自由主義（neo-liberalism）　6, 9, 11, 14, 16, 30, 31, 45, 119

人民の権利　63

人類　93, 94, 97, 100, 181, 183, 218, 230

　──の共通遺産（Common Heritage of

　　Mankind: CHM）　63, 195, 229

スペース・デブリ　210-225, 231

　──低減ガイドライン　216

スマート化　130

生成AI　131, 174

世界経済フォーラム（World Economic

　　Forum）　I, 25, 156, 217

世界国家（政府）　5

世界社会フォーラム（WSF）　29, 46, 47, 50

世界人権宣言（UDHR）　58, 60, 63, 64, 67, 152, 153, 155

全体主義　135, 140

専門知　109-111, 114, 117, 120-123, 126

　──のオープン化　124

ソーシャル・ネットワーキング・サービス

　　（SNS）　160, 170

ソーシャルメディア　150, 160

ソフト・ロー　192, 196, 197, 201, 228

ソ連　214, 215

存在論　129, 130

　──的　144

〈た　行〉

多元主義　9, 10, 11, 149

脱グローバリゼーション　33-35

脱グローバル化　42

脱人間中心主義　133

ダボス会議　23

多様性　56, 58, 67

地域国際機構　57, 61, 64, 67

地球・宇宙圏秩序　93-97, 99

知のオープン化　124

チャットGPT（ChatGPT）　131, 174

中国　3, 38, 119, 141, 142, 161, 184, 192, 195, 216

地理学　93-96, 98-100, 102

月　188, 189, 196, 198

月その他の天体の天然資源の利用における活動

　　を律する原則に関する協定（月協定：

　　Agreement governing the activities of

　　states on the moon and other celestial

　　bodies）　194, 207, 223, 228, 230

ディープフェイク　169, 175, 179

テクノクラシー（技術官僚支配）　112, 114, 124

デジタルネイチャー　134, 135, 139, 143, 144

デジタル抑圧　156

デモクラシー　56, 227

テロ　84

統治　36

東南アジア諸国連合（Association of South
　　East Asian Nation: ASEAN）　68, 175
特定通常兵器使用禁止制限条約（CCW）
　　228
ドローン（無人航空機）　172

〈な・は　行〉

ナショナリズム　78
偽情報　149-157, 159-163, 169
人間開発指数（HDI）　73
人間の尊厳　180
認識と実践との結合　96, 99
ネオリベラル型グローバル化　49
ネガティブ・リテラシー　125
バイオリージョン（bioregions）　38
パプア　73, 78-80, 83, 84, 86, 89
パブリック・ディプロマシー　164, 165
パレスチナ　21
バンコク宣言　59
バンジュール憲章　62, 64, 66-68
汎用AI（Artificial General Intelligence:
　　AGI）　185
人新世（Anthropocene）　25
表現の自由　84, 85, 87, 148, 153, 154, 156, 157,
　　160
広島AIプロセスに関するG7首脳声明
　　176
ファクトチェック　112, 122, 159, 160,
　　162-164
フェイクニュース　120, 148, 154
普遍主義　58, 67
　　――者　59
プライバシー　148, 154, 160, 173, 180
　　――権　117, 157
　　――保護　177
フラットアーサー　110-112
プラットフォーム　110, 111, 124, 126, 133,
　　145, 150, 159, 164, 170
　　――化　136
プラネタリー・バウンダリー　26, 27
プルリバーサル性　43
プロパガンダ　150, 154
文化相対主義　56, 59, 67

ヘイトスピーチ　156, 160
　　――の拡散　169
ヘゲモニー国家　16
ヘリウム3　189
ポイエーシス　129
ポストトゥルース　109-111, 120-122, 124
ポピュリズム　12, 16, 17, 21, 23, 48, 112, 135
ポリクライシス　23-25, 33, 48
ポルトアレグレ（ブラジル）　29, 49

〈そ　の　他〉

南アフリカ　114
未来のための協定　184
民主化　74, 82
民主主義　12, 15, 25, 26, 28, 29, 31-33, 42, 45,
　　46, 48, 62, 71, 75, 80, 86-88, 100, 135, 140,
　　149, 153, 155, 156, 160, 163-165, 170,
　　177-180
民主制　74, 87
民主政　9, 12, 13, 15-17, 20
民主政治　57, 73
民主的制度　148, 152
無知　109, 111, 115-117, 120-122, 126
メディア　110, 151
メディアリテラシー　159, 160, 162, 164
ラ・ヴィア・カンペシーナ　44
利益集団自由主義　11
リスク世界　8
リスクベースアプローチ　178, 182
リベラリズム　8-10, 12, 13, 49
リベラル　121
　　――・コーポラティズム　11
　　――・デモクラシー　48
　　――国際主義（liberal internationalism）
　　　15
例外主義（exceptionalism）　12
レンマ　139
ロゴス　139
ロシア　3, 6, 21, 23, 148, 192, 195, 198, 200
ロシア・ウクライナ戦争　161, 164
ロジャヴァ革命　31, 32
ロボット憲章　185

執筆者紹介（＊印は編者）

＊川村 仁子（かわむら さとこ） 編者・はじめに・結びに代えて（共著）
編者紹介を参照

中谷義和（なかたに よしかず） 第1部第1章
立命館大学名誉教授
明治大学大学院政治経済学研究科博士課程政治学専攻修了．博士（政治学）
専門は政治学

松 下 冽（まつした きよし） 第1部第2章
立命館大学名誉教授
明治大学大学院政治経済学研究科政治学専攻博士後期課程単位取得退学．博士（国際関係学・立命館大学）
専門は政治学，途上国政治

五十嵐 美華（いがらし みか） 第1部第3章
富山大学学術研究部教育学系講師
立命館大学大学院国際関係研究科博士課程後期課程修了．博士（国際関係学）
専門は国際法社会学，国際機構論

井 澤 友 美（いざわ ともみ） 第1部第4章
立命館大学衣笠総合研究機構客員研究員
立命館大学大学院国際関係研究科博士課程後期課程修了．博士（国際関係学）
専門はインドネシアの地域研究

米田 富太郎（ヨネダ トミタロウ） 第1部第5章
中央学院大学社会システム研究所客員教授
慶応義塾大学法学研究科博士課程修了（国際法学）・横浜市立大学都市社会文化研究科博士課程修了（地理学）
専門は国際法学・地理学

美 馬 達 哉（みま たつや） 第2部第1章
立命館大学大学院先端総合学術研究科教授
京都大学大学院医学研究科博士課程修了．博士（医学）
専門は医療社会学，神経科学，脳神経内科学

松 井 信 之（まつい のぶゆき） 第2部第2章
立命館大学 立命館アジア・日本研究機構准教授
立命館大学大学院国際関係研究科博士課程後期課程修了．博士（国際関係学）
専門は日本哲学，国際関係学

GADJEVA Nadejda（ガジェヴァ・ナデジュダ） 第2部第3章
立命館大学衣笠総合研究機構専門研究員
立命館大学大学院国際関係研究科博士課程後期課程修了．博士（国際関係学）
専門は国際関係学，パブリック・ディプロマシー，文化外交，日本研究

北 　 和 樹（きた　かずき）　第2部第4章
　　立命館大学衣笠総合研究機構客員研究員
　　立命館大学大学院国際関係研究科博士課程後期課程修了．博士（国際関係学）
　　専門は国際関係学，EU法，AIのグローバル・ガバナンス

山 口 達 也（やまぐち　たつや）　第2部第5章
　　國學院大學法学部兼任講師
　　立命館大学大学院国際関係研究科博士課程後期課程修了．博士（国際関係学）
　　専門は航空・宇宙法学，国際関係学

田 丸 　 幹（たまる　もとき）　第2部第6章
　　立命館大学大学院国際関係研究科博士課程後期課程在学
　　立命館大学大学院国際関係研究科博士課程前期課程修了．修士（国際関係学）
　　専門は国際関係学，国際宇宙法学

龍 澤 邦 彦（たつざわ　くにひこ）　結びに代えて（共著）
　　立命館大学名誉教授，立命館大学人文科学研究所上席研究員
　　パリ第一パンテオン－ソルボンヌ大学法律科学群第701研究単位（国際組織・経済法系）第三課
　　程後期修了．フランス共和国法律学国家博士
　　専門は国際関係法

編著者紹介

川村 仁子（かわむら　さとこ）

　立命館大学国際関係学部教授

　立命館大学大学院国際関係研究科博士課程後期課程修了．博士（国際関係学）

　専門は国際関係学，国際関係法

主要業績

『グローバル・ガバナンスと共和主義——オートポイエーシス理論による国際社会の分析——』法律文化社，2016年．共編著『ポピュリズムのグローバル化を問う——揺らぐ民主主義のゆくえ——』法律文化社，2017年．共著『グローバル秩序論——国境を越えた思想・制度・規範の共鳴——』晃洋書房，2022年．「プロメテウスの松明——国際的な先端科学技術ガバナンスの課題と展望——」峯川浩子編著『危機管理とグローバルガバナンス』芦書房，2024，第8章.

グローバルリスク・ダイナミクス

2025年3月30日　初版第1刷発行　　＊定価はカバーに表示してあります

編著者	川　村　仁　子©
発行者	萩　原　淳　平
印刷者	田　中　雅　博

発行所　株式会社　晃　洋　書　房

〒615-0026　京都市右京区西院北矢掛町7番地

電話　075 (312) 0788番代

振替口座　01040-6-32280

装丁　尾崎閑也　　　　印刷・製本　創栄図書印刷㈱

ISBN978-4-7710-3956-8

JCOPY〈㈳出版者著作権管理機構　委託出版物〉

本書の無断複写は著作権法上での例外を除き禁じられています．複写される場合は，そのつど事前に，㈳出版者著作権管理機構（電話 03-5244-5088, FAX 03-5244-5089, e-mail:info@jcopy.or.jp）の許諾を得てください．